외국에서 본 남한·북한

느릿느릿 사소한 통일

송광호 지음

하움출판사

북한을 조망하는데 작은 굄돌이 됐으면

북녘의 5월은 모내기전투(북한 명)가 한창이었다.

노동신문 1면은 연일 농업기사로 지면을 크게 차지했다. 봄철 영농(營農)전투라는 이름으로 북한 일대의 시, 군, 협동농장 진척사항이 날마다 신문에 소개됐다. '주체농법'을 활용해 농사를 지을 것을 촉구했다.

북한주민은 영농기간 중에는 누구든 농사일을 거들어야한다. 어느 누구도 예외가 없고, 상하구별이 없다. 도시 간부들도 2주간 지정된 농촌지역에서 노동봉사를 해야 한다.

안내원에 따르면 농사가 풍년을 맞아도 대개는 쌀이 부족한 상태라 한다. 최소 8백만 톤의 쌀이 확보돼야 하는데, 6백만 톤 정도에 그친다며 씁쓸해 한다.

답답했다. 남한은 언제든 쌀이 남아돈다는데, 남북 간에 정녕 도움이 될 어떤 해법(解法)이 없는 걸까. 올해는 남한과 북한이 선 그어진 지 70년이다. 그간 남한과 북한은 어떻게 달라져 왔고, 어떤 식으로 바뀌고 있는 것일까.

나는 서울에서 태어나 한 국영기업체에 근무 중 토론토로 이민을 떠났다. 박정희 유신시대였다. 캐나다 시민권자가 되고, 언론인이 되면서 여러 차례 방북취재기회를 가졌다. 그 때문에 외국에서 조금은 객관적인 시선으로 내 조국을 바라볼 수 있었다. 북녘 산하(山河)의 봄, 여름, 가을, 겨울 4계절을 전부 겪어 보았다.

　1980년대 후반부터 평양, 원산을 비롯한 북한의 현실을 직접 목격하면서 새삼 통일의 어려움을 느끼게 됐다. 어느 순간 통일이 기적처럼 찾아올 수도 있겠지만, 정말 쉽지 않겠다는 생각이 들었다. '마음의 통일'이 먼저라는 말이 머릿속에 그려지고, 새겨졌다.

　1992년부터 모스크바특파원(초대/2대)생활을 했다. 인터넷도 존재않던 시절이다. 그때 맞닥뜨린 탈북자문제, 70년대 캐나다에서 먼저 시작한 '이산가족 찾기'등 잘 알려지지 않은 이야기들을 기록으로 남겨야겠다는 생각은 미처 못 했다.

　지난 시기 8차례 방북을 하면서 경색돼 있는 남북관계를 조금이라도 이해하고 알리고자 했다. 북한의 변화를 조망하는데 작은 굄돌이 됐으면 하고 비로소 출간을 준비하기 시작했다. 사실 나로선 꽤나 늦어진 결정이었다.

　하지만 내 방북취재가 북녘 땅의 모든 진실을 그려냈다고 볼 수가 없다. 내용이 좀 다르더라도, 내 취재가 전부 옳다고 주장하지 않겠다. 또 오랜 외국생활에서 지난 기억과 자료 등을 정리해 글을 쓰다

보니 내용이 뒤바뀌고, 문장이나 어휘 등도 자신이 없다.

독자의 혜량을 구할 수밖에 없다. 글 내용은 제1-2장으로 나누었다.

제1장 〈내가 만난 북녘 땅〉에서는 북한의 일상생활과 그곳에서 만난 자연환경, 사람들, 안내원들, 당국자 등 실제 접하기 어려운 사소한 이야기들을 담았다.

평양시민들의 일상 스케치와 미국에 대한 뿌리 깊은 증오, 평양축전에서 만났던 임수경, 평양에서 만난 고교선배와 재일북송동포, 꽃제비와 영양실조 구별법, 김일성, 김정일, 김정은 3대에 얽힌 비하인드 스토리, 평양 애국열사릉에 잠든 북미주 교포들, 최홍희 총재의 북한태권도 보급, 북한가족에 전달한 LA교포 유산, '북한이 남한보다 앞선 것' 등을 엮었다.

제2장 〈남한은 북한을 너무 몰라요〉에서는 1970년대 토론토에서 비롯된 '해외이산가족 찾기'를 비롯해 남북관련 모임의 민낯, 북한안내원들, 탈북자 사연, 방북 관련이야기 등이 들어있다.

또 내용들 중 김일성주석의 오랜 측근이라는 중국어통역인 탈북노인이 밝힌 이야기, 캐나다 주병돈 박사의 평양생활 10년, 평양시민 김련희의 남한생활 12년, '우리의 소원은 통일' 작곡가인 안병원 선생의 방북내용과 이산가족 찾기와 탈북자문제 등을 들여다봤다.

〈붙임 글〉에는 나의 캐나다 이민생활 40여년과 언론취재를 회고했다.

'느릿느릿 사소한 통일'의 제목처럼, 이 기록이 북녘 땅을 이해하는데 조그만 보탬이 될 수 있다면 얼마나 다행일까.

  아, 언젠가 통일은 될 것이다. 언젠가는…. 작고 사소한 것이 '통일'이라는 위대한 물꼬를 트는데 한 줄기 빗방울이 되기를 기도한다.

  환희에 찬 통일의 그날이 다가오기를 가슴에 그려보면서.

  2023년 봄, 토론토에서 **송광호**

고난의 행군, 꽃제비 등 북한실상을 국내에 알린 장본인

강원도민일보 송광호 북미특파원께서 오랜 북한취재 경험과 지식을 토대로 〈느릿느릿 사소한 통일〉을 펴내게 된 것을 진심으로 축하드린다.

이 책은 저자가 직접 북한을 방문해 평양을 비롯 강원도 등지를 누비며 기자의 시각과 섬세한 필치로 엮어낸 다큐성 취재기이자 기록물이라는 점에서 북한의 실상을 이해하는데 매우 소중한 역저이다.

더욱이 강원도는 70여년을 넘게 세계 유일의 분단국가에서 '강원도'라는 명칭의 광역지방정부를 남과 북에 두고 있는 분단도이기 때문에 북한 관련 다른 많은 서적들과 달리 원산 회양 금강산 등 북강원도까지 섭렵하며 발로 썼기에 정말 귀하고 값진 가치를 지니고 있다고 할 수 있다.

이렇듯 소중한 경험과 기록들은 저자가 캐나다 국적이었기 때문에 가능했던 측면도 있지만 지난 1980년대 말부터 2010년대까지 20여년의 오랜 세월동안 8차례의 방북을 통해 언론인으로써 직접 발로 뛰며 객관적 시각과 관점에 기반 해 저술되었다는 점에서 높게 평가되어야 한다고 생각한다.

송광호 특파원은 40여년의 캐나다 현지 교포신문기자와 모스크바 주재를 비롯해 국내 언론 특파원생활을 하면서 한국신문상을 비롯한 관훈클럽 국제보도상, 재외동포기자상, 대한민국인권상 등 권위 있는 언론상을 수상했다.

북한의 실상을 정치 분야는 물론 사회 문화 교육 지역분야까지 망라해 다루면서 '고난의 행군', '꽃제비' 등의 실상을 국내에 알린 장본인이라 〈느릿느릿 사소한 통일〉이라는 책제에서 보듯 취재관록 및 수상의 무게감까지 더해진 한 페이지 한 페이지가 독자들께 큰 감동으로 읽혀지리라 확신한다.

겨울이 오면 봄은 멀지 않았다는 말이 있고, 해뜨기 전 새벽이 가장 어둡다는 말도 있다. 지금 아무리 남북관계가 냉엄할지라도 우리는 미구에 평화시기가 도래할 것이라는 꿈과 희망의 끈을 놓아서는 안 될 것이다.

모쪼록 한반도의 비핵화를 둘러싼 긴장이 고조되고 있고 남북관계의 냉기류가 가시지 않고 있는 가운데 펴내는 송광호 특파원의 역저가 북한의 실상을 보다 냉철히 이해할 수 있고, 남북관계 및 교류협력, 평화통일에 대한 인식의 지평을 넓히는데 큰 도움이 되기를 기대한다.

김중석
강원도민일보 회장
(대한민국지방신문협의회장)

북한의 실체를 보여주는 진솔한 기록

북한은 어떤 곳인가?

1945년 광복 후 김일성은 구 소련의 지원을 받아 통일조국을 외면한 채 공산정권을 세우고 동족상잔의 최대 비극인 6.25 남침 전쟁을 일으켜 남북분단을 고착화시켰다. 전쟁 중에 북한에서 수많은 사람들이 피란민으로 월남해 실향민으로 살고 있으나 이산가족만남과 고향방문은 막혀있다.

흔히 북한은 '조선', '공화국' '조국'이라고 부르지만, 유엔 등에서는 반국가단체로 규정하고 있다. '조선민주주의 인민공화국'이 공식 명칭이다. 실제로 지배하는 면적은 12만 3214㎢로 남북한 전체 면적의 약 55%를 차지한다.

북한은 어떻게 바뀌어 왔으며, 또 앞으로 어떻게 변화해 갈 것인가? 1989년 이래 북한을 8차례 방문 취재한 송광호 토론토 주재 언론인이 방북 때마다 보고 느낀 점들을 명쾌한 필력으로 엮어낸 『느릿느릿 사소한 통일』은 북한의 실정은 물론 이산가족찾기 역사와 탈북민, 방북인들의 사연을 아우른 역저로 확신한다.

'바뀌어 온' 북한을 현재 국제정세에 맞춘 이 책은 남북경색 국면에서 냉철한 시각으로 북한의 새로운 변화를 조망하는데 도움을 줄 것으로 믿는다.

  38선 이북 지역인 강원도 양구 출신인 나는 춘천사범학교(춘천교대) 재학시절 6.25를 만나 학도병으로 참전했고, 6.25참전언론인회 창설회장, 재외동포신문방송편집협회 대표(이사장), 대한언론인 회장으로 있으면서 저자와 언론 동지로 함께 동고동락해 왔다.

  나도 전쟁 통에 이산가족이 되었다. 지금은 양구 땅이 휴전선 이남이라 대한민국 품에서 자유와 평화, 행복을 누리며 90평생 언론인 한 길을 걸어 왔다. 하지만 북녘에서 공산치하를 떠나온 피란민 이산 세대들이 꿈에도 잊을 수 없는 고향 산하의 그리움에 전율하는 모습을 보면서 평화통일의 그날이 오기를 갈망하며 살고 있다.

  북한사회에는 사실 아닌 허구가 정설처럼 알려지는 사건들이 많다. 왜곡과 거짓이 학습되고 전승되는 그 허구의 진실을 이 책에 담아냈다.

  그가 펴낸 이 책이 북한을 바로 보고 이해하는 지침서가 되고 평화통일의 지렛대가 되기를 기원하며, 건필에 축하를 보낸다.

박기병
대한언론인회 명예회장
(전 한국기자협회장)

'북녘 땅'이 하나 되는 염원을 담다

관훈클럽 정신영 기금(이사장 김진국)은 2022년도 하반기 언론인 저술·번역 출판 지원 대상자로 송광호 특파원을 포함한 10명을 선정했다. 이번 지원을 통해 송 특파원은 북한 관련 저서『외국에서 본 남한·북한 / 느릿느릿 사소한 통일』을 펴냈다. 송광호 특파원은 북한소식에 정통하다. 모스크바 특파원으로 있으면서 한반도문제, 특히 북한과 관련된 특종들을 많이 발굴해 한국신문상, 관훈클럽국제보도상, 재외동포기자상 등을 수상했다.

필자와의 인연도 꽤 됐다. 필자가 발행하는 해외동포사회 전문매체인 '월드코리안신문'에도 지속적으로 기고해 왔고, 재외동포언론인협회 행사를 통해서도 친교를 다졌다. 성품이 온화하고 강직한 것처럼 글도 정론직필, 춘추필법에서 어긋나지 않았다.

월드코리안 신문에서도 '송광호 기자가 만난 북녘땅'이라는 이름으로 긴 시리즈물을 싣기도 했다. 무려 47회에 걸쳐 연재했다.

북한 관련한 글은 저자가 심혈을 바쳐서 취재해 온 결과물의 하나다. 미처 세상에 잘 알려지지 않은 내용들이 많고, 알려진 것도 속 알맹이들이 다르다. 잘못 알려진 내용들을 고쳐주는 의미에서 새로운 취재를 덧붙여 소개한 것들도 있다.

기억에 남는 글 중에 '캐나다 주병돈 박사의 평양생활 10년'이란 글이 있다. 이 글은 다음과 같이 시작된다.

　'북녘땅 평양대학생들을 가르치기 위해 자진 북으로 들어간 한 한인과학자(박사)가 있다. 그는 지난 2010년 10월 평양에 과학기술대학(일명 평양 과기대)이 창설되자 곧 교수로 취임한다. 그리고 근 10년간 성심성의껏 자원봉사 후 토론토로 귀향했다. 그는 북한에서 선발한 수재들만 모아 놓고 차원 높은 학문을 가르쳤다.

　캐나다 시민권자인 주병돈 박사(82세) 관련 얘기다. 그는 긴 안목으로 한반도 미래를 내다봤다. 남북이 통일되면 그의 제자들이 사회주의와 자본주의를 연결해주는 '교량역할'을 해준다고 믿는다.
　"이 수재 학생들이 졸업 후에는 북한기관 각처에서 교수, 금융, 행정가 등 관리직 리더가 될 것이기 때문이다."

　저자는 주병돈 박사의 얘기를 빌어서 자신의 철학을 얘기하고자 했는지도 모른다. 저자의 글 역시 미래를 보고 쓰여 진 것이라 생각되기 때문이다.

　언젠가는 합쳐져야 할 또 다른 반쪽. 그 북녘땅이 남녘땅과 하나되는 염원을 담아 취재하고 펼쳐낸 글이 이제 책으로 묶여졌다. 큰 박수를 보낸다.

이종환
월드코리안신문 대표
(전 동아일보 베이징 특파원)

해외에서 언론외길 달려온 야전(野戰)기자에게 박수를

"우리는 왔다. 여기는 평양이다....."

1972년 8월29일 하오 국민들은 북한에서 송신하는 뉴스보도에 흥분했다.

국토분단 27년 만에 한국(남한)의 신문 방송 통신 기자들이 북한의 수도에서 보내는 최초의 보도 아닌가.

이 보도는 남북한 당국의 합의에 의거 제1차 적십자회담이 열리기 전날 현지에 도착한 남한의 공동취재보도단이 보낸 제1보.

열광하는 국민의 심경은 분명했다. 분단-북한의 남침-동족간의 전쟁-수백만명의 살상-전국토의 초토화(焦土化)-휴전으로 이어진 적대적인 남북관계가 이번 회담이 불씨가 돼 통일로 승화되는 게 아니냐는 염원이 절절했던 것이다.

올해는 분단 78년, 휴전 70년이 되는 해다.

그동안 남북 간의 전쟁과 군사적 대치 하에서도 대체로 4차례에 걸쳐 우여곡절 끝에 정치적인 합의로 인적교류(각종 접촉)가 이뤄졌었다.

첫 번째는 1972년 7.4공동성명에 의한 적십자회담과 조절위원회 운영, 두 번째는 1985년 9월 첫 이산가족상봉과 예술단교환공연, 세 번째는 모든 동포들의 남북한 방문을 허용한 1988년 7.7선언이다.

끝으로는 북한 측의 약속 불(不)이행으로 지금까지도 숱한 논란을 빚고 있는 2000년 남북정상회담과 6,15선언을 들 수 있다.

비록 오래 가지 못한 '반짝 화해'이긴 하나 이때마다 갖가지 제한과 간섭하는 가운데 북한에 대한 기자들의 '반짝 취재보도'가 성사됐던 것이다.

북한은 문호개방과 왕래를 제의한 남한의 7.7선언에 대해 절반만 받아들였다. 남한의 인사들과 기자들의 방문은 계속 엄금하면서 해외동포들 (주로 미주동포들)의 입북(入北)은 허용한 것이다.

사실 1988년 여름부터 2000년 정상회담으로 남북 간에 큰 물꼬가 터질 때까지, 1990년대 초 남북고위급(총리) 회담이 열린 때를 제외한 10여년간 북한현지취재보도에 해외동포언론인들 (주로 미주언론인)의 공로를 잊을 수가 없다.

100여 명이 넘는 미주언론인들이 단편적이나마 북한의 현황과 내지(內地 지방)의 모습을 관찰 보도해 북한궁금증을 어느 정도 해소시켰다고 볼 수 있다.

필자는 북한 방문의 감격과 흥분을 최대한 억제하고 북한연구와 관찰에 천착(穿鑿)해온 대표적인 미주언론인으로 송광호특파원(재외동포언론편집인회 고문)을 주저 없이 들고자한다.

송 특파원의 경력을 보면 사뭇 이색적이고 다양하다.

1970년대 중반 캐나다로 이민 간 후 면학에 이어 다양한 업종에 종사하다언론에 입문, 숱한 시련과 실패 후 독습으로 야전(野戰)기자의 길을 걷는다.

7.7선언이 계기가 되어 1989년1월 관광목적으로 평양에 첫발을 디딘 후 밖으로 전해야할 북한의 현상, 현실이 너무나 많다는 것을 확신했을 것이다.

6개월 후 두 번째 방북 때는 때마침 진행 중인 제13차 세계청년축전과 밀입국한 임수경(전대협 대표)의 동정과 북한인민들의 반응 등을 취재하는 성과를 올렸다.

그의 북한 방문횟수는 8차례, 2000년 이후 4차례는 최홍희 총재와 동행해서 국제태권도연맹총회나 행사관계의 방북이었다.

하지만 어떤 명목이던 방북 중 지방방문과 먼 인척재회 그리고 새로운 북한의 모습을 보도하는 언론활동을 계속했다.

1990년대 들어 송 기자는 5대 지방언론사의 모스크바특파원으로 부임, 굵직한 특종보도를 연발하는 실력을 발휘한다. 특종보도로 권위 있는 관훈 클럽 국제보도상과 한국신문상도 수상했다.

필자의 기억으로는 7.4남북공동성명 이후 지난 60여년 동안 남북관계, 북한문제, 공산권의 부침(浮沈)에 관해 오랫동안 전문적으로 연구하고 보도한 언론인들은 손에 꼽을 정도다.

송 특파원이 국내 언론계에서 활동했다면 북한과 공산권에 관한 1급전문 언론인으로 평가받는데 손색이 없었을 것이다.

필자의 이런 평가는 그가 지금까지 8차례 방북과 수많은 북한관련보도에서 감격과 흥분, 심정적인 동정심 등등으로 혹시나 흔들릴 수 있는 진실 정확 공정 중립성을 의연하게 견지해왔기 때문이다.

이번에 송 특파원이 40여 년간에 걸쳐 미주에서 외롭게 달려온 언론 활동을 총 정리하고, 특히 북한과 공산권 보도물을 묶어 책을 발간한다는 소식은 참으로 반갑고 고무적이다.

이는 단순한 업적 과시가 아니라 언론에 대한 뜨거운 열정과 후학들을 위한 정확한 자료를 남기려는 정성 아니겠는가.

긴 세월 만난(萬難)을 극복하고 해외에서 단기필마(單騎匹馬)로 언론 외길을 달려온 송 특파원에게 박수를 보낸다.

아울러 끈기와 노력 땀과 눈물이 응축된 언론일대기의 출간을 축하한다.

이성춘

고려대 신문방송학과 석좌교수

(언론인)

차례

1부

내가 만난 북녘 땅

2부

남한은 북한을 너무 몰라요
(이산가족-탈북민-방북)

1부

내가 만난 북녘 땅

1989년 1월, 북한에 첫 발

1980년대가 저물어가던 어느 해 나는 겨울관광으로 처음 북한을 만났다. 당시는 현대그룹 정주영 회장이 금강산개발계획으로 방북했던, 모처럼 남북분위기가 좋았던 시기이다. 토론토의 북한 창구를 통해 9박 10일간 평양, 묘향산, 개성, 판문점 등을 관광했다. 이때부터 내 얘기를 단편적으로 이어가겠다.

베이징에서 첫 조선민항(현 고려항공)을 탔을 때가 생각난다. 좌석 앞에는 "박띠(좌석벨트)를 매시오"라고 적혀있었고, 기내에서는 김일성 장군의 노래 "장백산 줄기줄기 피어린 자욱…"가 흘러나왔다. 이후 기내 음악은 세월 따라 고향의 봄, 반달, 아리랑 노래로 바뀌고 경음악 등으로 달라져 갔다.

기내에선 일반 항공기처럼 양담배, 양주 등 기내 면세 쇼핑도 한다. 일체 금연이다. 방송은 한국어와 영어로 안내한다. 소련어 대신 영어 방송이었다.

"손님 여러분, 평양공항까지 25분 남았습네다. 지금 비행기는 신의주 상공을 통과하고 있습네다. 밑으로 보이는 강이 압록강입네다."라는 기내방송이 흘러나왔다. 아래 굽이굽이 압록강 줄기는 조국의 산하를 가르며 펼쳐져 있었다.

강은 우리 겨레의 한을 모르는 듯 고요하나 처연해 보였다. 비행기가 북녘 땅으로 들어서자 완공 안 된 105층 유경호텔이 먼저 드러났다. 공항청사 한복판에는 김일성 초상화가 우뚝했다. 대형 초상화를 보는 순간 북한 땅에 왔음을 실감했다.

가기 힘든 북녘 땅

북한 조선민항

지난 1980년대 캐나다의 북한행은 항공로가 복잡했다. 미국(시카고)을 경유해 일본(도쿄)에서 하루 자고, 중국(베이징)에서 묵었다. 베이징 주재 북한대사관을 찾아 비자를 받고, 항공권구입 뒤 공항으로 바삐 움직여야 했다.

그 후 중국 심양(선양)에도 평양노선이 생겨 방북길이 더 편리해졌지만, 많은 북미교포들이 베이징을 거쳤다. 기왕 중국을 지나니 만리장성, 자금성 등 베이징(북경)유적지 관광을 겸하는 경우가 많았다.

지금 북한방문은 캐나다에서 곧장 중국 '직항'노선이 생겨 편해졌다.

한번은 방북 시 처음부터 이상스레 일이 꼬였다. 1990년대 베이징대사관을 찾으니 비자발급이 안 됐다는 것이다. 할 수 없이 호텔에서 다음 항공편을 기다릴 수밖에 없었다. 항공편이 1주일에 2번 운항으로, 수일 간격이니 한번 놓치면 시간과 호텔비용을 낭비한다.

며칠 후 대사관을 다시 찾으니 지난주에 이미 비자가 나와 있었다는 것이다. 대사관 실수였다. 담당자는 "어. 송광호가 홍광호로 잘못 기재돼 있었구먼. 입국사증 수수료 25달러 내시오."라고 퉁명스레 말했다. 이것이 내게 던진 인사말일 뿐이다. 미안하다는 사과 한마디 하지 않았다.

비자를 거머쥐고 공항으로 나가니 이번엔 항공표(베이징~평양 간)가 말썽이다. 당시 항공권은 요즘처럼 자동 인쇄되는 구조가 아니었다. 토

북한 고려항공

론토에서 티켓구입 시 쓴 기재내용에 뭔가 틀린 모양이다.

북한 공항관리는 추호도 실수를 용납하지 않았다. "이 비행기 표 누가 적었소?"하고 인상을 썼다. "처음엔 토론토 공항 담당자가 적다가 나중 부분은 제가 적었습니다." 라고 솔직히 답했다.

"항공표를 아무나 함부로 적어도 되는 줄 아시오? 이 표는 유가증권이요. 유가증권! 잘못됐으니 다시 표를 사 갖고 오시오."라며 단호한 자세다. "뭐가 잘못됐다니 미안합니다. 하지만 이미 구입한 표를 또 사야만 합니까? 잘못 기재된 걸 고치면 안 되겠어요?"하고 변명에 급급했으나 허사였다.

그는 "표는 나중 환불받든지 하고, 다시 사 갖고 오시오. 이 표는 받을수 없소."라며 눈 하나 깜빡 안 했다.

50대 초반쯤으로 보이는 이 북한 관리는 자신의 알량한 세도를 약자에게 군림하려는 듯했다. 오래전 서울 한 구청공무원으로부터 겪은 비슷한 경험이 떠올랐다. 도대체 친절이라곤 눈곱만큼도 없었다. 어찌 이러한 행위가 20여 년 전 한국사회와 그리 유사할까. 북한이 뒤떨어져있는 점은 유독 물질적 측면만이 아니었다.

새로 편도티켓을 사서 짐을 달아보니 이번엔 무게가 엄청 초과해 있다. 지인이 부탁한 이산가족 보따리 때문이다. 허용무게인 20kg을 넘어 35kg이나 됐다. 초과분 15kg 비용을 내는데 돈 계산법이 재미있다. 북한국적 자에게는 초과 kg당 2원, 중국교포 4원, 북미주 교포 경우는 8월이다. 자본주의국가 국민에겐 추가요금을 더 많이 부과하는 규정이 아예 정해져 있었다. 북한에선 미주에서 방문했다 하면 전부 재력이 있는 줄 아는 모양이다.

지난번 평양에서 B 책임지도원과 대화 중 "다음에 올 때는 한 5천 달러 가져오시오."라고 하던 말이 생각났다. 그때 순간적으로 발끈했었다. "이봐요. B 선생! 그런 얘기 말아요. 5천 달러가 누구 어린애이름이오? 그리 쉽게 말하게. 자본주의 나라에서는 정말 돈 벌기가 쉽지 않아요. 여기서야 수령님 덕분에 편히 걱정 없이 살지, 해외교포들은 치열한 경쟁 속에서 겨우 돈 모아 갖고 오는 사람이 대부분일거요."하고 쏘아주었다. 그는 아무런 대꾸도 하지 않았다.

한번은 그가 평양에 대한 소개를 할 때다. 당시 나는 평양시민들은 모두 북한에서 뽑힌 당원들인 줄로 생각했다. "평양은 전부 국가에서 선택된 당원들만이 거주하는 도시인가요?"하고 물었다. 그러자 내 얼굴을 쏘아보며 "도대체 기자 선생은 어디서 그따위 소리를 들었소?"하며 화를 덜컥 냈다.

나중 알게 됐지만 평양은 당원들만 사는 도시가 아니었다. 방북 횟수를 거듭하며 알게 된 사실이다. 주민들의 정보와 극소수지만 평양출신 탈북자들을 통해 알게 됐다.

북에는 확실한 통계가 밝혀져 있지 않지만 평양시민은 70% 정도가 당원인 것으로 추정한다. 그러나 평양에서만 반세기 이상 거주했다는 토론토에 사는 80대의 한 탈북자 노인은 "아니오. 평양시민의 50~60% 정도가 당원일 겁니다."라고 자신 있게 말했다. 김일성 주석 측근이었다는 이 고위급탈북자에 관련해선 나중 다시 언급하겠다.

남한 방문도 불편 겪어

1980년대 방북 시의 한국 상황과 경험을 전한다. 오래 전 옛일이지만 바로 엊그제 같이 기억이 생생하다. 주변에서 과거 내 방북 건을, 외국시민권자(1979년 캐나다 시민권자)이니 북한 땅을 쉽

북한 새 지하철 전동차

게 오가는 줄로 생각하는 사람이 많다.

그렇지 않다. 외국시민이라고 방북이 쉽지 않다. 북한방문은 늘 입국사증 받기가 힘들고 마음이 조마조마하다. 아무 잘못이 없어도 평양공항 출입국을 통과할 때는 긴장되고 조심스럽다. 이는 아마 누구라도 마찬가지 심정이리라.

1980~90년대 대한민국 공항 역시 그랬다. 나는 캐나다여권으로 다소 출입국이 자유로운 편이었지만, 방북이력 때문에 김포공항(인천공항 개항은 2001년부터) 입국심사 때는 간단치 않았다. 출입국 심사대 통과 시는 가끔 옆에 세워놓고, 캐나다 여권을 샅샅이 살핀 뒤 보내주곤 했다.

서울 체류기간 중에도 은밀히 내 움직임을 감시당했다. 처음에는 이를 전혀 인식하지 못했다. 매일 볼일을 보고 지인들과 술도 한잔하고 호텔로 돌아오면 대개 밤 11시가 넘는다. 그때마다 어둠 속에 주차했던 차 한 대가 헤드라이트를 번쩍대는 것이다. 처음엔 무심히 넘겼다. 사흘째 같은 일이 반복되자 비로소 눈치를 챘다.

'아, 내가 미행당하고 있구나.'하고. 서울에서 교통사고도 두 번 당했

다. 한국방문 직전 누군가 내게 힌트를 준 적이 있다. 한국에 가면 교통 사고를 조심하라고. 그것은 내가 컨트롤 할 수 있는 문제가 아니었다. 오비이락인가. 그해 삼각지 부근에서, 다음 해는 양화대교 근처에서 차 사고를 당했다. 두 번 다 뒤차가 내가 탄 택시를 들이받은 것이다. 대낮 음주운전이 아니었다.

두 번째 경우는 정말 이상했다. 한번 힘껏 받더니 다시 연거푸 들이받 았다. 사고를 일으킨 자는 30대 중반으로 내게 절절매는 시늉을 했다. 택시 기사는 한마디 불평도 없이 내 눈치를 봤다. 약속시각이 늦었고 일단 몸이 괜찮으니 택시에서 내려 내 갈 길을 갔다.

그러나 당장은 몰랐으나 목이 아파오기 시작했고 한동안 목 때문에 고생했다.

이런 황당한 일을 겪으며 북쪽 행사취재를 위해 남북을 들락거렸다. 당시 강원일보(동부

평양 현대 건물

재벌그룹이 인수하기 전)의 고 최종명 전무(편집국장 역임)의 신뢰와, 조선일보에서는 고 염기용 부장 등이 따뜻이 격려를 해 줬다.

변함없이 뒤에서 응원해 주는 사람은 언론인 뿐이었다. 강원일보 최 선배(전무)는 1992년 나를 모스크바 초대특파원으로 추천해, 그때 교포기자에서 한국기자로 전환케 된 계기가 만들어졌다.

그즈음 이해를 못 했던 한 가지 일이 있다. 월간조선에서 내 첫 방북기를 도중에 취소시킨 점이다. 그때 내 원고는 '평양, 평양사람들'이란

제목으로 이미 가인쇄됐고, 원고료까지 받은 상태였다.

그런데 당시 유정현 월간조선부장은 상부지시 때문인지 내게 한두 달만 기다려 달라고 했다. 그러나 시일이 지나도 결국 게재가 이뤄지지 않았다. 그때 조갑제 기자가 부장 대우였고, 당시 책임자는 고 최청림 출판국장(나중 편집국장 역임)이었다.

나로서는 아까운 방북원고가 석연치 않게 사장(死藏)돼 버렸으니 억울했다. 수년 후 최청림 국장과는 관훈클럽 시상식장에서 조우했다. 그는 '노태우 비자금 4천억 원' 보도로 언

평양국제공항건축 우표(2016)

론상을 탔고, 모스크바 특파원이던 나는 '관동군에 징병된 6,300여명 조선인명단 발굴' 특종 건으로 국제보도상을 수상했던 자리였다. 세상은 의외로 좁았다.

평양과 모스크바는 닮은 꼴

예나 지금이나 평양시민들은 전부 아파트 생활을 한다. 모스크바도 마찬가지다. 김정은 정권 이후 수도 평양은 대폭 현대화로 변모됐지만, 도시는 러시아 모스크바와 거의 닮은꼴이다.

두 도시 모두 땅속 깊숙이 뚫은 지하철 하며, 파리 개선문을 모방해 일찍 개선문을 세운 것도 그렇다. 다른 공통점은 국영서커스(북한 명 교예)기술이 세계적이다. 또 어린이들을 위한 시설환경에 신경을 썼다. 모스크바 대형 아동백화점, 아동극장, 어린이도서관 등등. 평양 역시 일찍 평양소년궁전 등 각종 어린이시설을 각처에 마련해 놓았다.

평양거리 학생

한편 당원, 비당원 막론하고 지방 주민가족 중 영재어린이들을 발굴하는 제도다. 선발된 어린이는 부모와 분리해, 어린이만 어린 나이 때부터 평양으로 데려와 특별교육을 시킨다고 한다. 함경도 청진의 한 탈북자는 어릴 때 평양으로 간 외아들을 1년에 한두 번 만나는 재미로 세상을 살아왔다고 전했다.

평양하면 평양냉면이 이름나 있다. 예전엔 냉면보다 더 유명한 평양 명물이 있었다. 1920년대 평양기생학교이다. 지금은 아예 잊혀 져 흔적도 없지만, 모란봉 부벽루의 평양기생 발자취는 남쪽의 서울 명월관과 함께 옛 자료에 남아있다.

예부터 평양 8경 풍류는 잘 알려져 있었다. 아무리 세월이 흘러도 그 유명세는 변함이 없다.

*을밀상춘(모란봉 을밀대에서 바라보는 봄 경치) *부벽완월(부벽루에서의 달맞이 풍경) *영명심승(해 질 무렵 영명사에 중들이 찾아드는 모습) *연당청우(대동문에서 종로로 통하는 길 한복판에 있었던 연못에 비 내리는 소리) *보통송객(보통강 나루터에서 떠나는 나그네를 전송하는 광경) *용산만취(용산 즉 대성산의 소나무가 늦가을에도 푸른 풍경) *거문범주(수레문 즉 옛날 평천리 앞을 가로막았던 외곽 성문 유지에서의 뱃놀이) *마탄춘창(이른 봄 대동강의 여울 마탄의 눈 섞인 물이 소용돌이치는 풍경)을 손 꼽았다.

평양방문의 첫인상은 청결하고 밝았다. 당시 인구는 250만 명 남짓. 서울의 4분의1 정도다. 서방에선 "평양은 북한이 아니다." 또는 평양을 '쇼윈도의 도시'라고 평했다.

수도 평양을 제외하곤 타 지역은 엄청나게 낙후돼 있었기 때문이다. 산야는 헐벗었고 지방 주거환경은 형편없었다. 당시 남한의 30여 년 전 모습 그대로였다. 주거이전의 자유가 없는 시골 주민들은 한 곳에서 열심히 노동 일만 하는 일개미같이 보였다.

평양미술관에 갔다. 벽에 두서없이 진열된 그림들 위로 한 액자 내의 서도 글씨가 확연히 눈에 들어왔다. "그대가

평양미술관 서도 글씨
"그대가 품은 뜻이 높다면 세월은 청춘을 연장해 주리라"

품은 뜻이 높다면 세월은 청춘을 연장해 주리라"는 글씨다. 의미도 좋았지만, 동무, 동지, 선생 소리에 익숙하다 '그대'란 명칭이 생소하게 느껴졌다. 일반적으로 김일성 주석이나 고위간부 연설 서두엔 '친애하는 동지 또는 벗들'이라는 표현을 썼기 때문이다.

저녁식사 후엔 매일 호텔 바에서 소주와 맥주를 마셨다. 이름이 팥소주, 완두소주 등으로 한국 진로와는 술맛이 좀 달랐다. 맥주는 주로 룡성맥주나 봉학맥주(대동강맥주는 2천년 이후 등장)등이다. 특히 신덕샘물 맛은 일품이었다. 안내원은 "캐나다 추운 나라에 살아와 그런지 술을 잘 마신다."며 웃었다.

북한 대동강 맥주 우표

나는 당시 북한주민들 사생활은 국가에서 전부 통제하는 줄 알았다. 그러나 꼭 그런 것만은 아니었다. 연애나 결혼, 이혼도 남한과 별 큰 차이는 없는 듯 했다. 경직되고 획일화 된 사회이긴 하나 서로 음담패설도 곧잘 했다. 화투가 존재하지 않고 대신 카드(주패놀이)를 즐겼고, 남자들은 너도 나도 담배를 피웠다.

어느 날 오후 일정이 '꽃 파는 소녀' 연극공연이었다. 이때 무심히 "내 집안이 지주였다"고 하니 그날 공연이 취소됐다고 보여주지 않았다. 연극내용이 지주로부터 고생하는 어린 소녀 삶에 관련된 내용이었다.

한번은 안내원 대화 중 "내 입엔 말보로 담배가 맞아, 켄트가 좋아"하는 소리가 귀에 거슬려 한마디 했다. "여기에도 질 좋은 성천담배인가 있다던데, 왜 모두 외국담배를 좋아해요? 남쪽에선 외국담배 안 피우고, 한국담배만 핍니다."하니 조용해졌다.

매일 식당과 호텔 바(Bar)를 이용하니 아가씨들과 격이 없어지고 농담이 늘었다. 그때는 접대원 동무라고 불렀다. 수년 뒤엔 가슴명패가 접대원 대신 의례원 또는 봉사원, 판매원으로 바뀌어져 있었다. 그 접대원들 부모직업이 대부분 고위층이다. 인민대의원(국회의원)이나 외교관

평양 교통거리

인 경우가 많았다.

 한 아가씨 얘기론 '차츰 결혼관이 달라져 혼인 전 성관계를 갖는 경우가 자주 생긴다.'고 전한다. 그녀는 이를 "천리마가 많다"라고 표현했다.

 안내원은 오랫동안 함께 살던 부부의 이혼 경우를 우스갯소리로 들려줬다. 여자가 "내 송편 같은 그것을 절편으로 만들어놓고 이혼하게 됐다"고 말하자, 남자도 "무슨 소리야. 내 송곳 같은 그것도 물망치가 됐는데….".라고 했다는 것이다.

 틈이 생길 때마다 안내원과 함께 책방을 찾아다녔다. 어느 호텔서점 2층에서 책을 사면서 실없는 농담을 던졌다. 서점이 상점을 겸하고 있어 여자들 서너 명이 대화를 나누고 있었다.

 "평양에선 어디 연애할 데가 없나요? 누구 나와 연애 좀 합시다."라고 하니 "우린 모두 세대주(남편)가 있는 몸이야. 선생은 아직 결혼 안 했나요?"하고 묻는다. 솔직히 "결혼했지요."라고 답했다.

 한 여자가 "남자는 저렇다니까. 임꺽정 소

평양 대동강보트놀이

설에도 나오지요. 여자는 한 갈래, 남자는 여러 갈래라고."하니, 다른 여자가 옆에서 맞장구친다. "맞아. 아내가 죽으면 남자는 슬픈척해도 변소 간에서 히쭉 웃는다고 하잖아."

평양 여성들의 양산 애용

고려호텔로 돌아왔다. 1층에서 흘러나오는 음악이 서양풍이었다. "아. 서울다방에서 흘러나오는 음악소리 같네."하고 말하니, 환전해 주던 아가씨가 힐끗 나를 보며 "정치색 띠고 있구먼."한다.

예로부터 평양 대동강 숭어국 맛을 못 보면 평양을 다녀갔다는 얘길 말라는 말이 있었다. 그만큼 평양 숭어국이 유명했다. 평양거리에서 숭어국 간판을 발견하고, 하루는 숭어국을 사 먹기 위해 안내원과 함께 그 식당을 찾아갔다.

그러나 문이 닫혀 있고, 다음에 언제 문을 여는지 기약할 수 없어 포기한 적이 있다.

2010년 함경도 주택

김정은 시대에 와서는 평양이 천지개벽됐다고 한다. 도시모습이 무척 많이 변모됐기 때문이다. 평양의 현대식 구조물과 새 레스토랑 등을 보면 과연 이곳이 얼마 전까지 배고픔에 아사자가 속출했던 북한인가 의심케 된다.

평양거리엔 하이힐을 신고, 신형 유모차를 끄는 한 여인의 모습이 보인다. 주민들이 휴대폰(북한 명/손전화)을 사용하고, 인라인 스케이팅 타는 어린이들은 도심 어디서든 발견된다.

누구든 북한에선 돈만 있으면 무엇이든 가능하다는 소리를 이구동성으로 했다. 그만큼 빈부차이 역시 커졌다는 얘기도 들렸다.

1990년대 이전의 김일성시대엔 김 주석이 사망하면 곧 북한이 붕괴된다고 믿는 단순한 풍조가 있었다. 그러나 김일성과 김정일 사후 남북 사회는 더욱 복잡하고 어려운 현실 속으로 치닫고 있었다.

평양 풍경

평양주민 아침 운동   평양주민 휴대폰 사용

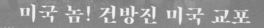

고려호텔 1층에 다방(찻집)이 새로 생겼다. 1992년 2월 호텔에 들어서자 왼편 다방에서 간드러진 노랫소리가 흘러나온다. 잠깐 귀를 기울이고 서 있으니 내 얼굴을 익히 아는 근처의 한 접대원(담당여성)이 "저 노래하는 동무가 유명한 인민배우 김광숙이예요."라고 알려준다. 평양 분위기는 1980년대보다 많이 달라지고 있었다.

국가재정상태는 예전보다 상당히 가라앉아 있었다. 특급호텔인데도 전력사정이 안 좋았다. 복도는 컴컴했다. 지난 1989년 평양축전(세계청년학생축전) 때 막대한 국가재정을 소진한 결과인지 모른다.

나중 평가지만 1994년부터 국가 배급제에 차질을 빚기 시작해 문제가 본격화된 듯하다. 급기야 북한표현대로 90년대 중반부터 '고난의 행군' 시기가 다시 도래된 시발점이 된 듯했다.

1989년 말까지 평양에 살다 함남 신포로 이주케 됐던 한 주민(탈북자)은 축전시기에 "남조선은 88올림픽으로 부흥하고, 우리는 평양축전으로 망한다."는 말을 진작부터 들었다고 주장했다.

건방진 미국 교포

1992년 2월 방북(제6차 남북고위급회담) 취재 때 북측에서 실수로

내게 초록색 기자완장을 주었다. 원래는 외신기자 완장(노란색)이 전달
돼야 했다. 초록색은 북측 국내기자 용이다. 안내원이 용품을 잘못 수령
해 왔으나, 체류기간 내내 초록 완장을 그대로 차고 다녔다.

그때 워싱턴DC에서 온 고 문명자 기자를 만났다. 그녀는 유명세를
지닌 언론인으로, 후에 단독으로 김정일과 인터뷰를 했다. 그녀는 내가
토론토에서 왔다고 하자 반가워했다. 여러 대화를 나누고, 연회장(목란
관)에서 사진도 찍었다.

또 지금은 달라졌겠지만, 당시는 북한에서는 간부고, 일반주민이고
미국교포를 별로 안 좋아했다. 내가 캐나다에서 온 것이 다행이었다. 한
예로, 고려호텔 1층 외화환전소 여직원은 "미국교포에게 한번 너무 혼
이 난적이 있어요. 생각만 해도 아찔해요."라고 전한다.

내용인즉 미화를 한번 환전해 줬는데, 미 교포가 1백 달러 지폐 한 장
이 부족하다고 계속 고집했다는 것이다. 1백 달러는 더구나 그들에게는
큰돈이다. 몇 번이고 계산해도 못 찾아 가슴이 덜컥 내려앉았다 한다.

그런데 한참 뒤에 "아. 맞아요. 내 주머니에 하나가 남아있었소."하더
니 사과 한마디 없이 그냥 가버렸다고 한다. 나는 속으로 '그야 사람 나
름이지. 어디 미 교포라고해서 그런가.'라고 생각됐다. 이후 그녀는 미
국교포에겐 더 조심하고 행동을 눈여겨봤다고 한다. "미국교포는 대부
분 건방지고 겸손치 못해요."라고 주장한다.

그건 종업원이라고 쉽게 얕잡아보고 하대하는 경우 때문에 생긴다.
물론 일부 북미교포에 한한 행위이긴 하지만 누가 좋아하겠는가. 북한
은 자본주의 한국사회 환경과는 시스템이 판이하게 다른 점을 머릿속
에 새겨둬야 할 것이다.

어느 날 김주회 해외영접부장은 대화 중 "미주통일단체는 왜 그들끼

리 알력이 심한지 모르겠소. 서로 협조를 못 하는 것 같아 유감이오."라고 말했다. 그즈음 북한과 미주창구개설문제 등에 따른 교포 내 불협화음 같았다.

북미주 첫 창구개설은 1979년 캐나다 토론토에서 '해외이산가족 찾기'를 선봉으로 역할을 시작했다. 그러다 평양축전 때부터 분리되기 시작했다. 미주지역이 떨어져 나간 것이다.

1989년 평양축전 때는 미주서부(캘리포니아지역)가 북미전체를 맡았다. 그 때문에 나는 캐나다에서 LA통협(통일협의회)을 통해 따로 방북신청을 해야 했다. 이후 미주지역 동부(뉴욕)도 독립적으로 나갔다. 결국 북한창

평양축전

구는 캐나다와 미 동부 및 서부 3개 지역 창구로 확정돼 굳어졌다.

한번은 베이징 공항에서 한 미주교포와 크게 말다툼하는 북한 공항직원을 뜯어말린 적이 있다. 이 미주교포는 대기상태에서 차례를 기다리

던 중 계속 순번에서 밀리자 순간적으로 발생한 일이었다. "당신! 얼마나 받아먹고 순서대로 안 하고 새치기시키는 거요?"하고 삿대질하며 소리를 질렀다. 그 공항직원이 가만히 있을 리 없다. 주변에선 말리는 사람은 없고 구경꾼들 뿐이다.

나는 화가 나서 씩씩대고 싸우는 젊은 북한직원을 옆으로 데려와 달랬다. 그는 "나는 대사관 서기관이요. 공항에 손님들이 밀려 일손이 부족해 요즘 잠도 제대로 못 자고 돕고 있어요. 그런데 어떻게 함부로 그리 말할 수 있소? 어디 미국에서 막 배워갖고 와서…." (그때 북 공무원 사회에도 서기관직급이 있다는 것을 알았다. 다투던 미주교포는 나중 알고 보니 LA에 거주하는 첫 방북자였다.)

미주교포들은 워낙 방북인원이 많다 보니 여러 성격의 사람들이 생긴다. 이미 2천여 명의 미주교포들이 북한을 다녀왔다는 미주통계가 있다. 그들은 관광이든, 이산가족이든 북한 어느 지역을 가든 할 말을 하고 기가 죽지 않았다. 아마 지갑 속의 두툼한 미화 때문인지. 그래도 김일성 정권 시기는 방북 분위기가 좋았다고 기억된다.

미국에 대한 뿌리 깊은 증오… 6.25 대학살

6.25 전쟁 미국발행 우표

북한에선 미국에 대한 뿌리박힌 증오 탓인지 미주교포들에 대한 인식 또한 별로 좋지 않았다. 북 주민들의 미군 증오 감정은 무엇보다 황해(북)도 신천군 신천읍(사리원 부근)에서 일어난 주민살육사건 때문이라 한다.

믿기 힘든 얘기지만, 미군이 6.25 전쟁 시기 50여 일간 신천을 점거했을 때, 군 주민들 4분의 1에 해당하는 3만여 명을 학살했다는 것이다. 10월18일 방공호에 가두어 놓고 휘발유로 불태웠으며, 또 생매장해서 수많은 사람을 죽였다고 주장했다.

북한 선전구호 사진

그중 가장 잔인무도한 살육만행은 12월7일 미군들이 원암리 밤나무골 화약 창고에 어머니와 어린이들을 모아놓고 910여명을 살해하는 천인공노할 만행을 저질렀다는 것이다. 지금도 그 밤나무골에는 그때 희생된 어머니 묘 400개와 어린이 묘 102개 합장묘가 역사의 증거로 남아있고, 신천 박물관에는 당시 희생된 사람들이 남긴 유물과 흉기들, 당시 사진 자료들이 전시돼 있다고 했다.

북한 상원 시멘트 공장 굴뚝구호

그러면서 "자, 오랜 세월이 흘렀어도 우리가 왜 미국에 증오심이 남아있는지 어느 정도 이해가 될 것이오."라고 말했다.

북한에서 운동종목 중 야구경기가 별로 존재하지 않은 것도 미국에 대한 뿌리 깊은 증오심 때문이라고 들었다. 그 후 북에서 야구를 허용했다고 들렸지만, 오늘 얼마나 많은 북한 야구인구가 늘었는지 알 수가 없다.

대신 농구와 축구는 북에서 대대적인 인기종목이다. 농구는 전국 주민운동으로 보급될 정도로 선호한다. 북한 장웅 IOC(국제올림픽위원회) 명예위원도 농구선수 출신이다.

한때 국제적으로 소개됐던 리명훈 선수 (2m35cm)는 한때 북미프로농구(NBA) 진출을 위해 캐나다까지 와서 연습을 했으나, 결국은 좌절됐다. 나중 백두산을 다녀온 한 뉴욕교포는 리명훈이 백두산 안내원 일을 한다며, 함께 찍은 사진을 보냈다. 그러나 확인해 보니 리명훈이 아닌 다른 키가 큰 운동선수였다.

북한 태권도 격파시범

특히 북한에선 수영과 태권도 두 체육종목이 필수과목이다. 한 북한 고위당국자는 "아무리 학생이 공부를 잘해도 수영과 태권도를 잘하지 못하면 우등생이 될 수 없고, 태권도가 4단 이상이면 군대가 면제된다."고 전했다.

달라진 고향에 대부분 불평

김선옥 해외 영접부 부부장(44년생)과 인터뷰할 때였다. 그녀는 북한 당국 정책을 설명하며 일부 미주교포에 대해 불만을 토했다. 미주교포에 대해 역시 인식이 좋지 않았다. (북한에서 '부' 명칭간부는 실상 그 부서 실무책임자임. 어느 부서든 최고책임자인 부장, 국장, 주필 등은 단순명예직에 불과함.)

김 부부장은 "우리 영접부는 조국에서 가장 많이 연료(휘발유)를 쓰는 부서에요. 해외교포(이산가족이나 관광)들의 모든 안내를 맡고 있어 그렇지요."라고 말했다.

그녀는 또 미주교포의 겸손치 못한 고향방문을 지적하기도 했다. "안내사업 중 일본이나 중국, 러시아 등지에서 온 다른 교포들은 전혀 문제가 없어요. 꼭 미주교포만이 문제입니다. 한번은 미국 놈들을 욕했더니, 한 교포가 '자꾸 미국 놈, 미국 놈 그러지 말아요. 나도 미국시민인데 나를 욕하는 것과 같소.' 하며 큰소리치더라고요."

또 "미국교포는 가족면회만 요구하고, 국가(북측)에서 준비한 다른 일정은 일체 참여하지 않아요."하며 못 마땅해 했다.

내가 본 대부분의 미주교포는 자본주의의 자유로운 타성에 젖어선지 거리낌 없었고, 가끔은 도에 지나치는 경우를 보았다. 아마 경제적인 우월의식이나 자신감 때문인지 모르겠다.

극히 일부겠으나 어느 교포는 모처럼 찾은 북한고향에 가서도 거만스럽고 상대방 자존심을 상하게 만들어 안내원과 다투는 경우가 발생한다고 들었다.

심지어 "옛날 우리 집은 아주 좋았는데 왜 이렇게 형편없이 변했소? 어떻게 돼 그랬소?"하고 시비조로 따진다는 것이다.

물론 일부 경우겠으나, 담당 안내(지도)원이 난감해지고 말다툼까지 벌어진다고 한다. 김 부부장은 "평양에서 그 멀리 고향까지 기차든, 자동차든 성의껏 안내해 줬으면 그 고마움을 알아야지, 예의도 없이 어찌 그럴 수가 있나요?"라고 얼굴을 찌푸렸다. 그녀의 말은 백번 옳다.

또 그녀는 내게 "우리는 남쪽이 경공업 부문에서 더 발전한 것을 잘 알아요. 하지만 경공업이야 맘만 먹으면 금세 따라잡을 수 있지요."라며 "우리 공화국은 조국 통일신념이 강하고, 주석님 영도 아래 당과 인민이 굳게 뭉쳐있어요."라고 힘주어 말했다.

반면 꿈에 그리던 고향을 다녀온 캐나다교포들 역시 단 한 명 만족을 표명한 사람을 본 적이 없다. 고향 함경남도 북청(북청 물장수, 북청 사자놀이로 유명)을 다녀온 한 이산가족은 "북청 시내에 거대한 김일성 동상이 만들어져 예전 길을 막아버렸다"고 투덜댔다.

그러면서 "예전 고향 집 마당에는 꽃들을 심어 운치가 있었는데, 이젠 집마다 마당에 꽃 대신 배추밭이 돼버려 북청이 도시인지, 시골인지조차 구분이 힘들게 됐다"고 탄식했다. 그렇게 보고 싶던, 그리던 옛 고향 집이 더 이상 아니라는 것이다.

북한 관광코스 '북쪽 판문각'

개성 판문점은 묘향산 등과 함께 늘 북한 관광코스다. 지금은 관광 인원수에 따라 자동차 운행이 많지만, 80년대 첫 개성방문 때는 평양에서 밤 12시 침대열차를 이용했다. 북한의 열차는 단선이다. 약 6시간 걸렸다. 이는 평양에서 원산행도 마찬가지.

자정에 기차는 떠났다. 개성 자남산 호텔에 짐을 풀었다.

러시아 특파원 당시 모스크바에서 밤12시 침대열차로 페테르부르크(전 레닌그라드)로 갈 때와 같은 시간대다. 페테르부르크엔 오전 7시경 닿는다. 한 밤중의 열차이동은 공산국가 특성인 것 같다.

개성은 북한도시 중 가장 많은 이산가족이 살고 있다고 들었다. 한 안내원은 "관내이산가족 숫자를 80% 이상"으로 추산했다. 북 강원도와는 인구비례가 반대경우였다.

북 강원도에서 태어나 줄곧 고향에서만 살아왔다는 한 지방공무(안내)원은 "6.25 전쟁 전에 살던 강원도 주민은 전쟁 때 거의 고향을 떠나 별로 남아있지 않소. 그간 다른 도(지역)에서 옮겨온 주민이 많지요."라고 설명했다.

개성 남대문을 지날 때였다. 안내원이 차를 세우더니 "원하면 남대문 위에 올라가도 되오."하고 여유를 보였다. 그러나 누가 국보급 건축물에 올라 폼을 잡고 수선을 떨랴. "서울 남대문 경우는 아무나 출입할 수 없어요. 여기 개성 남대문은 누구든 오를 수 있는 모양이지요?"하고 물으니, "그렇지 않습니다. 선생들에게 특별기회를 주려 했을 뿐이요."라고 답했다.

판문점으로 갔다. 나는 남쪽 판문점 자유의 집을 가본 적이 없다. 북쪽 판문각은 두 번 방문했다. 한 인민군관(장교)이 해외교포들을 모아놓고 "6.25는 북침"이라는 설명을 한참동안 장황하게 했다. 누군가 옆에서 "남침인데…."하고 속삭였다.

왜 새삼 해외동포관광객들에게 남침, 북침을 부각시키려는지 답답했다. 서울에서 태어난 나는 6.25(1950년)를 만3살6개월 때 겪었다. 일요일 갑작스러운 남침으로 곧 한강교가 폭파돼 남으로 피난을 못 갔다. 어머니와 한강변에서 나룻배를 기다리며, 토마토를 잔뜩 실은 지게꾼에게서 어머니가 토마토를 사줘 먹던 일이 생생하다.

이 옛 기억 때문에 나는 서너 살배기 어린이 앞이라도 처신을 조심한다. 어린이라도 사물 판단과 인식하는 두뇌는 분명히 지니고 있다.

판문점 방문당시 일이다. 2층 '판문각'에서 남쪽의 산하를 바라보며 감회에 젖어 있을 때였다. 바로 건너편 남쪽엔 '자유의 집'이 보였다. 북쪽으론 인민군 병사들이 부동의 자세로 임하고 있고, 남쪽(한국) 곳곳엔

미군 병사 모습만이 보
였다. 한국병사 모습은
단 한 명도 없었다.

그런데 우르르 미군 너
댓 명이 막사에서 뛰어
나오다니, 2층의 나를
겨냥해 카메라를 들이댔

북쪽 판문점에서 내려다 본 남쪽 자유의 집

다. 당시 고급 버버리(Burberry) 겨울코트를 입은 양복차림새라, 갑작
스레 내가 모습을 나타내자 어디 거물급 인물로 수상히 여긴 것 같다.
며칠 뒤 방북일정을 마치고 갔던 항공로 그대로 캐나다로 돌아올 때였
다. 시카고 공항에 닿으니 미 정보요원이 기다리고 있었다.

그는 나만 따로 불러 심문했다. 캐나다 시민권자니 캐나다 여권이었
다. "당신 직업이 뭔가." "신문기자요." "기자라고 확인할 수 있는 증명서
2개를 보여라. 사진이 부착된 증명서를 원한다."라며 굳은 얼굴이다.

나는 명함을 내밀다 말고 얼굴이 부착된 캐나다조선일보 신분증 및
토론토경찰국 본부발행의 기자출입증을 보였다. 그제야 그는 싱긋 웃
으며 "뭘 산 게 있느냐"며 얼버무리며 놓아줬다. 판문각에서 미 병사에
게 사진을 한번 찍혔을 뿐인데, 내 여행행적을 추적해 나를 찾아낸 미
정보능력에 새삼 감탄했던 기억이 난다.

북한 표어 변화

1984년 남한 홍수피해, 북한 물자제공이 물꼬

1992년 2월 어느 날 고려호텔. 밤에 잠이 안 와 뒤척이다 라디오를 켰다. 방송에서는 지난 1984년 9월, 북에서 한국 수재민들에게 구호품을 전달했던 지난날 보도가 흘러나왔다. "경애하는 김정일 동지의 남조선 구호대책으로 조선적십자사 중앙위원회에서는 5만석의 쌀, 50만 미터의 천, 10만 톤의 시멘트를 남조선 수재민에게 보내고…"

'아니 만 8년 전 구호 건을 아직도 방송, 선전하고 있다니….'하고 생각했다. 이는 예전 서울에서 발생했던 수재민을 북에서 도왔던 내용이다. 남북 관련해 이 과거 사실을 망각한 남한사람들이 의외로 많다. 잠깐 이를 언급한다.

지난 1984년 8월 말부터 9월 초까지 한국 내 일부지역은 엄청난 수해피해를 입었다. 서울, 경기, 충청지방에 내린 집중호우 때문이다. 모두 189명이 사망하고, 약 35만 명의 이재민이 발생했다. 최악의 홍수사태였다. 서울의 경우 초중고는 물론 대학교까지 휴교령이 내렸다.

이러자 북한은 며칠 뒤 남한 이재민들을 위해 구호물자를 제공하겠다고 나섰다. 남조선이재민들에게 쌀 5만석, 옷감 50만m, 시멘트10만 톤 등을 보내겠다는 공식적인 제의였다.

당시 한국은 수해직전 해인 1983년 10월 버마(미얀마)에서 발생한 아웅산 테러사건으로 앙금이 채 가라앉지 않던 시점이다. 하지만 전두환 정부는 망설이다 결국 북측의 대남제의를 받아들였다.

이에 따라 북한적십자사의 수해구호물자가 9월 하순부터 5일간 판문점과 인천항 등지로 전달됐다. 한국은 답례로 담요, 카세트, 라디오, 손목시계 등 선물가방 8백여 개를 준비해 북한으로 보냈다.

북한이 인도적 차원에서 남한을 도운 것은 그때가 처음이자 마지막이다. 남한당국은 이재민 당 쌀 33kg부터 66kg까지 분배해 줬다. 그런데 북한 쌀 품질이 안 좋다느니 하는 여러 평들이 있었다. 실향민 경우는 북녘 쌀로 제사를 지내겠다는 등 가슴 뭉클한 얘기가 들리는 등 반응이 다양했다.

그때 북한적십자사의 지원은 6.25전쟁이후 최초의 물자교류로서 얼어붙은 남북관계에 물꼬를 트는 역할을 했다. 다음 해 1985년에는 그동안 중단됐던 남북적십자 본회

북 수해 지원 증서 (1996)

담이 재개됐고, 그해 9월에는 분단이후 처음 남북이산가족행사가 열렸다.

남북사상 첫 고향방문단으로 일부 이산가족상봉이 진행됐다. 그 후의 이산가족 상봉은 우여곡절 끝에 15년의 긴 세월이 흐른 2000년에 가서야 다시 이루어진다.

평양과 원산 스케치

평양과 원산얘기로 돌아간다. 북한은 어려움 속에서 해외동포들로부

터 북한투자를 받고 있었
다. 거액의 기부금을 받
아 해당건물을 건립하고
건물 앞에는 기부자 충성
비를 세운다. 평양 여러
곳에 해외동포들의 충성
비가 눈에 띈다. 주로 재

원산 문화회관 (광석동 옛 교회당)

일상공인동포(조선총련)들이 대부분이다. 그들은 예전부터 북한에 통 큰
기부를 계속해 왔다.

　그중 하나가 대형 볼링장(북한표기는 보링장)이다. 일본 (조)총련여성
사장이 건립한 것으로 역시 충성비가 있고, 해마다 정기대회가 열린다.
근처의 사격장 역시 한 해외후원자기부금으로 건물을 만들었다. 사격장
은 실내와 야외, 오락 사격장 등 세 부문으로 나누어져 활용되고 있었다.

　원산상점에서는 의외로 웅담(북한 명/곰열)을 선전하며 판매를 했다.

평양 보우링 대회

g(그램)당 5달러다.
캐나다 가격의 절반
도 안 됐다. 북에는 곰
도 없을 텐데 무슨 곰
열인가? "곰열이 진짜
입니까?"하고 물었다.
접대원은 못 들었는지
가만히 있는데, 옆의

미주교포가 "국영상점인데 당연히 진짜겠지요."라고 대답을 했다.

　캐나다에서는 웅담거래는 일체 엄금이고 불법이다. 오래전 한 한인교
포가 토론토공항에서 세관원에게 걸려 5천 달러 벌금을 물었다. 신문에

도 보도되고 한인얼굴에 먹칠을 한 적이 있다.

한때 해외에서 어느 지역이든 웅담이 한인교포들에게 큰 관심과 인기를 모으던 시절이 있었다. 무엇보다 건강에 큰 효과를 본다는 설 때문이다.

원산 상점 (곰 열 표시)

고난의 행군시기, 북녘 땅 한쪽은 굶어 죽어가고 한쪽에선 살아남기 위해 안간힘을 쓰고 있었다. 생존경쟁 장사(장마당 등)에 뛰어든 주민들은 거의 다 여성들이다. 중국인들은 국경을 맘대로 드나들며 짭짤한 돈놀이로 재미를 본다고 소문이 났다. 북한 주민에게 물건을 대주고 장사를 시켜 가만히 앉아 높은 이자 돈을 챙긴다는 것이다.

평양 통일거리 장마당 일부

처음엔 시골의 장마당 자체가 불법이었다. 만일 단속으로 뺏기게 되면 모든 게 물거품이 된다. 그러한 난장판 같은 세상 속에 중국인만 북한 땅에서 떵떵거리고, 죽어나는 것은 변방의 북한주민뿐이다. 식량난에다 장티푸스, 파라티푸스 전염병까지 돌아 무척많이 죽었다고 한다. 그때는 약이 전혀 없으니 속수무책이었다.

내 모스크바시절, 소련 노벨상수상작가 알렉산더 솔제니친이 자국민을 통렬히 비평했던 글 내용이 생각난다. '러시아인들은 밀고, 배반, 관료 우선주의, 부패 등 많은 단점을 가진 게 사실이다. 하지만 그러한 노예근성, 게으름, 순종 등이 결코 러시아인의 타고난 천성이 아니다. 그와 같은 성격은 그동안 러시아 국가

중국 도문-북한 (두만강)국경

통치자들이 국민의 잠재력을 없애왔기 때문이다. 오랜 세월 주민들이 공산화되고 비도덕적인 사회에서 살아온 결과이다'라고 지적했다.

우리네 민족을 비교하면 어떠한가. 피는 물보다 진하다. 하지만 피보다 진한 게 있다. 그건 이념이다. 솔제니친은 주장한다. "이념은 아름다워 보인다. 그러나 그 이념이 만드는 역사는 늘 폭력적이고 고통스럽다."

캐나다 경우는 지난 1997년부터 북한구호기금으로 약 3천만 달러(당시 약 3백70억 원)를 지원했다. 이후 캐나다 연방정부는 북한과 최초로 양국 수교문제를 협의하고, 2001년 2월 초 마침내 캐나다는 북한과 공식수교를 체결했다. 북

원산항 만경대호 선박

한 역시 평양방송과 조선중앙방송 특별보도를 통해 캐나다와 대사급 외

교관계를 수립했다고 발표했다.

이에 따라 캐나다 주중대 사(하워드 발록)는 초대 북 한대사로 겸임발령을 받았 다. 다음해 발록 캐나다 북 한 대사를 따라 두 캐나다 신문기자 (토론토 스타와 글로브 앤드 메일)가 동행

원산 근로자들의 오후 한때

해 며칠간 취재했다. 두 캐나다 기자의 대북시각은 비슷했다. 서방기자 들은 양국수교 분위기와는 아랑곳없이 당시 북한실상을 여과 없이 보도 했다.

그때 토론토 스타 기자(아시아 지국장)의 취재기사를 간략히 소개한 다. 당시 서방기자로서 직접 현지를 목격한 첫 기사로 이를 줄여 전한다.

캐나다 국적자의 방북기 '서서히 벗겨지는 북한의 가면'

「…수백만의 주민들이 이 고립된 나라에서 기아와 질병으로 죽어갔 고, 여전히 죽어가고 있다. 그러나 북 주민들은 그들 동포를 위해 눈물 을 훔칠 여유가 없다. 개인숭배정치로 영생불멸의 화신이 된 김일성 주 석에 대해 아직 흐느끼고 있기 때문이다.

8년 전에 죽은 이 위대한 수령은 무덤 속에서도 유훈통치를 계속하고 있는 세계 유일한 지도자일 것이다.

평양 대다수 시민은 전력난으로 난방시설을 가동할 수 없어 실내에서 도 두꺼운 옷을 입고 생활하고 있다. 문을 닫은 공장이나 병원이 많고,

밤에는 도시가 칠흑처럼 어둠에 잠긴다. 이 삼엄한 국가에선 어디서나 군인들의 모습을 볼 수 있다. 그들은 경애하는 지도자로 지칭되는 김정일의 철권정치를 뒷받침해준다.

높이 20m의 김일성 동상 등 각종 공산주의 상징물들이 즐비한 시 전역에서 주민들은 김일성 주석의 웃음 짓는 벽화와 자동소총을 휘두르는 군인들의 선동적인 포스터를 배경으로 땀을 흘리고 있다. 북한은 1960년대 중국이나 1970년대 루마니아를 연상케 한다.

북한정부는 외국인들의 평양 외곽지대나 지방방문을 허락하지 않는다. 식량부족으로 많은 주민이 굶고 있는 모습을 보이기 싫어서다. 북한에 남아있는 캐나다 구호단체의 한 관계자는 "북한에서 식량자급자족은 불가능한 상태"라고 단정했다.

이러함에도 북한정부는 '체면 차리기'에 급급하고, 곧잘 거짓 쇼를 벌였다. 최근엔 외국인들에게도 굳게 닫은 빗장을 조금씩 허용하는 듯 보인다. 북한전문가들은 "북한은 하나의 거대한 세뇌교육장"이라며 "외국인 입국허용은 북한당국의 대단한 도박"이라고 지적했다.

이번 5일간의 방북기간을 통해 2천2백만의 북 주민들 생활을 들여다보았다. 김일성과 김정일이라는 빅 브라더스(Big Brothers)가 통제하는 북한판 조지 오웰 소설 '1984' 세계 속 삶을 직접 목격했다.」

묘향산에 있는 김일성 장군 노래비

1984년 '의식주'를 '식의주'로 바꿔

어느 날 안내원과 함께 묘향산으로 갔다. 평안북도에 소재한 묘향산은 누구든 방북 일정에서 빠지지 않는다. 당일 왕복 행이 가능하니 일반적으로 하루 관광 일정에 들어있다. 평양에서 묘향산까지 차로 약 2시간 거리다. 보통 아침 일찍 떠나 저녁에 돌아온다.

해외교포들 중에는 묘향산이 금강산보다 더 좋다고 평하는 사람들이 많다. 묘향산의 울창한 산세나 분위기는 금강산과는 상당히 다르다. 안내원 얘기론 묘향산 계곡(냇가)으론 주민들의 접근을 허용하지 않는다고 한다. 단지 오염을 막기 위한 수단이라는 것이다.

주민 접근 금지된 묘향산 냇물 '생수'

묘향산을 서너 번 다니다 보니 한번은 호텔에서 준비해 간 도시락(점심)으로 냇가에서 식사하고 1박을 한 적이 있다. 인적이 없는 냇가에 흐르는 물을 그대로 떠 마시기도 했다. 묘향산 봉우리를 오르다 산 중턱에서 만난 한 노파로부터 다래 서너 개를 사서 처음 맛보았다.

예전부터 말로만 듣던 다래를 드디어 묘향산에서 발견했다. 머루와 달리 다래는 내겐 보기 드문 열매였다. 다래는 초록색으로 대추만 한 크기로 달콤했다.

다음날 묘향산 관리인이 대웅전 앞 보현사의 건축역사와 13층 석탑

관련해 한창 설명할 때였다. 옆의 안내원이 뜬금없이 "보현사가 뭡니까"하고 물었다. 관리인은 "절입니다."하고 한마디를 던지곤, 말을 계속했다. 안내원 쪽으로 눈길도 돌리지 않았다.

묘향산 보현사

잠시 머리에 혼란이 왔다. '평양에서 내려온 인텔리 안내원이 어찌 묘향산 보현사를 모르나.' 무안해할까 봐 내색은 안 했으나, 의문점은 여전히 남았다. 나는 그간 만난 안내(지도)원들은 전부 지식인으로 알고 있었다. 해외영접국, 관광총국 산하의 안내원이든, 비즈니스 관련해서나 이산가족담당이든, 책임지도원이든 모두 정규대학교 출신들이 많았다.

관동 8경의 하나인 양양 낙산사가 오래전 산불로 전소됐다고 전했을 때 관리인은 "아, 그렇습네까. 우린 전혀 모릅네다. 우리도 관동 8경 중 두 개가 있지요. 내금강 삼일포와 해금강 총석정이디요."라고 말한다.

대웅전 옆 소나무로 꾸민 한반도 지도의 독도 부분 솔잎이 노랗게 변해있었다. 나는 "요즘 일본 때문에 시달려선지 독도 잎이 시들었네요."라고 하자, "일본 놈들이 독도를 자기네 것이라고 우기는데 말도 안 되지요."하고 거들었다.

묘향산을 오갈 때 북으로 비교적 큰 강 하나가 흐른다. 누군가 "야, 청천강이다."하고 소리쳤다. 낭림산맥을 끼고 서해로 빠지는 강, 고구려 을지문덕 장군이 수나라 30만 대군을 물리쳤다는 살수, 그 강이다. 사람들은 창밖을 내다보며 사진 찍기에 바빴다.

청천강은 흐른다

워싱턴DC에 사는 미주교포는 나중 "내게 인상 깊은 건 주변 농토였어요. 나는 강원도 산골에서 태어나 16살까지 농촌에서 성장해 시골을 잘 알아요. 북한논밭이 40년 전 고향 땅 그대로여서 놀랐습니다. 수십 년 세월이 지났는데 어떻게 예전상태 그대로인지, 아무튼 옛날생각에 감개가 깊었어요."라고 말했다.

주체농법, '먹는 문제' 중요성 강조

5월의 북녘 들판에는 모내기(일명 모내기전투)가 한창이었다. 당 기관지인 노동신문 1면에는 연일 농촌기사로 지면을 차지했다. '주체농법'을 활용해 농사를 지어야 한다는 기사다. 신문에는 '봄철 영농전투'라는 제

북한 농촌 식량 용지

호 아래 북한일대의 시· 군, 협동농장 등 농촌진척 사항과 활동이 매일 소상히 소개됐다.

북한주민은 영농기간 중에는 상급자든 누구든 농사일을 거들어야 한다. 도시거주 간부들도 상하구별 없이 2주 동안 지정된 농촌지역으로 나가 노동봉사를 도와야 한다.

안내원은 "농촌에는 적어도 한해 쌀 수확량이 8백만 톤 이상 돼야 인

민들 모두에게 식량배급이 돌아갑니다."라고 설명했다. 지난해는 모처럼 풍작이었는데도 6백만 톤에 불과해, 아직도 쌀이 많이 부족한 상태라는 것이다. 그걸 보면 오래전인 1984년 북에서 한국에 보냈던 쌀 5만 석 등은 그들의 대단한 성의로 볼 수 있겠다.

오늘에 와서 한국농촌은 매년 남아도는 쌀로, 쌀값문제 등이 고민이라는 소식을 듣는다. 이럴 때 일부 기아선상의 북한주민들을 돕는다면 얼마나 좋겠는가. 같은 민족끼리 굶주린 동족을 돕는 데 무슨 이유가 필요하나.

북에선 자존심 때문인지 남쪽 호의에 별 관심이 없는 것 같다. 북에선 미국만 상대하기를 원하는 듯싶다, 한국과는 대화 필요성을 못 느끼는 것처럼 보인다. 지난시기 미국 트럼프 전 대통령이 김정은 위원장을 모처럼 세계 반열에 등장시켰기 때문일까?

과거 어느 미 대통령이 북한 지도자를 맞상대로 정상회담을 갖고 세계 이목을 끌게 한 적이 있었던가. 이는 상대방의 위상만 높이는 일이었는지. 북핵 해결문제는 한 치도 진전 없는 답보상태라 답답하기만 하다.

지난 1984년경부터 김일성 주석은 관용어로 쓰이는 '의식주' 단어를 '식의주'로 바꿔 사용하도록 했다. 무엇보다도 식생활의 중요성을 부각시켰다. 그때부터 북한 공용문건과 출판물은 의식주 표현 대신 '식의주'라고 쓰기 시작했다.

김 주석이 '먹는 문제'를 강조하면서다. 그는 '옷이나 주택은 부족해도 견딜 수 있지만, 먹는 문제는 절대 타협이 안 되는 우선적 문제'라고 말했다. 중국의 경우는 진작부터 '식의주'로 사용하고 있다. 영어권에서도 의식주가 아닌 '식의주' 순이다. 항상 순서가 'Food, Clothing and Shelter'로 사용한다.

1989년 평양축전에서 만난 임수경

북한얘기를 꺼내면 지난 1989년 여름 평양축전 때 일이 먼저 머리에 떠오른다. 당시 대학생이었던 임수경의 밀입북사건 때 평양현장에 있었기 때문이다. 임수경 사건은 분단 44년 만에 일어난 전후세대 첫 대형사건이었고, 내 생활에 적지 않은 영향을 끼친 사건이었다.

지금은 34년 전의 옛일이 됐지만, 당시 취재내용과 자료를 통해 그때 일을 회고해 본다.

내게 1989년은 그해 첫 달부터 북한 관련해 잊지 못할 한 해였다. 1월에는 현대그룹 정주영 회장이 금강산개발 건으로 첫 방북 시, 나는 캐나다에서 평양을 첫 방문했다. 그해 7월초 2차 방북 때는 세계적인 청년학생축전이 평양에서 열렸다. 그때 예기치 못했던 임수경 방북(밀입북) 건이 터진 것이다.

당시 현지의 열띤 취재경쟁과 함께 소용돌이 속에 휩쓸려 들었다. 임수경 기자회견장에 참여했던 나는 그녀를 옹호하는 글을 썼다가 토론토 교민사회에서 비난의 파편들을 뒤집어썼던 씁쓸한 기억이 아직도 남아있다.

1989년 평양축전 참가

당시 평양축전 전후 사정은 이러했다. 정식 명칭이 '제13회 세계청년

학생축전'이었던 이 국제행사는 아시아에서는 처음으로 개최된 대회였다. 7월1일부터 8일까지 전 세계 177개국에서 2만2천여 명이 참가했다.

이때 북미주에서는 2백 명 남짓한 교포들이 평양을 찾았다. 만일 그해 5월 중국에서 발생한 베이징의 천안문 유혈사태만 없었더라면 더 많은 미주교포들이 참가했었을 것이다.

그때나 지금이나 평양을 방문하려면 북한대사관 입국사증(비자)발급과 항공권구입 때문에 최소 하루는 베이징에서 머물러야 했다. 미주교포들은 천안문의 유혈진압으로 인한 흉흉한 중국분위기가 두려워, 방북신청을 취소한 사람들이 많았다고 들렸다.

당시 미주교포 대표로, 인솔자였던 LA의 양은식 박사는 "하필 평양축전을 눈앞에 두고 천안문사태라는 악재로 인해 일부 미주교포들이 모처럼의 방북기회를 포기해 아쉽다."고 말했다.

당시 북한은 어느 국가의 국민이든 평양축전참가를 위해 방북신청을 하면 쉽게 허가를 내주었다. 더욱이 북한당국은 해외동포들을 위해 백두산과 금강산 등 명승지를 무료 관광시켜 주는 등, 큰 선심을 베풀었던 특별기간이기도 했다.

그때 나는 토론토에서 개인으로 LA에 있는 북미주 주관부서에 신청해 승인을 받았 다. 그때 캐나다의 한인언론인들과 함께 평양에 동참하길 원했지만, 전부 망설이는 바람에 결국 단독으로 신청해 홀로 참가하게 되었다.

미국 한인교포 언론사에서도 단 한 명도 참가하지 않았다. 그렇게 눈치를 보던 시대 상황이었다. 실상 이해가 안 됐다. 왜냐면 당시 노태우 정권은 1988년 7.7선언으로 '해외동포의 북한방문허용'을 이미 선포했었기 때문이다.

40년 이상 꽉 막혀 있다가 뚫린, 그 북녘 땅의 모처럼 취재를 북미교포언론들이 왜 외면했는지 지금도 알 수가 없다. 북한당국에서 공개리에 멍석을 깔아놓고 해외 누구든 방문기회를 주었는데도 끝내 마다한 이유를 모르겠다.

한동안 북미창구 역할을 하던 토론토 친북신문 발행인인 전충림 사장 부부는 따로 참가했다. 평양에서 호텔배정을 할 때 전충림 사장(1995년 사망) 덕을 봤다. 전 사장은 당초 지정된 단체 관광호텔에서 나를 기자호텔로 옮겨 주었다.

미주교포 주관자 측은 평양축전 참가인원이 많으니 제1진에서 제3진까지 나누어 방북날짜를 정했다. 나는 제2진에 속했다. 날짜에 맞춰 간편하게 짐을 꾸려 방북 길에 나섰다.

토론토에서 밴쿠버를 거쳐 밤늦게 베이징공항에 도착했으나 마중 나온다던 안내원을 찾을 수 없었다. 한참을 공항에서 헤매는데 마침 3진으로 도착한 미주 교포단(주로 주최 간부와 학자 및 교수들)을 만나 그들과 함께 시내의 사해호텔에 들었다.

미주통일단체 간사인 전순태 씨와 둘이 함께였다. 개성이 고향이라는 그는 체격처럼 통이 크고 인간미가 넘쳤다. 큰형님 같았다. 나중에 알게 됐지만 전순태 씨는 간사명칭이었으나, 미주교포 단을 이끄는 실질적인 책임자였다.

그는 털털하고 꾸밈없는 성격 탓에 모든 교포들의 호감을 사고 있었다. 전순태 씨는 이산가족을 만나기 위해 북한을 자주 방문했다면서 내게 "어떻게 캐나다에서 혼자 오셨소? 이산가족이오?"하고 물었다.

"아니에요. 지난 1월 처음 관광으로 왔었는데, 이번 축전행사는 방문기회가 좋은 것 같아 다시 신청했지요."라고 답했다.

"보기보다 용기가 좋소. 북한방문은 두려워 못 오는 사람들이 많아요. 캐나다 전충림 선생은 안 옵니까?"

"곧 따로 부부가 오실 겁니다."라고 전해 주었다.

그는 신랄하게 북한대사관을 비판하기도 했다.

"북한을 방문하려면 반드시 북한대사관을 거쳐야 하오. 비자발급 때문이지요. 그런데 공관직원들은 정도이상으로 불친절합니다. 북한당국에 몇 차례 건의했으나 전혀 고쳐지지 않아요. 생각해 보시오. 40년 이상 단절돼 있다가 가족을 만나기 위해 북한대사관을 처음 찾는 교포들의 마음을. 얼마나 무서워하고 벌벌 떨겠소? 나도 처음엔 그랬으니까."
라고 말했다.

다음날 아침 전순태 씨는 교포들의 여권을 모두 거두어 북한대사관에 입국사증(비자)을 받으러 갔다. 우리 교포일행은 북경 자금성을 관광한 후 공항으로 나갔다. 청명한 날씨였다. 어수선했던 마음이 한결 가라앉아 있었다.

베이징 공항은 수많은 미주교포들로 인해 마치 도떼기시장 같았다. 1980년대 베이징 공항은 크지 않았다. 어찌된 일인지 오후 2시 비행기를 놓쳤다. 힘들게 세관구역으로 들어서니 세관 X-레이 고장으로 손님들이 밀려 서있다. 중국세관원 3명이 웃으며 느리게 움직이는 동작이 눈에 들어왔다. 밖의 대기 손님들은 아예 신경도 안 쓰는 눈치다.

더위를 참으며 할 수 없이 한 시간 가량 공항바닥에 주저앉았다. 그리고 일일이 원시적인 짐 검사를 마치고 출구로 나갔다. 이미 시계는 오후 6시를 가리키고 있었다. 공항에서 4시간 이상을 지체하고 있었던 것이다.

오후 6시30분. 조선민항기는 드디어 평양을 향해 하늘 높이 날기 시작했다. 기내에선 지난번과 같이 한국(조선)어와 영어 두 가지 언어가 안내방송으로 흘러나왔다.

내 경우는 두 번째 방북이니 첫 번 때와는 달리 심적인 여유가 있었다.

잠시 꾸벅꾸벅 졸다 주위를 살피니 대화소리는 없어지고 전부 창밖을 내다보느라 야단들이다. 비행기가 이미 북한 땅 상공에 들어선 것이다.

대부분 교포들이 초행길로 보였다. 눈을 꼭 감고 정자세로 상념에 잠긴 사람, 이마를 창에 대고 한 치의 눈길도 창밖에서 벗어나지 않는 사람도 있고, 어떤 이는 눈시울이 뜨거워서인지 조용히 손수건을 꺼내들기도 했다.

비행기는 어느덧 평양순안공항에 닿고 있었다. 공항복판에 위치한 커다란 김일성 초상화가 눈에 들어왔다. 틀림없이 북한 땅에 왔다는 것을 실감했다. 거기에도 너무나 남쪽과 똑같은 산하가 펼쳐져 있었다. 북녘 땅도 진정 우리의 땅, 우리 강산이거늘 왜 위화감을 느껴야 하는지. 나만의 감회겠는가. 해는 이미 서산에 지고, 짙은 어둠이 서서히 온 누리를 덮고 있었다.

평양공항의 세관검사는 매우 철저했다. 국제적 축전행사 때문으로 여겨졌다. 마침내 공항 밖으로 나오니 주위는 온통 북한방문객 인파로 북적거렸다. 일부는 차를 먼저 타고 어디론가 가버렸다. 나는 마지막 일행 속에 묻혀 서산호텔 행 버스에 올랐다. 서산호텔은 당시 평양축전을 위해 평양 외곽지에 새로 지은 30층짜리 2등급 호텔이었다.

이틀 후 나는 평양 중구역 중심지역인 평양호텔로 옮겨졌다. 평양호텔은 외신기자호텔로 지정돼 있었다. 토론토에서 친북계 신문을 발행했던 전충림 사장이 "송광호 교포는 캐나다교포기자이니, 기자호텔로 옮겨줘야 한다."고 요구해서 이루어졌다 한다.

그 덕분에 미주단체관광 팀에서 벗어나 독자적 취재활동을 하게 됐다. 축전시작 하루 전인 6월30일이었다. 구형 벤츠차와 운전기사 및 안내원이 배정됐다. 안내원 위로 책임지도안내원이 있고, 총책임자 격인 참사가 있었다. 이들 중 기억나는 이름은 이철용 참사다. 더운 여름철인데도 늘 짙은 양복을 입고, 조용한 목소리로 무엇이든 도움을 주려는 진정성이 엿보였다. 따뜻하고 영국신사 같은 분이었다.

책임지도원은 나를 데리고 기자센터로 이용하고 있는 인민대궁전으로 갔다. 거기서 사진을 찍고 기자명찰과 외신기자 완장, 개인우편함 열쇠를 주었다.

그는 "이번 축전기간 다른 외국기자들에게는 시설사용료 250달러를 받지만, 교포기자에겐 무료로 했소."하고 귀띔해 주었다. 무료든 유료든 북한에서 노란색 외신기자 완장을 받고 정식 취재활동을 인정받은 첫 남한출신 기자(북미)가 된 것이다.

기자 수속을 마치고 호텔로 돌아와 점심을 먹던 중, 전대협대표가 공항에 도착해 고려호텔로 향해 떠났다는 소식이 들려왔다. 모두들 웅성거렸다. 곧장 고려호텔로 달려갔다. 평양호텔에서 고려호텔까지는 차로 5분 거리.

'통일의 꽃' 임수경의 평양도착

도대체 전대협 대표라는 임수경은 어떻게 생긴 학생일까 궁금했다. 이왕이면 잘 생기고 똑똑했으면 좋겠다는 생각을 했다. 어찌됐든 남한을 대표하는 인물이니 그런 기대를 가졌다.

임수경은 호텔로 오는 도중 군중 때문에 길이 막혀 도착이 지체되고 있다는 소식이 들려왔다. 나는 고려호텔 2층 난간에 미리 자리를 잡았다.

호텔정문 주위엔 캐나다에서 온 최홍희 국제태권도연맹(ITF)총재와 사범들의 모습이 보였다. 조국평화통일위원회(조평통) 전금철 부위원

고려 호텔 1층 임수경

장도 나타났다.

마침내 밖으로부터 "와" 하는 함성이 터져 나왔다. 임수경이 호텔정문에 밀려들어서고 주변은 한마디로 난장판, 난리법석이었다. 언뜻 임수경 모습을 보는 순간 안도의 숨이 내쉬어졌다. 저 정도 인상이라면 됐다고 생각했다.

2층에서 아래를 향해 계속 카메라 셔터를 눌러댔다. 그녀의 일그러진 얼굴이 잠깐 보이다가 인파속으로 묻혀버렸다, 연약한 여학생이 저러다 다치지 않을까 걱정이 됐다.

호텔 옆에 있던 전금철 부위원장을 비롯한 고위급 인사들도 어느새 군중 때문에 밀려나 있었다. 그들도 어쩔 수 없이 한편 구석에 우두커니 서 있는 수밖에 별다른 도리가 없었을 것이다.

필자와 임수경(평양축전에서)

엄격히 통제되고 제약된 북한사회에서 이런 혼란과 북새통을 이루는 일이 일어날 수 있다는 사실에 잠시 어리둥절했다. 나중 임수경 기자회견 때는 해외기자들 중 6명을 선착순으로 줄을 서게 해 질문을 받았다. 나는 5번째로 운 좋게 들어갔다. 북한전역에 TV로 중계된 이날 기자회견 때

내 얼굴이 방영된 덕분에 평양과 원산 등 서너 곳에서 만난 주민들로부터 "TV에서 봤다"는 인사를 받기도 했다.

하루아침에 '통일의 꽃'이 된 임수경 얘기는 여러 경로를 통해 잘 알

평양축전, 서산호텔에서 외국인과 함께 합동 디스코 춤

려진 내용이므로 생략한다. 다만 임수경이 김일성 주석에게 "아버지"라고 불렀다느니, 꽃다발을 주었다느니 하는 얘기는 사실이 아니다. 내가 평양에서 직접 보고 접했던 당시의 임수경은 순수한 대학생이었을 뿐 결코 종북주의자로 생각하지 않는다.

당시 로동신문 7월12일(수)자에 독일작가 루이제 린저가 임수경에게 보낸 편지가 실렸다. 게재됐던 내용 그대로 옮긴다.

평양에 가 있는 임수경에게

사랑하는 수경아. 나는 너의 의로운 행동에 대한 소식을 듣고 격동된 심정을 금할 수 없구나. 나는 너에게 경탄의 인사를 보내면서 언제나 너의 편에 서 있을 것이라는 것을 확언한다. 여성으로서 그러한 용단을 내렸다는 것은 실로 얼마나 장한 일이냐. 너의 행동은 조선의 모든 여성들과 청년들을 위하여 역사에 영광의 한 페이지를 기록하게 될 것이다. 열렬한 인사를 보내면서.

<작가 루이제 린저 1989년7월5일 로마>

방북기사는 못 쓰고 다른 기자에게 사진만 줘

임수경 기자회견 이틀 전 뉴욕에 사는 A기자가 평양호텔의 내 방을 함께 썼다. 그는 홍콩을 거쳐 막 평양에 도착했다고 한다. 그 역시 두 번째 방북으로, 운동권 출신이었다. 그는 1차 방북 건으로 뉴욕 세계일보에서 해직당해 쉬고 있었다. 서울 한길사(출판사) 후원으로 재 방북했다고 한다. 나이는 13세 아래지만 적극적인 성격으로 쾌활했다.

그런데 가만히 보니 나와 같은 입장이 아니었다. 이미 전금철 부위원장 등 북한의 일부 고위인사들이 A를 잘 알고, 인정하고 있었다. A에게도 따로 자동차와 안내원 2명을 붙여주었다.

나와는 방만 같이 쓰고, 금강산 갈 때 함께 움직였지, A는 거의 따로 북측 사람들과 행동했다. 임수경 기자회견 때도 현장에 없다가 회견이 끝날 때 나타났다. 도대체 어디로 그렇게 다니는지 알 수 없었다. 운동권 출신이니 그만큼 북에서 특별대우를 받는 것으로 생각했다.

그는 주관이 뚜렷했고, 명석하고 늘 명랑했다. 그 후 오랜 세월 친밀한 관계를 유지했다. 평양축전 당시 그는 미처 사진기를 챙기지 못하고 방북했다.

그가 뉴욕으로 돌아간 뒤 한길사와 한겨레신문에 특종 건을 터뜨릴 때였다. 사진이 필요하니 A부부가 급히 뉴욕에서 토론토의 내 집까지 10시간을 운전해 찾아왔다. 당시 나는 우여곡절 끝에 평양축전 취재기사를 보도할 수 없는 처지에 몰려있었고, 일단은 포기한 상태였다.

A는 사진들 속에서 서너 장만 뽑더니 식사도 하지 않고 급히 돌아갔다. 아마 기사, 사진 송고 등으로 여유가 없었을 것이다. A는 단독취재 특종으로 일약 하루아침에 대한민국의 유명기자가 됐다.

반면 나는 글 한번 게재 못 하고 죽을 쑤고 있던 참이다. 더구나 임수경 부친인 임판호 씨(서울신문 사회부장 역임)가 딸 임수경의 방북 건으로 대 국민사과문을 발표했을 때, 한 교포신문에 임수경을 옹호한 공개서한 글을 써서 더욱 코너에 몰려 있었다.

그즈음 강원일보의 고 최종명 이사(서울지사장/편집국장 역임)가 여러모로 도움을 주었다. 임수경 부친초대로 최 선배와 같이 평창동 자택도 방문해 사진 등 관련 자료를 전했다. 훗날 임수경과 그녀 부친을 함께 만났다.

평소 임수경과는 연락을 주고받는 사이는 아니지만, 그녀가 국회의원이 된 후 만날 기회가 있었다. 국회의사당 앞에서 사진도 한 장 찍었다. 1989년 평양에서 그녀와 함께 찍은 사진과 비교하면 만감이 교차된다.

임수경 달력 표지(1990년)

원산에서 우연히 만난 재일북송동포

북 강원일보사(원산 해방동)

어느 날 원산 해방동에 소재한 북 강원일보의 오봉호 부주필을 만났다. 강원일보사는 공장지대 건물처럼 보였다. 오후에는 북한최대의 농과대인 원산농업대학교와 원산예술학원장과 인터뷰했다. 저녁에는 원산 동명관호텔에서 예술원장을 비롯한 안내원 등 4명이 저녁식사를 함께 했다. 음식 값이 250달러가 나왔다. 평양이라도 100달러 남짓이면 충분할 비용일 텐데, 30여 년 전 당시의 원산 식사 값으로는 엄청난 바가지요금 같았다.

현대그룹의 정주영 회장이 고향 통천을 다녀간 뒤 일이라 아마 나도 같은 재력가로 여겼는지. 아무튼 음식 값을 두고 왈가왈부 할 수는 없었다. 또 지금이야 전력사정이 달라졌겠지만 그때는 한밤중 한창 식사 중인데 전기가 들락날락했다. 전력사정이 안 좋아, 암흑가운데서 촛불을 켜놓고 겨우 식사를 했다.

이들 책임자들과의 인터뷰 중 지방지인 북 강원일보 내용을 간략히 소개한다.

원산에서 3만부가 발행된다는 북한의 강원일보는 조선노동당 강원도
위원회기관지다. 주로 원산우체국에서 우편으로 구독자에게 우송되고
있었다. 신문판매는 일체 없고 총 4면을 발행하고 있었다.

1면은 사설을 통한 지방정치와 시사성 보도, 2면은 당 전체보도. 3면은
주로 경제부문, 4면은 사회, 문화소식과 한국정세 등이 실렸다. 그러나
매일 발행되는 일간지가 아니고 30여 년간 격일제로 발행하다 90년대부
터 경제난이 심화되자 주 2회로 줄어들었다. 더구나 신문용지 부족으로
발간된 신문을 다시 수거해 재사용하다보니 지질(紙質)이 안 좋아 판독조
차 힘들었다. 특히 사진은 윤곽구별이 불가능할 정도였다. 북한 전국지로
중앙당 기관지인 로동신문과는 판이한 질적 수준차이를 보였다.

김일성 민족과 조선족

일본 니카타 항구 만경봉 호 (71년)

북강원도 취재 중 정주영 현
대 회장(고향 통천)이 첫 방북 시
옛 애인 주씨와 유복자였던 친딸
(1943년생)을 만났다는 정보를
접했다. 북 강원도청공무원이 딸 가족 주소 등 관련 자료들을 모두 내게
제공해줬다. 그 내용을 당시 조선일보 가정조선(현 여성조선 전신)잡지
에 특종기사로 게재했다.

그 스토리는 뒤로 미룬다. 그 후 1996년 모스크바 특파원 당시 정 회
장 친척의 탈북사실이 서울중앙지에 1면 톱기사로 실린 것을 봤다. 같은
가족인지는 확인하지 못했지만 그때 일부 친척이 남쪽으로 온 듯싶다.

2000년대가 지나 외조모 친척인 장 노인이 고향 이천에서 세상을 떠났다. 내 방북을 돕던 캐나다 최홍희 국제태권도총재 역시 갑작스러운 별세이후 방북기회는 더욱 힘들어졌다. 북강원도 이천군의 외조모친척으로부터 가끔 편지가 날아들었다. 내용은 단순한 안부에 불과했으나, 나를 기다리는 마음이 편지에 절절히 묻어났다.

친척은 내가 기자신분이니 "문필전사로서 해외에서도 경애하는 장군님을 위해 늘 앞장서 달라"는 말을 꼭 덧붙였다. 또 우리 민족을 '김일성민족'이라고 불렀다. 한 민족이나 조선민족으로 칭하지 않았다. 아마 북에선 김일성민족이라고 가르치는 모양이다. 다만 북한방문 신청서의 민족구분 란에는 '조선족'으로 기재한다.

평양의 구름다리(일명 허공다리)

수차 방북을 하다 보니 지속적인 북의 변화를 절로 감지했다. 1991년 서울에선 진작 오래전(1969년)에 사라진 시내전차가 평양에는 등장했고, 서울에선 못 보던 2층 버스가 운행됐다. 예전 서울거리 곳곳에 세워졌던 구형 구름다리(일명 허공다리)도 평양에 나타났다.

인구 규모에 따른 교통수단과 주민편리수단으로 보여 진다. 지금은 거의 활용하지 않는 것으로 알고 있다.

평양은 낮이고 밤이고 버스, 전차 등 대중교통수단에는 늘 주민들이 꽉 차 있었다. 3대 김정은 정권이 들어선 뒤 평양은 건물형태부터 급속도로 현대화됐다. 2010년 이전과 비교하면 도시모양새가 확 달라진 모습이다. 코로나19 직전 평양을 다녀온 사람들 얘기로는, 평양이 과거와 비교해 '천지개벽'돼 완전 모습이 달라졌다는 평을 했다.

개선문 전망대에서 바라본 평양 시가지

북한방문을 해도 현지주민들과는 만남 자체가 쉽지 않다. 만나도 개별적인 대화는 더욱 기대할 수 없다. 친척을 만났을 때도 마찬가지. 한꺼번에 여러 사람들과 만남 속에서 사적인 얘기를 나눌 수 있는 분위기가 아니다.

차라리 매일 호텔에서 식사 때마다 만나는 (조)총련 재일동포들이 편했다. 그들은 같은 자본주의하에 생활해서 그런지 솔직했고 꾸밈이 없었다. 그들은 대개가 일본 사업가들이라 그런지 호텔방도 1등 실에 묵었다.

내가 평양려관(호텔)에 체류할 때는 일본 고베에 거주한다는 한 노인사업가와 가까워졌다. 그는 수산물무역으로 자주 평양에 온다고 했다. 나는 "왜 무역거래를 한국보다 북한을 택했습니까. 무역업은 자본주의 한국이 더 자유롭고, 편하지 않으세요?"하고 물었다.

그는 "사실 고민을 많이 했소. 공화국(북한)은 자유는 없지만, 그래도

1991년 평양 전차 등장

105층 유경호텔이 보이는 주변 풍경

민족성이 있지요."라고 답했다. 이 해가 잘 안됐다. 나는 '그럼 남쪽에는 민족성이 없다는 말인가요?' 하고 반론을 펴려다 그만뒀다.

평양에서 만난 오사카의 양광우 사장과는 속내를 털어놓고 말을 했다. 그 후 일본을 방문할 때는 신세를 졌다. 그는 평양 도심과 지방곳곳에 사업체를 두고 북한을 자주 왕래하고 있었다. 북한의 헐벗은 산림을 위해선 매년 10만 그루 묘목을 무상공급을 한다고 밝혔다. 알고 보니 그의 친동생 양래민은 평양봉수교회에서 만난 전도사(안내원)였다.

나중 동생은 교회직책을 떠나 형 사업을 돕고 있다고 들었다. 양 사장 동생은 일본 북송교포로 평양에 온 젊은 세대에 속했다. 내가 그를 특별히 기억하는 것은 지난 1989년 평양봉수교회를 첫 방문 시, 그는 내게 "예수를 믿으십시오."하고 말한 유일한 북한인이었다. 그랬던 그가 아직 평양에서 기독교 전도얘길 사람들에게 권하는지 궁금하다.

그것은 해외성직자들조차 북한종교기관들, 즉 평양봉수교회, 칠골교회, 장충성당 등은 모두 겉모양새만 갖춘 해외선전용 종교기관으로 간주하고 있기 때문이다.

송도원 호텔에서 만난 재일동포 여성

북한주민과의 접촉기회는 우연히 다가왔다. 북강원도 중심도시인 원산을 방문할 때 송도원호텔 상점에서 한 중년여성(재일북송동포)과 마주친 것이다. 오전에는 별다른 인터뷰 약속이 없어 호텔상점을 두리번거리고 있던 중이다.

갑자기 밖에서 긴 사이렌 소리가 울렸다. 예전 서울에서 자주 듣던 민방위훈련과 꼭 같은 사이렌소리였다.

안내원이 밖으로 나가지 말고 잠깐 호텔 내에 머물라고 했다. 그 통금시간이 무척 오래 지속됐다. 그때 마침 함흥 거주의 한 부인이 송도원 호텔에 들렀다가 역시 발이 묶인 것이다. 호텔에는 손님이

북 강원일보

거의 없었다. 라운지 소파에 둘이 앉아 30분 이상 그 여성의 북한생활에 대한 얘기를 들었다.

리영실(가명). 당시 46세. 주소 함남 함흥 동흥산 구역 은흥1동 19반 (북에선 '번지' 대신 '반'을 사용한다.) 재일동포인 그녀는 일본에서 고교를 마치고 1965년에 북송선을 타고 북에 영주 귀국했다.

북송 후 그녀는 원산사범대학 어문학부를 졸업하자 역시 북송재일동포인 고교 동기동창과 결혼했다. 그녀 남편은 당 사업의 주요 일꾼으로 근무 중이고, 그녀는 직장을 안 가진 채 집에 남아 있다고 했다. 일종의 전업주부다.

그녀의 인생 스토리를 옮긴다. 그녀 뿌리(고향)는 전남 광주다. 교육

자 집안에서 태어나 아버지는 6.25전쟁 이전 일본으로 건너갔다. 4살 때 친삼촌이 의용군이었던 관계로 어머니, 동생과 함께 부산에서 일본으로 밀항했다. 그때부터 그녀의 파란만장한 삶이 시작됐다고 한다.

"어릴 때였지만 일본에서 고생은 말도 못 할 정도였어요. 아버지는 결핵환자였고, 어머니는 외국인등록을 못 한 탓에 감옥소 생활을 했습니다."라고 말했다. 그녀가 초등학교에 입학할 무렵, 매일 집에서 울었다고 한다. 부모가 요구하는 조선학교에 가기 싫어서였다.

"어린 나이였지만 조선학교는 일본에서 멸시당하고 있었어요. 집에서 학교거리도 멀었고요. 하지만 우리 집 형편으론 어쩔 수가 없었지요."라고 털어놓았다.

당시 일본에 조선학교는 전교생이 모두 50명뿐이었다. 그녀가 11살 때 어머니는 외국인 등록법 위반으로 다시 1년간을 감옥소에서 지내야 했다. 그녀는 북송되기까지 15년간 일본생활은 고생으로 점철됐던 시기였다고 회상했다.

나는 "북으로 와서는 어떻습니까. 꿈이 좀 이루어졌나요?"하고 물었다. "원래 제 꿈은 아나운서가 되는 것이었지요. 그러나 일본에서 생활한 탓에 액센트와 발음에 문제가 있어 일찍 포기했어요. 결혼 후엔 그냥 '자체 만족'으로 살고 있지요."라고 전한다.

지난 1972년 그녀 아버지가 일본에서 사망하자, 집안이 이국땅에서 혁명사업을 했다고 인정받아 '열사가족'으로 돼 있다고 말했다. 그러면서 함흥 도시에 관련한 내용을 이어갔다.

"평양에서는 함흥출신들이 일을 가장 잘한다고 평이 나 있지요. 일본으로 치면 오사카 인들과 비슷하지요." 그녀는 함흥사람들의 성격을 '얄개 성격으로 세차다'고 표현했다. 함흥은 도시규모도 원산보다 훨씬 크고 인구가 많으며, 옛날 집들이 많이 남아 있고, 유물, 유적도 많다고 한다.

"그런 큰 도시에서 왜 원산에 내려와 물건을 사려고 하세요?"하고 물으니 "원산은 관광도시라 함흥에서 못 구하는 물건들이 있어 가끔 내려옵니다."라고 금세 답했다.

도 안내원에 따르면 원산은 6.25 전쟁 때 미군 함포사격으로 도시가 완전 초토화 돼 버려, 옛 건물이라고는 광석동의 교회당(현재 문화회관/극장) 단 한 채만 남았다고 전했다.

원산백화점

원산은 명사십리 해당화가 피는 말 그대로 고운 모래가 10여리나 바닷가로 뻗은 절경의 항구 도시다. 그 금모래가 물속에서 파르르 떠는 아름다운 광경을 나는 지금까지 다른 곳에서 본 기억이 없다.

그동안 원산은 (북)강원도 수도로 개발이 서서히 진행돼 왔다. 2013년 김정은 위원장이 집권하면서 개발속도가 가속화됐다. 김정은 시대가 열리면서 그의 어릴 적 고향인 원산을 관광특구화 해 마식령 스키장(스키 리조트)과 호텔을 먼저 완성했다.

송도원 국제소년단야영소도 새로 단장하고 갈마국제공항과 공항청사 역시 신축한 것으로 전해졌다. 또 원산개인별장을 자주 이용해 한때 김정은은 원산에 은거했던 것으로 알려져 있다.

평양에서 만난 고교 선배 그리고 노래방

지난 2000년이다. 대망의 21세기가 시작됐다. 그해 8월 김정일 위원장은 한국 언론사장단 전부를 초청했다. 직전 6월에는 평양에서 2박3일간 남북정상회담이 열려 6.15 공동성명선언이 발표된 후였다.

남한 언론사 사장단 초청

김정일 위원장은 파격적 아이디어로 대한민국 언론사 사장 모두를 평양으로 불러들였다. 한국 중앙지든, 지방지든 몽땅 싸잡아 1주일 동안 특별초청을 한 것이다. 숙소도 처음 고려호텔에서 외국귀빈용 고급초대소로 등급을 높여 환대했고, 김정일과 함께 단체기념촬영도 했다.

김 위원장이 남쪽 언론사장단을 초청할 때다. 먼저 동아일보가 첫 불참을 선언했고, 곧이어 조선일보가 뒤를 따랐다. 동아, 조선 두 신문이 동참을 안 했다. 조금 있다가 연합뉴스와 전북일보 두 매체도 불참했다. 연합뉴스 경우 당시 회사비리 관련의 내부사정으로 방북을 포기했고, 지방지인 전북일보는 사장이 병원에 입원 중이라 불참했다고 전해졌다.

반면 일부 지방신문은 행여나 방북 초청명단에 자사이름이 빠질세라 마음 조급해 한다는 얘기도 들렸다.

당시 방북사장단은 한국신문협회(회장 최학래) 소속 31명, 방송협회(회장 박권상) 소속 19명 등 모두 50명이었다. 불참한 4개 언론사를 제외한 총 46명 사장단이 중국 베이징을 거쳐 북한을 다녀왔다.

김정일 초청- 한국언론인 사장단 (2000년8월)

수개월 뒤 12월에는 김대중 대통령이 대한민국 최초로 노벨평화상을 수상했다. 남북정상회담 (6.15 공동선언)을 성사시킨 공로로 인해서다. 수상식 때는 900만 스웨덴 크로네(약 11억원) 상금도 함께 탔다.

그해 가을 나는 평양에서 열린 제5차 세계청소년태권도대회를 취재했다. 당시 5번째 방북이었다. 그때 외조모 친척(조카)을 다시 만났다. 황해북도 사리원에서 첫 상봉을 가진 지 약 10년만이다.

그동안 조카노인네는 많이 쇠약해졌고 지쳐있는 모습이었다. 강원도 (북한) 산골에서만 살아 와 변함없는 농부차림새 그대로였다. 오랜만에 만났어도 명랑한 분위기가 아니었고, 얼굴에는 생기가 없었다.

처음 북한을 한 두 차례 방문할 때는 얼떨떨해 잘 몰랐다. 차츰 취재 기회가 잦아져 북녘 땅을 밟으면서 느끼게 된 감회다. 평양을 벗어나 지방주민들을 스치면 씁쓸한 기분이 들고, 그리 편한 마음이 아니었다. 꼭 외조모 친척 관련된 얘기만이 아니다.

평양에서 만난 고교선배

두 번째 방북 때다. 최홍희 국제태권도총재와 함께 평양 청류관(신선로 요리전문)에서 점심초대를 받았다. 북한 고위급 일부 인사와 해외대표 등 10여 명이 자리를 같이했다. 대부분이 당시 70세 전후한 노인들이다.

식사 중 방에서 끽연이 불편해 옆 베란다로 나오니 한 중년사내가 연기를 뿜어대고 서 있었다. 대화를 나누니 독일 프랑크푸르트에서 왔다고 한다. 서울 말씨다.

"저는 토론토에서 왔는데 평양이 아직 생소하네요. 혹시 학교는 어느 고교를 다니셨나요?"하고 물었다. "서울사대부고요." "예? 저도 부고인데. 전 17회입니다."라고 하니, "아, 그래요? 난 13회요. 삼성 이건희와 같은 동기지. 한국 있었을 때 삼성에서 부장으로 일한 적이 있고…."라고 한다.

단 한 명 아는 이 없는 평양에서 우연스럽게 고교동문을 만난 기쁨은 컸다. 그는 북으로 망명한 최덕신 전 외무장관(서독대사 역임) 장남이었다. 최 선배 또한 무척 반가워했다.

따로 최 선배를 만나, 그가 그간 다닌 북한 곳곳의 경험담을 들려줘 북한이해에 도움이 됐다. 나중 최 선배 어머니인 류미영 천도교 청우당 위원장(당시 북한서열 22위)도 소개해줬다.

나중 류 위원장을 가끔 만나 둘이 쟁반냉면을 함께 하곤 했다. 류 위원장은 북한이산가족 북측단장을 맡아 서울을 방문한 적도 있다. 최 선배와는 그 후 내가 러시아특파원으로 모스크바에 상주할 때 가끔 프랑크푸르트공항에서 만났다. 이제는 최 선배나 어머니 류 위원장도 세상을 떠났다.

1992년 평양극장에서 예술 공연 참관을 마치고 나오던 길이다. 평양 중구거리에서 다시 선배와 마주쳤다. 최 선배는 3년 전 평양 청류관 회식

때 우연히 처음 만난 적이 있다. 그때 고교동문(서울사대부고)임을 알고 얼마나 반가워했던지.

북한 류미영 위원장과 평양 고려호텔 식당에서

"어이구 웬일인가. 평양에 또 왔구먼. 나는 내일모레 곧 떠나네. 시간이 없으니 오늘 저녁이라도 식사를 함께 할 수 있겠나?"하고 묻는다. 사실 방북 때마다 고역은 저녁시간이다. 동행이 없으니 빈방에서 채널이 거의 없는 TV를 보거나, 호텔 바(Bar)에서 안내원과 술로 시간을 때우기 일쑤였다.

예전 호텔지하 바(Bar)에서 만났던 구소련 타스통신 알렉산더 주재원도 사라져 심심하던 참이다. (세상은 좁다. 알렉산더 기자는 3년 후 러시아 특파원 때 모스크바에서 우연히 해후하게 된다.)

고려호텔 근처 일식집에서 둘이 정종과 사시미(회) 등을 시켜놓고 마음껏 마셨다. 학창시절얘기부터 그의 북한사업, 해외생활 등 온갖 사연으로 밤이 깊어가는 줄 몰랐다. 문득 선배가 일어선다. "자. 우리 2차 가세. 가까운 곳에 가라오케 (북한 명- 화면반주 음악 장)집이 있으니."라고 말했다.

"아, 평양에도 가라오케가 생겼습니까."하고 그를 따랐다. 늦게까지 호텔에서 대기하던 안내원도 함께 갔다. 평양에 처음 생긴 가라오케 장소였다.

평양 가라오케(노래방)

홀은 이미 만원이었다. 손님은 전부 일본 (조)총련교포들이다. 접대원은 다른 방을 안내하며 10분정도 기다리라고 한다. 대기실에서 계속 맥주를 마시며 대화를 이어갔다.

평양에서 순수 서울말을 쓰는 고교동문을 만나 평양노래방에 있다는 사실이 믿어지지 않았다. 우리는 가라오케 홀로 들어가 만취상태에서 노래를 불렀다. 재일동포 위주의 노래방이라 자막이 전부 일본말이고 일본노래였다.

우리가 노래할 때는 가라오케를 멈추게 하고 음악반주 없이 노래를 불렀다. 백년설의 나그네 설움, 번지 없는 주막 등 흘러간 노래들이다. 순간순간 가사를 잊었으나 마이크를 움켜잡고 다음 손님에게 넘기지 않았다. 재일동포들은 난데없는 무법자가 나타난 줄로 생각했겠다.

훗날 북한은 호텔마다 가라오케 룸이 늘어나 있었지만, 실상 내가 아는 노래라곤 사우(동무생각) 밖에 없었다. 중학교 음악교과서에 실렸던 곡이다.

"봄의 교향악이 울려 퍼지는 청라언덕 위에 백합 필적에…"(이은상 시, 박태준 곡) 이 곡은 이후 내 18번 노래가 됐다.

한편 북에는 '가고파' 작곡가 김동진 가족도 살고 있었다. "내 고향 남쪽 바다 그 파란 물 눈에 보이네…"(이은상 시). 작곡가 김동진은 6.25전쟁 후 홀로 남하해 나머지 식구들은 북에 그대로 남아 있었다. 방북 중 작곡가 아들을 만났던 한 토론토 교포가 김동진 작곡가 가족의 애타는 사연을 들려줬다. 아, 주변엔 사방팔방 이산가족들 천지다.

그날 밤 고교선배와 헤어지고 호텔 방으로 들어가며 장난으로 옆방 벨을 눌렀다. 옆방에는 LA교포인 북미민족문화위원장 백정자(미술가·피아니스트 백건우 누나) 씨와 김진옥(코리아문화연구소장) 씨가 묵고 있었다. 그들은 베이징에서부터 같은 호텔에 숙박해 친숙해진 사이였다. 새벽 벨소리에 깜짝 놀라 잠옷 바람인 채로 내다보는 그들 눈이 휘둥그레졌다.

"여, 누님들 우리같이 술 한잔합시다. 기분도 좋은데."라고 불쑥 말하니, "도대체 지금 몇 시인 줄 아세요? 술 취해 갖고. 빨리 들어가 자요. 여기는 평양이에요."라고 한다. 시계를 보니 새벽 2시에 가깝다. '벌써 시간이 이렇게 됐나. 정말 실수를 했구나.'

두 사람 다 이화여대 출신이다. 내가 바로 손아래라 웬만한 실수나 장난은 못 본체 눈감아 줬다. "제발 짓궂게 좀 하지 말아요. 왜 새벽까지 잠도 못 자게 이 야단이에요? 혼자 있었으면 큰일 날 뻔했네."

필자와 미술가 백(홍)정자

며칠 후 최 선배 어머니인 류미영 위원장한테서도 "무슨 술을 그렇게들 마시나? 새벽까지 아들이 안 들어와 무슨 큰 사고가 생긴 줄 알고 정말 애태웠다. 처음 있는 일이다."라고 꾸지람을 들었다.

나는 속으로 중얼거렸다. '어머니, 누구도 오기 힘든 이 북한 땅 평양에서 남쪽 고교동문을 만난 사실이 얼마나 반갑고, 기쁜 줄 아시나요?' 하고.

최 선배는 한때 삼성 이건희 회장과 동기동창으로 삼성에 입사해 부장으로 일하던 중 부친(최덕신)이 북한으로 망명하는 통에 집안이 풍비박산 됐다. 직장은 사표를 내고 독일로 이주했다. 나머지 동생들은 서울과 미국 등지로 뿔뿔이 헤어졌다. 새로운 현대판 이산가족이 생겨난 셈이다.

최덕신 부친인 최동오(최 선배 친조부)는 상해임시정부 요인이며 독립운동가로서, 김일성의 옛 학교스승이다. 최동오는 남북한 양쪽에서 인정

받는 애국지사로 한국에서는 1990년 건국훈장 독립장을 추서 받았다. 류미영 청우당 당수도 부친이 광복독립운동가였으며, 외동딸이다.

최 선배 동생 최인국은 서울에 홀로남아 고생하다 최 선배가 독일에서 타계하자, 지난 2019년 7월 부모 묘소가 있는 평양으로 망명했다는 소식이 들렸다.

문득 평양에서 만난 최건국 고교선배가 한 말이 생각났다. 그는 한국 신문은 한겨레신문만 읽게 된다고 했다. 그러면서 "송 후배! 나는 8년 전에 끊었던 담배를 여기서 다시 피우게 됐네. 이곳(북한)에 오면 답답해져 절로 담배를 찾게 되지."라고 말했다.

그때 나는 그 얘기를 귓등으로 흘렸다. 현대판 이산가족이 된 최 선배의 복잡한 집안환경 탓으로 건성으로 들었기 때문이다. 당시 최 선배는 무역비즈니스를 위해 평양에 사무실을 두고 있었다.

"선배님. 북한과 사업은 잘 돼 나가세요? 지속적으로 수입이 들어오나요?"하고 물었다. "수입이 있든 없든 매달 평양사무실 렌트비도 내야 하고, 무역일이 쉽지 않아."라고 말했다.

"동기들과는 연락이 됩니까. 삼성에 그냥 계셨다면 이건희(고교동기) 회장이 계열사 사장 한 자리는 줬을 텐데. (부모 월북사건으로) 중간에 그만두셨다니 아까워서요."라고 한마디 했다.

"그딴 얘기는 할 것 없고. 한국에는 못 들어가지만, 동창들과는 가끔 연락하지. 얼마 전에도 홍사덕(의원)과 통화했는데. 홍사덕이 알지?"하고 묻는다. "그 선배님이야 유명인사니 이름만 들었지요. 국회의원은 예전 춘천 사무실에서 이민섭 선배님(전 문화체육부장관)을 한번 뵌 적이 있어요. 그 선배님은 춘천출신이에요."

그 후 갑작스레 최 선배가 병으로 세상을 떠났다. 북한에 아직 어머니가 생존할 때인데, 아들이 먼저 숨진 것이다. 독일에서 직접 최 선배 부인이 전화로 알려줬다. 1년 후에는 선배부인 또한 하늘나라로 갔다.

최 선배와는 타계 시까지 교류를 20년 이상 지속했다. LA에서 만나 미서부관광도 함께 했고, 토론토에 부부가 함께 온 적도 있다. 살아생전 최 선배와는 무슨 대화든 나눌 수 있는 통이 크고, 속이 깊은 인물이었다.

"선배님. 북한에 자주 드나드시니 뭐 좀 아실 것 아니에요? 북한 앞날의 어떤 흐름 같은 거. 제 눈엔 늘 마찬가지로 보이네요."

"그래. 북한은 언제나 똑같아. 앞으로도 안 변해. 위에서는 개방할 생각이 전혀 없는 듯싶어. 오직 군(軍)관련에만 관심이 있지. 군대만 꽉 틀어잡고 있으면 된다는 생각 같아."라고 말했다.

최 선배뿐 아니라 나는 해외취재 중 고교선배로부터 도움 받는 경우가 적지 않았다. 지난 1992년 5개 지방신문연합(소속 강원일보)에서 모스크바로 발령 났을 때는 당시 조선일보 편집국장인 주돈식 고교선배가 특파원 관련해 조언을 해 줬다.

주 선배는 1993년 김영삼 정부 때 청와대 정무수석 비서관으로, 김 대통령 러시아 방문 시 모스크바에서 재 상봉했다. 특파원 당시 90년대 모스크바 주러 대사관에는 독일에 근무했던 이종석 고교선배가 있었다. 어느 필요한 시점에 선배동문이 포진돼 있어 꽤 도움이 됐다.

최건국 선배와 류미영 모친

어느 캐나다교포의 '아리랑 축전' 방북기

평양 축전 카드섹션(학교이름)

　지난 2002년 5월. 북한은 '아리랑 축전' 행사로 세계 각처에서 대규모 관광을 받아들였다. 그때 30여 명의 토론토 교포들이 단체로 북한을 다녀왔다. 토론토 교포 A역시 평소 북한을 한번 가봤으면 하던 중 마침 관광기회를 잡은 것이다.

　그는 그때의 방북소감을 전해줬다. 오래전 일이나 북한은 사회변화가 심한 나라가 아니니 참고가 되기 바란다.

　「중국 심양 (선양/옛 이름 봉천)공항에서 평양으로 들어갔다. 화창한 날씨에 비행기에서 내려다보이는 북한 산야는 듣던 대로 헐벗은 모습이었다. 간단한 입국 수속 후 일제 닛산 대형버스를 타고 숙소 보통강호텔로 향하던 중 거대한 김일성 동상이 세워진 만수대공원에 들러 일행대표가 헌화했다.

　버스에 돌아온 후 안내원으로부터 "경건한 수령 동지 동상 앞에서 너무 떠들고 웃는 등 경박스럽게 행동을 했다."는 주의를 들었다.

　호텔음식은 기대이상으로 좋았다. 흰 쌀밥, 두부조림, 생선구이, 무국, 포기김치 등 별미였다. 아리랑축제기간에는 밤12시까지 야시장을 연다. 첫날밤이라 눈여겨보기만 했다. 일부 관광객은 조개구이, 빈대떡 등을 안주로 평양소주에 흠뻑 취하고 있었다.

　다음날 시차관계로 일찍 깼다. 오전 5시쯤 호텔 주변을 산책하다가

나물 캐는 40대 아주머니를 만났다. "무엇을 캐느냐"고 물으니 "쑥이요."하고 퉁명스럽게 대답한다. 안내원 없이 다니지 말라는 말이 생각나 곧 호텔로 돌아왔다.

아침식사는 평소 우리 음식과 다름이 없었다. 이면수 조림, 국, 계란후라이, 우유와 커피도 나왔다. 아침 8시 김일성 생가인 만경대 고향집으로 갔다. 일요일 아침이라 수많은 사람들이 입구에 몰려 있었다.

점심은 옥류관에서 순모밀로 된 평양냉면과 빈대떡을 먹었다. 개성에 가서는 한 관광객이 상점에서 4백 달러 부르는 공예품을 2백 달러밖에 없다 하니, 그 값으로 흥정이 됐다.

이번 아리랑축전은 요금이 40달러, 60달러, 100달러 등 가격에 따라 자리가 구분됐다. 카드섹션을 시작으로 축전이 시작됐다. 기가 막히게

북한 아리랑 카드섹션

잘했다. 특히 어린이부터 어른까지 함께하는 종합 마스게임(집단체조)은 세계 누구도 흉내 낼 수 없을 것이다.

10만 명이 펼치는 집단체조의 화려함과 웅장함에는 누구든 놀라움을 표시했다. 하지만 한편으론 과연 이 거창한 행사가 무엇을 위한, 누구를 위한 축제인가 하는 상념에 빠져 생각이 좀 복잡해졌다.

묘향산으로 가서 국제친선전람관을 구경했다. 전람관 주위엔 군인들 경계가 삼엄했다. 안내원은 "군인들과 사진을 찍거나 말을 걸지 말라"

고 특별주의를 줬다. 보현사 대웅전에서 부처님에게 큰절을 올리며, 속히 통일이 오기를 기원했다.

전람관 내부에는 지미 카터 부부가 기증한 미화 20달러 정도 유리그릇이 있고, 금송아지로부터 각종 진기한 명품 및 그림들이 진열돼 있었다. 선진국일수록 값싸 보이는 평범한 선물이고, 후진국일수록 값이 올라가고 있었다.

김정일 전람관에는 김대중 대통령을 비롯한 남한재벌들의 선물이 놓여 있고, 현대 정주영 회장이 기증한 다이너스티 승용차도 전시돼 있었다.

평양에 돌아와 공중곡예(서커스-교예)단 구경을 했다. 역시 곡예기술이 세계 최고 수준이었다. 평양에서 우연히 만난 5~6세 어린이와 사진을 찍을 때다 어린이 얼굴이 내내 무표정이라 안타깝게 생각됐다.

떠나기 전날 한 번 더 야시장으로 가서 평양의 마지막 밤을 보냈다. 야시장 상인들은 호객행위가 없고, 계산이 어두워 보였다.

호텔에서 체크아웃을 할 때다. 청구된 전화요금에 깜짝 놀랐다. 토론토 전화통화 3번(25분)에 미화 150달러가 나왔기 때문이다.

아리랑축전 행사 후 안내원들에게 팁(1인당 10달러, 33명)을 전했을 때도 누구 한 명 고맙다는 인사가 없었다. 북한주민과는 언어뿐이 아니라, 의식수준도 비슷해져야 통일이 이루어지겠다고 느꼈다. 」

꽃제비와 영양실조 구별법 '생콩'

 내가 두 번째 검문(검색)에 걸린 것은 지난 2006년 평양공항 출국 때였다. 출국장 엑스레이 검사 시 셔츠 주머니에 들어있던 조그만 메모지로 인해서였다. 검사통과 직전(모든 물건을 꺼내 놓을 때) 노트 종이가 나온 것이다. 실상 단순한 메모에 불과한 종이였다. 검색원(보위부)은 내용을 한번 훑어보더니 따로 나를 옆으로 세웠다. 그리고는 "안내원은 어디 있소? 부르시오."라고 말했다. 출국장 밖에서 이 모습을 지켜보던 안내원이 달려왔다. 나는 검색원 손의 종이를 가리켰다.

 안내원이 종이에 손을 대려 하자 검색대원은 그 손을 탁 치며 "가만있어요."라고 소리쳤다. 그리고는 다시 메모내용을 세밀히 살피고 내 설명을 들은 뒤, 종이만 압수한 채 우리(나와 안내원)를 보내줬다.

 안도의 숨을 쉬고 있는데 또다시 나를 손짓해 불렀다. '또 무슨 일인가?'하고 긴장했다. 그는 한결 부드러운 태도로 "실은 종이에 쓰인 '군대'글자 때문이요."라고 빙긋이 웃었다. 그제야 이해가 갔다.

군인 관련엔 매우 민감

 북에선 '군인'관련해서는 무척 민감하다. 한 미주교포는 신혼부부인 북한군인 사진을 찍었는데, 나중 호텔 짐을 풀어 보니 그 사진만 분실됐다고 한다.

내금강(금강산) 삼일포에 갔을 때다. 큰 식당 앞에 주차한 '검은색 번호판' 표시의 자동차가 보였다. 사진을 찍으려하자 안내원이 난색을 보인다. "그건 군대 차인데 시끄럽게 만들지 맙시다."라고 만류해 그만둔 적이 있다.

평양출국 직전 공항에서 걸린 메모지 건은 어처구니없다. 그해 방북 때는 평양 서산호텔(30층)에 묵었다. 2000년도부터 국제태권도행사가 평양에서 자주 열려 체류장소가 체육촌(태권도전당, 축구경기장 등)에 가까운 서산호텔로 지정되는 경우가 많았다.

나는 평소 위가 좋지 않았다. 여행 시는 늘 상비약을 갖고 다닌다. 그러나 당시 배탈 난 위가 쉽게 낫지 않았다. 호텔 측에서는 5층에 한의사가 있다고 알려줬다. 그러나 5층 어디에도 한의 방(장소)표시조차 없었다. 복도는 전력난 탓으로 컴컴했고, 방 찾기도 쉽지 않았다.

겨우 방을 찾아드니 한의사와 간호사가 있었다. 30대 후반의 한의사는 침을 맞자며 10센티 남짓한 대나무 장침을 꺼내 들었다. 겁이 났지만 거부할 상황이 아니었다. 침이 위생적으로 보이지도 않았다. '에라 모르겠다. 죽기야 하겠는가.' 그는 나를 눕혀놓고는 장침으로 배 가운데를 깊이 찔렀다. 어쨌든 한결 나아졌다. 침 한 번에 미화 10달러. 그후 서너 차례 침을 맞으며 친해졌다. 그때 그의 한의사 경력을 듣고 간단히 메모한 종이였다. 그는 11살 때부터 한의를 배웠다고 했다. 그의 내용 속에 군대복무 관련이 한 줄 적혔는데 그게 문제가 된 것이다. 그 정도로 북에선 군 관련해서 무척 신경을 썼다.

"동 '무', 데것 좀 봅세다"

방북 횟수가 늘어나면서
눈 익은 안내원이나 접대원
(봉사원)이 아는 체하며 반겨
주었다. 동무란 말도 자주 사
용하게 됐다. 한 상점 접대
원에게 "동무, 저것 좀 봅시

평양 공장의 태양광지붕

다."하니 옆 점원이 내 '동무'란 소리를 듣고 말 억양을 고쳐준다. "아니
야요. 기렇게 부르는 게. 동'무' 데것 좀 봅세다 해야디." 하며 '무'에 악
센트를 넣는다. 모두 한바탕 웃었다.

또 무안해진 건 택시 관련해서다. 서산호텔 건너편 산언덕 위에 양강
호텔이 있다. 그 호텔서점에 다녀오고자 했다. 호텔 여성 리셉션(안내)
에게 택시를 불러 달라 말했더니 막 웃는다. 그리고는 옆 동료들에게
"여기 선생이 저기 호텔(양강)가는데 택시가 필요하단다, 야."하고 전하
니, "기래? 택시?" 하며 함께 웃는다.

그 정도 거리는 누구든 걸어가는 게 상식이었던 모양이다. 그러나 내
겐 꽤 먼 거리로 보였다. 택시도 없었고, 불러주지 않았다. 나중 안내원
과 함께 차로 갔다. 북 주민들은 매일 출퇴근을 위해 한두 시간씩은 걷
는다고 한다. 누구든 걷는 게 일상화 돼 있는 듯싶다.

평양 외곽지대와 지방에선 더욱 더 그렇다. 버스 노선이 없거나 부족
하니 어찌 하겠는가. 함경도 청진 혁명역사학과를 나왔다는 애국열사
릉 여성강사도, 금강산 여성안내원 등도 거주하는 집까지는 무척 먼 거
리였다. 하지만 주민들은 모두 걷는 게 생활화돼 있으니, 그래서 건강한
체질인가보다. 그들은 걷고 또 걷는다.

1997년 4번째 방북

내 방북취재 횟수는 1980년대 2번, 90년대 2번, 2000년대 4번등 모두 8번이다. 그러나 방북 횟수가 무슨 그리 큰 의미가 있겠는가. 그 중 '1997년 9월 초의 4번째 방북'이 내겐 가장 중요한 취재기회였고, 뇌리에 깊이 남는다.

1997년 방북신청 때는 비자를 얻기가 아주 힘들었다. 당시는 북한형편이 엄중한 시기였다. 가까스로 입국사증(비자)을 받았다. 8월 하순부터 9월 초까지 10박11일. 당시 여러모로 힘든 시기의 북한상황이었다. 훗날의 참고를 위해 밝힌다.

지난 1996~97년의 북한은 6·25전쟁 때보다 더욱 주민들에게 극심한 고통을 준 시기였다고 한다. 정부배급이 진작 끊긴 지 오래였고, 지방에서는 아사자가 속출했다. 탈북이 일상화되기 시작했다.

1997년 9월초 방북당시에도 나는 이 사실을 깨닫지 못했다. 겉모습의 평양은 예전 그대로 평온했기 때문이다. 여전히 평양시민들은 버스나 전차 등 교통수단에 붐비고 넘쳐났다. 노래방도 늘었고, 자동차도 증가해 있었다.

특히 중국인 소유의 자가용만 1천 대를 넘었다고

평양 이발소 (남자 머리형태)

들었다. 평양에 거주하는 중국인들은 그들끼리 연합체를 이루고 상권을 형성했다. 평양시민들은 그들을 "장사질만 하는 되놈"이라고 멸시해 불렀다. 중국인들은 아파트도 그들끼리 평양에 집단으로 밀집해 거주했다.

호텔마다 외국인이 들락거렸다. 나중 알고 보니 북을 돕기 위해 입국한 UN산하 직원들이 많았다. 베이징에서 1주일에 2번 운항하는 평양행 민항기(승객좌석 138명)에는 늘 손님이 꽉 찬다고 한다. 스튜어디스는 이를 '만땅 됐다.'고 표현했다.

평양행 기내에는 여전히 미주교포(이산가족)가 발견됐다. 옆자리의 두 여성이 "어디서 오세요? 우리는 미국 하와이에서 왔어요. 얼마나 냈습니까?"하고 묻는다. 알고 보니 방북수수료 얘기다.

그들은 1인당 4천 달러씩 내고 이산가족인 친척을 만나러 평양에 가는 길이라 한다. 미주 북한창구에서 이산가족 만남 주선에 1인당 3~4천 달러라는 소문은 진작 듣고 있었지만, 설마 했는데 사실이었다.

토론토에서도 가족만남 주선에 1인당 1천 달러라는 얘기를 들었다. '통일사업'을 빙자해 북에서 창구승인을 받고 이산가족을 상대로 한 일종의 비즈니스였다. 빌어먹을 놈들. 이젠 북미주에 살아도 돈이 없으면 북녘고향가족조차 만날 수 없게 만들었다.

이게 해외 일부 친북교포들의 민낯이다. 지금은 어떤 흐름인지 모르겠지만 이런 혈육만남을 빙자해 이산가족에게 수 천 달러의 돈을 요구함은 이해가 되지 않는다. 시카고에선 매년 북한에 최신 해외학술전문서적을 공급해 주는 친북창구가 존재한다고 들었다.

북미 친북단체는 소리 없이 뿌리를 넓혀가는 듯했다. 그즈음 미주에서 친북매체로 두각을 나타내기 시작한 게 LA 노길남(1944년생, 2020년4월 코로나19로 사망)의 민족통신(1999년 창간)이다.

강릉 출신인 그는 온화한 성격으로 서울 재외언론인행사에도 두세 번

참석했다. 캐나다 토론토와 밴쿠버도 방문해 개인으로 공항에 데려다
준 적도 있다. 그는 북미지역뿐 아니라 세계 곳곳을 누비고 다녔다. 북
한에는 1990년에 첫 발을 디뎠다고 한다.

　나는 그에게 "아니 어떻게 그리 계속 여행만 다녀요? 항공료 비용만
해도 엄청날 텐데."하고 물었다. "미주지역 등지에서 우리 은행계좌로
늘 후원금이 들어와요. 경비는 충분히 충당이 됩니다."라고 한다.

　노길남 사장과 자주 대화를 나눈 적이 있었다. 해외 한인언론인들의
방북진행 건 때문이다. 처음엔 그에게 북한의 '해외언론인초청 건'에 대
해 어느 정도 기대를 걸었었다. 그는 북한의 절대적인 신임을 얻고 있었
기 때문이다.

　하지만 차츰 소극적인 자세이더니, 일방적인 북측의 지시를 수행하는
듯 행동했다. 결국 협의하던 해외교포기자들의 방북계획은 전면 중단,
무산돼 버렸다.

　겉보기에 그는 부드럽고 대화소통이 가능한 인물로 보였다. 그러나
그가 왜 한쪽으로만 기울어져 있는지 이해가 안됐다. 아무튼 그가 북한
에서 받은 박사학위논문이 〈북조선이 이룩한 일심단결과 민족대단결
해법연구〉였다. 고인에 대한 부정적 평가는 삼가겠다.

10일간 평양체류 중 금강산 재방문 승인

　얘기가 빗나갔다. 1997년 초가을 평양에 닿자 북한당국은 대동강호
텔에 숙박을 마련해 줬다. 내게 일러준 10일간 일정을 보니 전부 평양
체류다. 잠깐이라도 평양 바깥으로 벗어나고 싶었다.

　나는 "어떻게 10일간 평양에서만 계속 묵습니까? 한번 금강산이라도

갑시다."하고 요구했다. 금강산을 가게 되면 중간에 황해북도 신평을 거쳐 (마식령산맥) 원산과 안변, 통천 등을 지난다.

"금강산은 이미 예전에 다녀왔잖소?"하는 대답이 곧 돌아왔다. "금강산이야 명소이니 몇 번을 가도 좋지요. 그럼 열흘 동안 평양에만 머물랍니까."하고 물었다. 처음엔 거부반응이더니 겨우 2박3일의 금강산 여행을 허락해 줬다.

"그 대신 자동차 연료비 등은 전부 지불해야 하오."라고 한다. "염려 마세요. 지금 나라가 어려운 형편 같은데 무료로 여행은 안 하렵니다."

안내원에 따르면 최근 평양에서 약 10만여 명 주민이 지방으로 떠나갔다고 밝혔다. 그는 "시민들이 자진해서 타 지방으로 '애국봉사'로 나갔지요. 국가를 위한 봉사입니다."라고 강조했다.

나중 깨달았지만 이때는 소위 고난의 행군 시기로 전환돼 있어, 나라 전체가 풍전등화상태였던 것 같다. 심각한 식량난인 듯싶었다.

그해(1997) 2월엔 북한 황장엽 비서가 한국으로 망명했다. 또 8월에는 남쪽의 오익제 민주평통정책자문위 상임위원(전 천도교 교령)이 월북하는 사건이 있었다. 그해 늦가을 한국은 IMF사태로 온 국민이 난리를 겪던 시기다. 한반도 전체가 출렁대고 있었다. 평양은 극심한 식량난, 연료난으로 모처럼

평양 교통정리(2009. 8)

등장했던 교통신호등 작동이 중단됐다.

종전처럼 여성 교통안전원이 수동작으로 교통정리를 하고 있었다. 최초 북한의 교통신호등 가설은 류미영 청우당위원장 장남인 최건국 고교(서울사대부고)선배가 독일에서 수입한 첫 작품이다. 교통안전원은 여성이라도 무술, 사격, 운전, 정비자격까지 겸비해야 안전원이 될 수 있다고 한다.

한편 최 선배는 분산된 남북의 이산가족을 위해 개별적으로도 애를 썼다. 1980년대 옛일이지만 남북이산가족 만남을 주선해, 남북의 한 가족을 중국 베이징호텔로 불러, 극비리에 첫 만남을 성사시킨 적이 있음을 알고 있다.

내가 체류한 대동강호텔(나중 화재로 전소함)에는 마침 밴쿠버에 거주하는 마이크 로우(56세, 유엔 설비기술자)도 묵고 있었다. 그는 북한 여러 지방도시의 낙후된 공장시설 등을 새 설비로 바꾸려는 UN 프로그램의 일환으로 분주하게 돌아다녔다.

호텔 측은 텅 빈 식당의 둥근 식탁에 우리 둘 자리를 한데 고정시켜 놓아, 식사 때마다 우리는 바깥 세계정보와 북한경험을 나누었다. 그때 영국 다이애나가 교통사고로 사망한 소식도 그를 통해 들었다. 실상 바깥 정보라야 외국에 국제전화해 듣게 되는 소식이 고작이다.

고난의 시기, '꽃제비'와 영양실조 구별법 '생콩'

누구든 방북 후엔 바깥세계와는 완전 두절된 상태가 된다. 다이애나 사망 건도 마이크가 캐나다 집에 전화했을 때 부인이 알려준 소식이라고 한다.

국제전화요금은 엄청 비쌌다. 캐나다에선 1분에 몇 센트 하는 전화요금이, 평양에선 분당 8달러였다. 그것도 벨이 울리면서부터 통화요금이 계산됐다.(보통은 수신자가 받고 나서 통화료가 부과된다.)

마이크는 "어제 간단한 팩스 한 장 보내는데 미화 22달러가 나왔소. 세상에 이렇게 비싼 데가 어디 있겠소?"하며 투덜댔다.

평양에는 종전보다 모든 가격이 올라있었다. 책임지도원도 이를 인정했다. "아무나 쉽게 물건을 살 수 없도록 가격을 올렸어요."라고 말한다. 이해가 안 되는 말이다. 가격 문제만이 아니었다. 상품도 부족했다.

사진기필름이 부족해 구입하려 했으나 허사였다. 특급호텔인 고려호텔에도 없었다. 안내원은 "원산에 가면 구할 수 있을 겁니다."라고 자신 있게 말했다. 그러나 관광지 원산상점에도 없었다. 이 때문에 필름을 극히 아껴 사진을 찍어야 했다.

평양 새 '나라길 시작점' 표지판(김일성 광장)

대동강 호텔의 어느 날 아침이다. 새벽에 일찍 잠이 깬 안내원 없이 호텔 옆 대동강변으로 나갔다. 일찍인데도 벤치에 홀로 앉은 한 노인을 만났다. 김일성종합대 1기생(경제학부)이라는 그는 자주 운동하러 새벽 강가로 나온다 한다.

"캐나다에서 왔는데 나라 형편이 퍽 어려운 것 같네요."라고 하자 "캐나다 대표단이오?"하고 묻는다. "아니에요."

"대표단이 아니면 우리나라에 못 들어오는데. 그래, 우리나라 경제가 지금 망태기(망했다는 의미)가 됐어. 배급이 제대로 안 나오니 공장에선 기계부속까지 떼어다 팔아먹는다던데 참 큰일 났어."라고 말한다.

노인은 "한마디로 북한경제균형이 안 맞아 그러네."하고 말했다. "더욱이 전력, 석탄난 등으로 나라 재정이 악화돼 언제 사정이 좋아질지 모르겠어."라고 탄식했다.

하루는 그 와중에 평양 안내책자에 소개된 유명 요리전문점이라는 광복거리 광양루를 찾아 나섰다. 북한의 중국음식 맛이 궁금했지만, 제대로 식당이 영업을 계속하는지 알고 싶었다. 이름난 숭어국 집도 닫혔고, 냉면으로 유명한 옥

강원일보 북한취재2(97년9월)

류관 조차 재료가 부족해 외국 손님은 안 받는다고 한다. 안내원은 자신이 사는 평양 사정을 정말 모르는 것인지, 알고도 모른 체하는 것인지 알 수 없었다. 무엇을 물으면 금세 자신 있게 대답을 못했다.

평양 중구역 빙상관 앞에서 구걸하는 한 어린 소년(꽃제비)과 마주쳤다. 깜짝 놀랐다. 평양 한복판에 거지라니! 안내원은 급히 쫓으려 했으

나 소년은 쉽게 물러나지 않았다. 대여섯 살 정도 돼 보였다.

안내원은 "아니요. 적어도 10살은 됐을 겁니다. 지금 우리는 꽃제비들 때문에 골머리를 많이 앓고 있어요."라고 한다.

나중 호텔로 돌아와 마이크에게 낮에 본 꽃제비 얘기를 했다. 그는 대수롭지 않다는 듯 말했다. "신의주에는 그런 소년들이 어디서든 쉽게 눈이 띠어요."라고 말한다.

나는 방북 후에야 비로소 북한내부의 일부 윤곽을 파악하게 됐다. 이때 북한은 국가적으로 '고난의 행군'이 한창 진행 중이었다. 이 '고난의 행군'이나 '꽃제비'라는 용어를 한국 언론에 첫 보도했다. 중앙언론지가 아닌 내가 소속된 5개 지방신문에서였다.

부산일보를 비롯해, 대구 매일신문, 강원일보 등에서 1면 톱기사로 당시 북한의 어려운 실상을 보도했다. 이어 곧 알게 된 사실이지만, 지방에선 주민들이 굶어 죽는 그러한 사태까지인 줄을 전혀 생각을 못 했다.

평양 외의 변두리 주민들 사이엔 탈북문제가 심화돼 가고 있었던 것이다. 함남 신포에서 23년간의 교사생활을 포기하고, 청진으로 옮겨 장마

새로 단장된 평양 도시풍경, 대동강의 주체사상탑이 보임

당에서 음식장사로 연명하던 한 여성 탈북자가 나중 내게 한 말이 귀에 생생하다.

"송 기자님! 사람의 영양실조 상태를 어떻게 쉽게 구별하는지 아세

요? 생콩입니다. 생콩을 그냥 먹으면 건강한 사람은 좀 비린내를 느끼지요. 그러나 영양실조 경우는 생콩이지만 아주 맛이 고소해요."라고 설명했다.

북한당국은 지방주민들 주거이주를 통제하지 못했다. 국가배급이 완전 끊겨 너도나도 굶어 죽는 판국이니, 어쩌지를 못한 것 같다. 중국 땅으로 무작정 탈북 하는 경우도 비일비재했다.

중국을 접경으로 탈북주민이 많이 발생하면서 그들끼리는 두만강을 '도망강'이라 불렀다. 북한간부들의 수많은 비리와 부정을 야유해서는 우스개 가사까지 생겼다. 그 여성 탈북자는 '인민(주민)들이 만들었다'는 노래가사를 유행가처럼 내게 들려줬다.

〈사회경우〉 당 비서는 당당하게 먹는다. 보위지도원은 보이지 않게 먹는다. 안전원은 안전하게 먹는다.

〈군대경우〉 련(연)대장은 련(연)결된 것은 다 먹는다. 중대장은 중요한 것만 골라서 먹는다. 소대장은 소소하게 먹는다.

금강산과 정주영 이야기

평양에서 원산 가는 길은 많은 굴(터널)들을 거쳐야 한다. 마식령산맥을 뚫고 동쪽으로 약 2백 킬로 남짓한 길은 험난했다. 평양~원산 간 가장 긴 굴인 무지개동굴(4.1km)이다. 그때는 마침 굴 보수작업으로 차량 통과시간이 제한돼 있었다. 낮에는 작업 일을 하니, 저녁 7시부터 다음날 오전 7시까지만 차량을 통행시켰다.

극심한 전력난, 밤에만 터널 통과

한밤중에 도착한 원산은 마치 전쟁터처럼 어수선했다. 시 도로엔 가로등 하나 없고, 뿌연 불빛 아래 형체를 드러낸 우뚝선 건물들이 스산해 보였다. 불빛 없는 어둠의 도시에 주민들은 길거리에 옹기종기 모여들고 있었다. 흡사 피난민 대열같이 보였다.

6.25 전쟁터의 내 아련한 어

강원도민일보 북한취재(2001.5월)

린 기억이 떠올랐다. 어둠 속을 뚫고 원산을 그대로 통과해 금강산으로 달렸다. 종전보다 검문소가 6개소로 늘어나 있었다. "웬 검문소가 이렇게 많이 생겼어요?"하고 물으니, 안내원은 "전련(일선)이 가깝기 때문입니다."라고 한다. 때가 엄중한 시기라 그만큼 주변 경계에 신경 쓰는 듯했다.

금강산호텔 역시 극심한 전력난을 겪고 있었다. 수시로 전기가 들락거렸다. 엘리베이터를 이용하기도 조심스러웠다. 순간적 정전으로 갇힐 우려도 있었다. 호텔식당에는 나 외에 저만치 한 백인 여성이 홀로 앉아있었다. 그녀에게 다가가 말을 걸었다.

'엘라'라는 독일여성은 "북한 고아원 식량 파악을 위해 UN에서 나왔다"고 한다. 식당 여성 접대원들은 나와 엘라를 주시하며 우리 대화를 못 마땅해 하는 눈치였다.

둘이 대화(영어)를 계속하자 우두머리로 보이는 한 접대원이 왔다. 그는 우리 대화를 끊더니 내게 "이 여자와 언제부터 아는 사이입네까?"하고 물었다.

"여기서 처음 만났어요."

"선생 자리는 저기 따로 있는데 왜 이쪽에 와서 오랫동안 얘기합네까?"

"서로 혼자 앉아있으니 심심해 대화할 수도 있는 것 아니에요?"라고 답했다.

마침 전기가 나간 상태였다. "지금 전깃불도 없는 상태라 방에도 못가고 잠깐 얘기를 나누는데 무엇이 잘못됐나요?"하며, 접대원과 옥신각신하는 사이 불이 들어왔다.

분위기를 눈치 챈 엘라는 "무슨 일입니까?"하고 묻는다.

"우리 대화를 안 좋아하는 것 같습니다"고 전했다. 독일 여성은 머리를 흔들더니 접대원을 힐끗 쳐다보고는 호텔숙소로 가버렸다.

금강산과 정주영

금강산의 밤하늘은 총총한 별들로 덮여 있었다. 그 맑고 아름다운 별빛. 어린 시절 보던 그 별들이 흐르고 있었다. 밤하늘을 반짝이며 수놓은 은하수 흐름은 새삼 가슴을 설레게 했다. 금강산온천은 라듐 성분이 많아 한번 온천욕을 하면 며칠간이나 피부 감촉이 매끄러웠다. 온천엔 사람 한 명 없었다.

다음 해인 1998년 가을에 한국에서는 역사적인 금강산 첫 관광이 동해항에서 시작됐다. 그러나 10년 뒤 2008

금강산 삼일포에서(글씨새김)

년 7월 한 여성관광객의 피격사망 사건으로 관광이 전격 중단됐다. 이때까지 근 2백만 명 가까운 남한인구가 금강산을 다녀왔다. 아마 북한 주민들도 그만큼의 숫자가 금강산 관광을 하지는 못했으리라.

금강산에서 필자

금강산은 전망 좋은 자리마다 바위에 새겨놓은 김 부자 찬양 글이 답답해 보였다. 김일성 사후(1994년 사망)에도 그러한 돌 새김 작업이 진행됐다. 인간의 어리석음이여. 산천

경개 절경을 망쳐놓는 이런 자연환경파괴는 언제쯤에야 중단될까.

북 강원도 법동군 굴

한편 통천군을 지날 때 강원도청 G책임지도원이 정주영 회장 고향의 애인 주기철 씨 가족 얘기를 전했다. 통천군뿐 아니라 북한 여러 곳에서 정 회장 애인(북에선 처라고 호칭) 주씨와 유복자인 딸 조명옥(39년생) 씨에 대해 잘 알고 있는 듯했다.

평양 류미영 청우당 위원장도 월북한 오익제 씨 얘기를 꺼내며 "오 선생도 원래 이북에 처가 있고, 정주영 씨도 이북에 처가 있다"고 말했었다.

지난시절 정주영 회장 고향 통천군 에피소드를 덧붙인다. 북강원도청 안내원에 따르면 정 회장 애인(처라고 호명) 주기철은 지난 1989년 정 회장과 첫 만남 후 두 번째 상봉을 간절히 기다리던 중 1990년 12월 사망했다고 한다. 통천군 토산리에서 지병인 심장병(북한병명: 심장신경증)으로 세상을 떠났다는 것이다.

딸 조명옥은 어머니 주씨가 미혼모로서 주민 조영석 씨와 결혼해 조씨 성을 붙였다고 한다. 그러나 주씨와 조씨 사이 자식이 없고 남자가 일찍 죽자, 재혼하지 않고 딸과 함께 살았다는 것이다. 그 당시 정 회장은 집안에서 소 판 돈 60원인가를 훔쳐 노름으로 다 날리고 서울로 내뺐는데, 그때 작은 숙모(북한 명은 삼촌 엄마)가 몰래 차비와 쓸 돈을 마련해 줬다고 알려져 있다. 이 때문에 정 회장은 금강산개발 건으로 방북하자마자 가장 먼저 찾은 사람이 애인(처) 주기철과 작은 숙모(삼촌 엄마) 강순금 씨였다고 밝혔다.

통천군에서만 50년 이상 살고 있다는 도청안내원은 "당시 처 주씨는 정 회장 방북소식을 듣자마자 중병에 걸려있었음에도 불구하고 벌떡 일어나 40리 길을 달려와 감격의 상봉을 했다."고 전했다. 그는 정 회장 친척들 이름과 주소, 직업 등도 상세히 알려줬다. 그때 정 회장 친척 40여 명이 몰려들었다고 말했다.

한편 운전기사 M씨는 다른 얘기를 했다. 북강원도에서 북한에 억류됐던 한국 우성호 선원들과 6개월간 사귀었던 정을 말하며 눈물을 글썽였다. 그러면서 "왜 남조선 사람들은 술을 먹으면 서로 잘 다투는지 모르겠다."고 의아해 했다.

탈북자 행렬

북에선 자존심과 빈곤의 두 얼굴 아래 크게 몸살을 앓고 있었다. 나중 알게 됐지만 극심한 전력난으로 북 전역에 공휴일이 달라지는 경우도 생겼다. 일요일이 기본적으로 공휴일이지만 지방(도)에 따라 쉬는 공휴일이 달라졌다.

정주영 친척 탈북 조선일보 1면 1996년 7월

예를 들어 함경북도는 수요일에 쉬고, 함남은 목요일, (북)강원도는 금요일에 쉬는 식이다. 같은 시간대에 전기공급을 할 수 없기 때문에 취해진 조치라고 한다. 대부분 어렵게 살고 있으나 극히 일부는 아주 잘 살아 빈부 차이가 컸다.

평양의 이산가족 지도원 중 일부는 미화 1백 달러가 넘는 몽블랑 펜과 오메가 시계 등 고급품을 지니고 있었다. 아마 해외이산가족들로부터 선물을 받은 것인지 모른다.

일부 학교교육과정도 달라졌다. 예전엔 러시아어 위주로 배우던 외국어가 반대로 영어 위주로 바뀌었다. 보통 5개 반이면 4개 반이 영어, 나머지 1개 반이 러시아어를 배운다고 한다. 그즈음 탈북을 한 북한주민은 탈북자들이 특히 한국·미국·일본 등 3개국으로 가는 경우 타 국가행보다 문제가 아주 심각하다고 귀띔했다. 그러한 탈북자 경우 체포되면 조부부터 손자까지 전부 정치범수용소에 수감케 된다고 했다.

한 탈북자는 고난의 행군시기 실지 자신이 겪은 북한실상을 알려줬다. 그는 "함경도에서 고등중학교(고교)를 나와 10년 군대 복무(의무복무 10년)를 마치고 고향에 오니, 마을 50채 가구들 중 반수 이상이 빈집들이었어요."라며 "그간 주민들이 굶어 죽었거나 어디론가 사라졌다고 합니다. 군대에 있을 때도 대부분 죽을 먹었지요. (김일성)정권이 생긴 이래 군대가 죽을 먹는 경우는 그때가 처음이었다고 들었어요."라고 전했다.

"고향에 와서는 굶주림을 피해 어떻게든 살아남기 위해 탈북을 했습니다. 중국에서 잡혀 북한감옥으로 이송돼 6개월 구류된 적도 있었지요. 하지만 감옥에서 나오면 기를 쓰고 다시 또 중국으로 갑니다. 누구든 중국에 한번 나오면 되돌아가려고 안 해요. 중국은 모든 물자가 풍부하기 때문이지요."라고 말했다.

그는 또 "우리끼리는 하는 말이 있어요. 고향에는 머리 나쁜 바보와 너무 순진한 사람들은 다 죽고. '이젠 교활하고 사나운 여우와 승냥이만 남았다'고 얘길 하지요."라고 전했다.

탈북여성들 경우는 무척 비참했다. 기아상태에서 벗어나기 위해 가까스로 국경(강)을 건너면 기다리는 것은 인신매매 족이다. 그들은 19세기 미 남북노예제도 때처럼, 탈북자를 중국인에게 팔아넘기는 전문 브로커까지 생겼다.

보통 중국 돈 5천여 위안에서 2만 여 위안까지(당시 한화 1백여만 원에서 약 4백 여 만원)로 알려졌다. 나이, 신체, 용모, 건강정도에 따라 등급을 매겨 팔아넘긴다고 한다. 기가 막힌 일이다.

인신매매의 주 고객인 중국인들은 생전 결혼 꿈을 못 꾸는 불구자거나 농촌지역에서 일손이 부족한 경우 등 여러 이유로 탈북자들을 데려간다. 전국에 은밀한 소문으로 이러한 조직이 연결돼 있다는 것이다. 어느 탈북모녀는 따로따로 팔려가 중국에서 생이별을 한 경우도 있다.

그나마 선량한 조선족이나 한인 선교사라도 만나면 행운이다. 노예처럼 팔려간 후 기회를 노려 중국인으로부터 탈출에 성공한 사람도 적지 않다. 그러나 탈북자는 전혀 신원보증이 안 돼 있으니 불심검문 등으로 중국공안에 잡혀 재 북송 되고, 또 탈북을 되풀이하는 악순환을 겪는다.

한국 통일부 하나원(탈북자 교육기관)에 근무하는 한 정신과 은퇴의사는 "탈북여성의 85%이상이 정신병 환자로서 큰 문제가 있다"고 밝혔다. 한편 탈북자들은 과거 안 좋은 경험 때문인지 일반적으로 조선족을 신뢰하지 않는 듯싶다. 어쩌다 중국 조선족 관련한 말이 나오면 "그런 양아치들 얘기는 꺼내지도 말아요."하고 일소에 부친다.

평양 공항벽보 "헌 옷은 안 받습니다"

북한은 아무리 못 살아도 무척 자존심이 강하다. 1990년대 한때 평양 공항 출입국 벽에 "헌 옷은 안 받습니다."라고 대문짝만하게 벽보를 써

북한 공항 상점

붙여 쓴웃음이 나온 적이 있다. 북한 주민들의 어려운 실상이 세상에 알려지면서 생긴 일이다. 평소에 북미 이산가족들은 헌 옷들을 뭉텅이로 가져오곤 했다.

그러나 가방 짐 속의 한국제품은 무조건 압수다. 한글상표가 들어간 옷 등 선물은 무엇이든 금지품목에 속한다. 또 공항에서 가끔 낯익은 안내원과 부딪칠 경우가 있다.

사리원 정방산 성불사에서

어느 해 출국 땐가 예전 알던 한 안내원이 달려와 허리를 툭 치며 "한 막대기, 한 막대기"라고 말한다. 막대기란 담배 10갑이 든 한 카튼을 뜻하는 말이다. 마침 호주 머니에 10달러 지폐가 있었다. 서로 시간이 없었고 그는 슬쩍 돈을 쥐더니 어디론가 달려갔다.

막대한 대북원조 임현수 목사 '종신형'

대망의 21세기(2000년대)에 들어와서도 북한주민들의 궁핍한 생활은 개선되지 않았다. 늘 식량이 부족했다. 김대중 정부가 송금했다는 5억 달러(약 6천억 원)도 부족했는지 모르겠다. 22년 전의 5억 달러는 엄청난 액수였다. 그러나 북한사정이 달라져 보이지 않았다.

그 막대한 지원금이 굶주리는 북 주민들보다 다른 용도로 쓰였을 것이라는 소문도 있었다. 지금도 당시의 그 불법자금이 북한 핵 개발에 쓰였을 것이라는 북한전문가의 분석이 나도는 것 아닌가.

어쨌든 김대중 정부가 들어서면서 한국은 IMF 사태는 진정되는 국면을 맞았고, 북한은 일단 고난의 행군이 마감된 듯했다. 북한은 큰 고비는 넘긴 모양새를 보였으나, 외부로부터는 지속적으로 식량 원조를 받았다.

북한 원조와 핵무기 개발

그즈음 토론토에서 캐나다 곡물은행(Canadian Foodgrains Bank) 대표인 리처드 피(Fee) 씨를 만났다. 그는 캐나다 장로교회 세계봉사 및 개발부 책임자이기도 했다. 그동안 북한을 4차례 방문했다는 그는 "서방국가에서 북의 핵무기개발을 이유로 식량 원조를 중단하는 것은 잘못된 판단"이라고 주장했다.

북한에 보낸 곡물과 캐나다 장로교 목사

피 대표 견해는 "북한 핵무기 개발 얘기는 북측의 전쟁준비가 아닌 단지 미국 등 국가들에게 지원을 요구하는 타협수단인 것 같다"는 주장이다. 그는 "더구나 최근 세계 식량프로그램(World Food Program)측에서 지원예산을 삭감해 현재 북한식량문제는 아주 심각한 상황에 봉착해 있다."고 염려했다.

또 그는 "북한지방 동네는 새벽6시에 사이렌 소리로 하루가 시작되고, 저녁 8시 이후에는 거리에 단 한 명도 찾아보기 힘든 암흑도시로 변한다."면서 "북한빌딩이나 가정에는 연료가 없이 추위를 견디며 살고 있다."고 전했다.

북한은 오래전부터 세계 어디에서든 핵전문가를 끌어들이는 노력을 한시도 게을리 한 적이 없다. 1990년대 초반의 모스크바특파원 시절, 북한은 구소련붕괴 후 경제난에 봉착한 소련 핵과학자들을 월 2천 달러에 데려간다는 러시아 신문기사를 읽은 적이 있다.

또 핵보유국인 파키스탄의 저명한 핵물리학자 초청과 연관된 얘기가 돌았다. 토론토신문에서도 북에서 캐나다 핵전문학자들에게 접근한다는 캐나다보안기관의 경고도 접했다.

토론토에 온 80대의 탈북자 채씨는 난민신청으로 단기일 만에 캐나다영주권을 딴 자칭 김일성 측근이라고 주장한다.(내가 보기에는 김일성의 중국어 통역자였다.) 채씨는 "나는 수십 년간 늘 김일성 주석 옆에 있었다."며 "김일성은 1950년대부터 '총대 끝에 핵'이라는 구호로 늘 핵 보유만 꿈꾸어 왔던 통치권자"라고 말했다.

채씨는 또 "북한에서 핵 관련해선 극비에 속해 그 내용을 아는 사람은 극소수에 속했다."고 한다. 채씨 관련해선 따로 그와 인터뷰한 글을 소개할 생각이다. 어쨌든 북한은 핵을 최우선 국가목표로 삼아 오늘에 이른 것은 사실이다. 그런 북한에게 무조건 핵을 포기하라고 하면 그들이 쉽게 응할 것 같지 않다.

토론토 임현수 목사

토론토 큰빛교회 임현수 목사(1955년생) 얘기를 잠깐하자. 임 목사는 북한을 돕던 중 무기실형을 받고 복역하다 31개월 만에 석방돼 유명세를 탄 토론토 성직자이다. 그는 지난 1996년부터 북한을 드나들기 시작했다. 당시 북에서 직접 캐나다 친북대표로 임명한 70대 여성(고 전충림 부인)을 통해서였다. 임 목사는 북을 지속적으로 다녔다. 10여 년간 150번 이상 방북한 것으로 알려져 있다.

북미주 한인교회들로부터 모금한 대북원조금으로 수천 톤의 식량, 수만 장 이불, 겨울옷, 안경 등 각종 구호물품을 북한에 전달했다. 북한에 라면공장, 가발공장, 국수공장, 컴퓨터학원, 학교, 양로원, 농장 등을 세웠고, 어업 등 여러 부문에 전폭적인 지원을 했다.

북한 경제특구인 함북 나선(나진, 선봉-옛 웅기)지구와 인근 회령, 군포 등지에도 양로원 등 9개 복지건물을 건립했다. 이 지역은 1998년 토론토 큰빛교회에서 중국 연변(조선족자치구) 선교사로 정식 파송된 전종석 은퇴장로(25년생)가 주축이 됐다.

전 장로는 "건물만 세운다고 일이 끝나는 게 아니에요. 매달 운영비, 인건비, 유지비 등으로 경비가 약 3천 달러씩 들어갑니다."라고 설명한다.

라선시 새로 신축된 양로원 노인 일동

전 장로는 10여 년간 중국 연변지역과 북한 특구인 나선(나진-선봉)지구 지원 작업에 여생의 온 정성을 쏟고 있었다. 연길시 연평병원 명예원장을 비롯해 북한 라진시 양로원 명예원장, 라진 원봉-군포 유치원 및 탁아소 명예원장, 원정리 탁아소·회령 문산리 양로원 및 수북유치원 명예원장 등을 겸임해 맡았다.

이희아 장애인 피아니스트(네 손가락뿐인 제1급 선천성장애인소녀)가 나선지구에 기증한 3천 달러 피아노도 그가 마련해 이루어졌다. 그러나 임현수 목사가 평양감옥소에 수감되자 이후 북한선교일은 중단될 수밖에 없었다. 그때 가장 큰 지원사업은 함북의 한 호수를 막아 농토로 만든 일이다. 이 사업은 미주교포들의 헌신적인 특별후원으로 이루어졌다. 이 일은 스폰서의 개발지원이 끊겨 중단되긴 했지만, 한때 함북주민들 사이 큰 화젯거리였다고 한다.

당시 북미교회 등지에서 임 목사를 통해 북녘 땅에 투입된 돈은 천문학적 숫자였다. 그러나 헌신적인 미주동포들의 후원결과는 참담했다. 임 목사는 '북한반국가정부전복음모'란 죄명으로 종신형(무기노동교화형)을 선고받았기 때문이다. 그것이 캐나다정부의 줄기찬 노력 끝에 만 2년7개월 만에 겨우 석방되지 않았던가. 나는 임 목사를 만난 일도, 대화 한번 나눈 적도 없다. 다만 그가 설교를 무척 잘한다는 소문은 간혹

들었다.

처음 그는 교인 30여 명 남짓한 한 개척교회(한국최초 동요작곡가 박재훈 목사가 설립한 장로교회)를 인계받은 젊은 목사였다. 그런지 불과 수년 만에 수천 명 신자로 만들어 토론토 최대교회로 우뚝 성장시켰다. 그의 설교는 교인들의 관심을 많이 받았다고 한다.

한 예다. 한국에서 약 20년 전에 한 독실한 개신교인 K후배가 이민 왔다. 그는 한 군데 교회를 정하려 했으나 토론토교회 숫자가 워낙 많아 쉽게 결정을 못했다. 수 개 월 간 매주 여기저기 교회를 찾아다니며 목 사설교를 듣던 중 어느 날 "형님, 이제 교회 결 정을 했어요."하며 밝은 모습이다. 큰빛교회로 결정했다는 것이다.

함북 나진 유치원

고 최홍희 태권도총재 부인도 같은 교회에 다닌다. 그녀 역시 서너 군데 교회를 옮기다가 임 목사 설교가 맘에 들었다고 했다. 솔직히 내겐 임 목사가 그리 인상적이지 않았다. 그에게 교회사무실에 남긴 두 세 차례 메시지가 무시됐기 때문이다. 대형교회 담임목사라 바빠 그런지 문턱이 꽤 높게 느껴졌다.

하루는 그 K후배가 집에 들렀다. 그는 내가 방북신청 때마다 찾아와 못 가게 말리곤 했다. 식구처럼 가까운 K는 내 방북이 늘 불안하고 맘에 걸렸나 보다. "괜찮아. 내 염려 말고 자네 교회 임 목사 걱정이나 하게, 나 같이 이름 없는 기자 나부랭이는 아무것도 아니야. 임 목사는 지금 잘 나가는 것 같지만, 자칫 실수하면 한 방에 가는 수가 있어. 그때는 무슨 죄명인 줄 아나. 국가전복음모죄야."하고 말했다.

"형님, 나는 임 목사님이 줄곧 북한에 다니는 것도 안 좋아해요. 하지만 무슨 국가전복음모죄? 정치와는 전혀 무관한데.· 말도 안 되는 소리."라고 어이없어 한다.

그러나 후에 그대로 들어맞았을 때 내 스스로 경악했다. 그건 전에 연길 거주 조선족 L씨로부터 들은 얘기가 있었기 때문이다. 당시 L씨가 정색을 하고 일러준 말이다.

"송 기자님, 북한 어느 고위급인물이 내게 은근히 일러준 얘기가 있어요. 제가 조선족 중국공민이라 가끔 솔직하게 털어놓고는 해요. 그건 공화국(북한)에서 가장 위험인물은 기독교인이라는 거예요. 요놈(기독교인)들은 겉으론 선교사라는 탈을 쓰고 베풀어주는 척하면서 항상 우리가 망하기만 바라는 반동분자들로, 절대 요주의해야 할 놈들이라고 전합디다."라고 일러줬다.

북에 수년간 수십억 원 후원금을 내고 북한을 돕다가 순간적인 오해로 하루아침에 추방된 북미교포들을 알고 있다. 안타깝지만 어쩌겠나. 북한은 절대 단 한 번의 실수도 용납하지 않는다. 평소 아무리 억만금을 갖다 줘도 한번 그들 체제를 흔든다는 의심을 받으면 그것으로 끝장이다.

다른 얘기 하나를 더 붙인다. 평소 납득하지 못한 우리 민족의 혈육 얘기다. 어느 나라 국민이든, 또 죄가 있든 없든, '북한에 납북 또는 억류'됐을 때 그 국민이 속한 해당국가의 태도와 역할 얘기다.

구속된 임현수 목사(캐나다 시민권자) 경우나 그전 미국 여기자들 억류 건, 일본 현지에서 납북된 젊은 일본여성 등에 대한 해당국가의 대응자세다. 캐나다, 미국, 일본 등의 자국민 구출노력은 거의 필사적이었다. 단 한 명의 국민이라도 국가차원에서 구출해 내려고 온갖 수단과 방법을 시도한다. 캐나다 연방총리가 앞장섰고, 미국의 경우 클린턴 전 대통령이 민간기까지 빌려 직접 평양까지 가서 두 여성 기자를 데려왔다.

일본 총리는 기회만 되면 북측이 납치한 여성귀환을 집요하게 요구하지 않았던가. 우리네 경우는 어떠한가. 오래전 국내에서 KAL기 납북 건도 영구 미해결이다. 우리 대한민국 정권이 그간 끈질기게 구출 노력을 했는지는 자신할 수가 없다.

그간 교환조건의 기회는 늘 있었다. 1993년 비전향 장기수 이인모 송환, 또 2000년 9월 비전향 장기수 63명을 북으로 무조건 북송시켰을 때다. 남북 정상회담을 했을 때 납북된 우리주민들의 송환문제를 국가 차원에서 거론했는지 내 기억엔 없다. 이 점이 다른 선진국에 비해 무척 아쉽게 생각되는 점이다.

평양 장충성당 내부

북한지방에 한때 계모임 성행

1990년대 와서 북한경제력이 눈에 띄게 약화되자 북 주민들 간 성행한 것이 각종 '계'였다. 원래 주민들 간의 계모임은 '종파분자들 모임'으로 금지돼 왔으나, 경제적 어려움에 처한 주민들의 자구책으로 이해해 북 당국에서 용인한 것 같다.

사실 계모임은 자본주의인 한국이나 해외교포사회에서 대부분 여성들이 자주 한다. 토론토 은퇴노인들도 여행계 등 끼리끼리 친목계를 갖는다. 노인들은 캐나다정부에서 매달 개인당 1,500달러 정도 받는 연금(65세 이상)을 이용했다. 그러나 중간에 깨지는 경우도 봤다. 처음부터 비양심적인 사람이 끼게 되면 탈이 나게 마련이다.

북한 계모임 성행

북한 계를 잠깐 알아보자. 해외영접국의 책임지도원이 들려준 얘기다. 40대 책임지도 안내원은 "계모임은 근로인민들의 생활상 애로를 해결하고, 어려운 일을 서로 돕는 미풍과 관련돼 있다"면서 "날이 갈수록 민간계가 보급되고 있다"고 말했다.

그에 따르면 "평양 등 도시보다는 특히 시골지방 주민들이 많이 하고, 주로 여맹(여성동맹) 조직에서 계를 선호한다."고 한다. 당국에서는 그간 계에 대한 시각을 긍정적으로, 주민들의 실생활을 돕는 미풍으로 해석하고 있다는 것이다.

안내원은 "계 규모는 작으면 4~5명, 큰 계는 20~30명 이상 되는 계도 있다"고 말한다. 종류도 다양하고 운영방식도 다르다. 한국사회나 해외에선 계 책임자를 '계주'라고 부르나, 북에선 '계장'이나 '계위원장',

평양 일상 풍경

또는 '계비서'라고 한다. 계장은 계(성)원가운데 가장 신망 있는 사람을 선출한다. 또 계 종류는 항상 돈만을 갹출하는 현금계와 식량(쌀, 옥수수 등)계 등 둘로 나눈다.

계 날짜는 보통 한 달이나 보름 단위라 한다. 현금계는 주로 아파트나 직장단위로 조직돼 있다. 식량계는 보통 식량배급이 15일 간격으로 나오니, 일반적으로 보름단위다. 아무

평양 개선역 지하철

튼 계는 자본주위 체재 하에선 종종 발생하는 계 파동의 부정적 측면보다는 '인민들 생활에서 화목과 협조의 좋은 유산을 남겨놓은 민간끼리 모임'이라는 긍정적인 평가였다.

지난 2001년 여름 북강원도 장전항에 옥외광고탑이 생겼다. 장전항은 금강산관광의 관문이다. 자본주의 상징인 이 광고탑은 월북한 고 최덕신(전 외무부장관 역임) 장남인 독일거주 최건국 사장이 사업(독일 소재 한백상사)을 맡고 있었다.

북한 평양 평화자동차 간판

최 사장은 "장전항에 확보된 두 자리 중 하나는 중국 IT산업사가 계약됐고, 나머지는 외국광고물보다 한국기업체 광고를 원한다."고 했다. 그는 "그런데 한국 통일원과 현대그룹에서 한국기업체의 광고탑설치를 반대하고 있어 무척 힘드네."하며 답답함을 토로했다. 이 옥외 광고탑 설치는 금강산 입구인 온정리에도 계획돼 있었으나 결국은 성공하지 못했다고 한다.

자본주의의 상업화 물결은 평양에도 들이닥쳤다. 평소 금지됐던 '자본주의 생활양식'이라는 국가복권까지 나타났다. 추첨제 저금(무이자)을 통해 예금자 중에서 당첨자를 추첨한다. 조선중앙 텔레비전 방송중계도 했다.

3~4년 뒤는 평양 한복판에 평화자동차 대형 광고탑이 세워졌다. 통일교(교주 문선명)에서 주축이 된 이 광고탑은 북한의 유일한 자본주의

식 선전구조물이 됐다. 광고탑 모델은 당시 휘파람 노래로 일약 유명 가수가 된 전혜영이다. 통일교에서 남북합영회사로 제작(조립생산)했다. 이 평화자동차는 2002년 남포(진남포)에 공장이 세워졌고, 첫 차 이름 역시 '휘파람'이라고 지었다.

북한의 변화, 관세 봉사료 파격 인상

평양취재를 계속하며 느낀 점이다. 북한 상황에 따라 규정, 양식 등이 조금씩 변하고 있었다. 우선 공항의 검색이 강화됐다. 내국인이 허가받지 않은 담배를 갖고 입국할 경우, 3배 관세를 부과한다는 경고문이 붙어 있었다. 호텔에서는 밤 10시 이후 술을 마시는 경우 봉사료가 20% 가산됐고, 밤에 택시를 타면 요금을 3배 이상 받았다. 운전기사(북에선 운전수라고 호칭) 맘대로 받는 것 같았다.

안내원에게 "왜 이리 택시요금이 들쑥날쑥해요?" 물었더니 자신들도 어찌할 수 없다고 한다. 안내원은 '박두선 애국차 봉사사업소'라는 기업체에서 10여 년간 관리하고 있다고 알려줬다. 지금은 완전 달라졌다. 고려항공소속을 포함해 5개 택시회사에서 운영한다고 한다. 꽤 많이 변화됐다. 그러나 알 수 없다. 언제 어떻게 북한 사정이 변할지를 모른다.

오래전 일이다. 나는 분명히 기억한다. 지난 1989년 4월 북한당국은 주민들의 주거이전 자유를 전격적으로 허용해, 깜짝 놀랐다. 평양축전 3달 전쯤이다.

그러나 웬걸, 한 달 만에 다시 종전 규정대로 돌려놓아 또 한 번 놀랐다. 도로 아미타불이 됐다. 어떻게 외부에 공포했던 국가법을 하루아침에 다시 바꾸나. 특히 북한 입국비자 발급은 늘 예측하기 힘들다.

수년전 2월경이다. 국제태권도 연맹(ITF) 리용선 총재가 토론토를 방문해 오랜만에 만났다. 그는 "송 선생! 오는 가을 조국에서 열리는 제20회 세계 태권도대회에 오시지요?" "그래요? 그럼 그때 북한취재를 원하는 교포들과 함께 가도 되겠소?"하고 물었다. "아, 그럼요. 우리 선전인데 누구든지 받아들입니다. 같이 오시라고요."

워싱턴DC의 교포지 등 해외 언론지인에게 취재동행을 문의했다. 평소에는 관심을 두더니 막상 방북신청을 하라고 하니 전부 'No'라고 피한다. 밴쿠버의 전 언론인 후배부부만 응했다. 나를 포함해 3명이 방북신청을 하고 일이 순조롭게 진행되고 있었다.

그런데 방북을 앞둔 2주 전이다. 갑자기 ITF 연맹본부(오스트리아 빈)에서 이메일이 왔다. '송 선생의 비자(입국사증)발급은 불가판정이 났다'는 간단한 통보였다. 다행히 밴쿠버의 후배부부는 비자발급이 통과됐다고 연락이 왔다.

북한산 비아그라

그때 이미 나는 왕복항공편까지 준비한 상태였다. 과거에도 이런 똑같은 경우를 당한 적이 두 번 있었다. 기분이 무척 상했지만 어찌하겠는가. 그런데 꼭 간다고 다짐했던 후배부부도 마지막 순간 안가겠다고 마음을 돌렸다. 그때는 김정은 정권 이후 첫 방북이었는데 아까운 취재기회를 놓쳐 버렸다.

"우리 공화국이 폐쇄국가라고요?"

평양시 한복판에는 '김일성 광장'이 있다. 평양 중심부에 위치한 중앙 광장이다. 이 광장은 6.25 휴전협정 다음 해인 1954년 건설되었다. 면적은 서울 한복판 광화문광장의 약 4배 정도. 광장은 10만 명 이상 인원을 수용할 수 있다고 한다. 바닥은 화강암으로 돼 있고, 광장 중앙에는 '김일성과 김정일' 두 초상화가 전시돼 있다.

평양의 상징 '김일성 광장'

광장 건너편 대동강을 따라 주체사상탑을 마주한다. 광장 바로 뒤엔 인민대학습당을 중심으로 두 개 박물관과 내각 종합청사, 외무성 청사 등이 둘러싸 있다.

북한당국은 "김일성 광장은 혁명의 수도 평양시를 더욱 웅장하고, 주체 조선의 위용을 보여준다."고 선전한다. 원래 구소련 크렘린 붉은 광장(Red Square)을 본떠 만들었다고 하나, 실제로는 중국 천안문 광장 설계나 용도 쓰임이 비슷하다고 한다.

서울에도 무슨 군중집회가 있으면 광화문광장이 우선적이듯, 북한 역시 김일성 광장에서 전국적인 국가 주요 행사를 치른다. (노동)당 대회, 평양 군중집회(시위), 추모기념회를 비롯해 경축야회, 특히 군사 퍼레이

드(열병식) 등의 진행이 대표적이다.

2년 전 코로나19 시기인 10월10일 조선노동당 창건 75주년 때는 새로운 대륙간탄도미사일(ICBM)을 선보이기도 했다. 이때 김일성 광장의 대주석단 건물을 일부 개수작업을 통해 김 부자 초상화를 건물 상층부로 옮겼다.

또 종전의 '나라 점 시작 길'(도로 출발점-이정표 역할) 비석 대신 벽글씨를 새겨 넣었다. 지난 2012년까지 러시아 레닌과 독일 카를 마르크스 두 초상화가 전시돼 있던 자리다. 이후 김 부자 초상화로 바뀌어져 최근 건물 상단에 전시했다.

호텔 식사시간 외에는 안내원 동행

북한을 방문하면 호텔식사 시간을 빼곤 늘 안내원과 함께한다. 보통 저녁 시간에는 호텔 식사 대신 밖에서 안내원과 외식하는 수가 많다. 이때 책임 참사 등 간부도 함께 하는 경우가 있다.

평양 김일성·김정일 동상 참배

그들은 누구든 단고기(개고기)를 무척 좋아한다. 나는 음식을 가리지 않으나 개고기는 질색이다. 그들 요구를 못 들어줘 미안할 때가 많다. 그들은 특별히 유명 단고기집을 안내한다는데 손님이 원치 않으니 섭섭한 눈치가 역력하다. 저녁 식사 때는 당연히 술이 나오고, 장소에 따라 다음은 노래방(북한명: 화면반주음악장)이다.

노래방에는 아는 노래가 거의 없으니, 양희은의 아침이슬이나 박태준 작곡의 사우(동무생각) 등이 고작이다. 레퍼토리는 처음보다 많아졌지만 나는 한두 번 부르면 끝이다.

여러 번 방북하니 여러 안내원을 알게 되고 친밀해진다. 그러나 그들 중엔 조금 상식 밖의 A안내원 경우도 겪었다. A는 30대 안내원인데 사소한 부탁을 그대로 들어주니 나를 쉽게 생각한 것 같다.

평양 만경대 김일성 주석 고향집

호텔상점에서 내 이름으로 담배막대기(카튼)를 가끔 가져가는 것이다. 상점 접대원조차 "A안내원 동무가 벌써 2번째 담배막대기를 가져갔는데, 정말 선생이 원한 겁니까?" 하고 확인 차 묻는다. 어느 정도 눈치를 챈 듯싶다.

"그래요. 앞으로는 내가 직접 말하겠어요."라고 전했다. A는 어느 상점을 가도 내 옆을 따라다니며 두리번댔다. 필요치 않은 건전지, 볼펜(북한이름 원주필) 등도 샀다. 가격이 얼마 안 되니 늘 함께 계산했지만, 그건 값 문제가 아니었다. 똑똑한 젊은이인데 안 좋은 습관이다. 평양을 출국할 때 A 안내원에게 얼마의 수고비를 주며 "따로 이 50달러는 운전기사(북한 명 운전수)에게 꼭 전해줘요."하고 부탁했다.

캐나다 귀국 후 서너 달이 지나 북한 A안내원에게 안부편지를 썼다. "인사말과 함께 그간 다른 변화가 있는지, 운전수에게 50달러를 전했느냐"고 물었다. 그리고 "다른 손님을 안내할 때는 가능한 손님 옆에 붙어 있지 말라."는 말을 곁들였다.

훗날 다시 방북했을 때 다른 B책임지도원이 반갑게 맞아줬다. 안면이 있는 고참 안내원이다. 생각난 김에 "A안내원은 잘 있느냐?"고 물었다. 그러자 "송 선생! 해외에서 편지는 안하셔도 됩니다."라고 퉁명스레 말했다. 그것이 그의 답이었다.

B지도원과 술을 한잔하며 비자(입국사증)건에 대해 한마디 볼멘소리를 했다.

"조국(북)에 서너 차례 다녀도 쉽게 비자를 받아본 적이 없소. 왜 이리 힘들어요? 이젠 좀 편히 입국비자를 받았으면 좋겠어요."라고 말하자, 그는 "송 선생은 한 번이라도 위대한 지도자 동지나 우리 조국을 위해 좋은 글을 써 본 적이 있어요? 좋은 글을 좀 쓰세요."라고 답했다.

이런 얘기는 간혹 외조모친척에게서도 들었다. 외조모 조카인 노인은 늘 어두운 표정으로 정치얘긴 일절 안 했지만, 노인 아들은 "직업이 기자라면서 좋은 글을 좀 쓰시라고요."라고 말했다.

좋은 글이란 무엇인가. 지도자 찬양하는 글인가. 여러모로 가슴이 답답했다. 다른 해외이산가족은 방북 이후 북한친척이 어찌 잘못될까 조심스러운 모습을 봤지만, 내 친척경우 함경도 명천탄광과 강원도 이천군 산골에 살고 있는데 더 이상 환경이 달라질 수 있는지 모르겠다.

B지도원은 이런 말도 했다. "해외에선 우리 공화국(북한)에 대해 입국사증을 안 준다고 폐쇄국가라고 하지만, 생각해 보시오. 우리는 필요하면 미국 놈들도 받아주고, 해외교포가 조국방문을 원하면 이산가족이든, 관광이든 다 받아줬지요."

그는 "한번 미국과 비교해 보시오. 우리 조국에서 미국을 방문한 사람

숫자와 미국에서 우리 공화국을 다녀간 숫자가 어디가 더 많은가를. 우리가 훨씬 더 많이 미국인을 받아줬지요. 우리 조국에서 미국 비자를 얻는 것은 거의 불가능에 가깝습니다."라고 주장했다.

캐나다 경우에 한 가지 생각나는 초청 건이 있다. 고 최홍희 태권도총재 친척얘기다. 최 총재는 평양병원에서 사망한 후 평양근교 신미리의 애국열사릉에 묻혔지만, 캐나다 가족(부인과 자녀들)은 그대로 토론토에 살고 있다. 중국 단둥에는 북한국적으로 최 총재의 유일한 조카가 장기체류한다.

그는 오랫동안 중국현지에서 외화벌이 사업을 하고 있다. 태권도 유단자로 국제태권도연맹(ITF) 재정위원장이기도 하다. 수년 전 그는 부인과 둘이 토론토에 거주하는 최 총재 친척만남을 시도했다. 첫 캐나다 방문을 위해 내게 협조를 구했다.

나는 총재 조카가 최 총재부인과 실지로 숙모관계이기 때문에 캐나다 비자발급이 어렵지 않을 것으로 생각했다. 하지만 그는 한차례 중국(베이징 소재) 캐나다대사관에 정식 친척방문 비자신청을 했으나 거부를 당했다.

당시 북한국적으로 캐나다를 방문하는 첫 가족초청 케이스라 꽤 관심이 컸다. 두 번째 경우 나는 최 총재 조카에게 "북미에서 비자발급 문제는 무척 까다롭고 힘들다. 더구나 북한국적으로 아주 어려울 것이다. 그러니 바빠도 꼭 베이징 캐나다대사관에 부인과 함께 찾아가서, 사실대로 가족관계를 잘 설명하고 인터뷰에 응하라."고 신신당부를 했다.

하지만 그는 "저는 가장 사증발급이 어렵다는 영국 등 유럽도 다녀왔고, 어디에든 문제없이 비자를 쉽게 받았어요. 염려 마세요. 제가 잘 알

평양에서 인터뷰 중

아서 할게요."하더니 심양(선양)의 중국여행사를 통해 우편으로 서류를 접수시켰다고 한다. 결국 신청이 통과 안 되고 기각돼 버렸다고 한다.

북한국적이라 직접 현지 캐나다대사관을 찾아가 성의껏 설명해도 부족할 터인데, 서류만 달랑 우송해서 성과를 기대할 것이 아니었다.

결국 비자발급 부결통보를 받았다. 사실상 캐나다정부에도 좀 유감이었다. 모처럼 북한주민의 단기 친척방문 신청케이스인데, 두 번이나 가족만남신청을 부결시킨 사실이 아쉽게 생각됐다.

　지난 2020년 여름 황해북도 은파군 대청리에 큰물(홍수)피해가 났다. 엄청난 폭우로 제방이 터져 9백여 동의 살림집과 수백 정보 논이 침수됐다. 그때 김정은 위원장은 수해현장을 둘러보며 "내 양곡과 물자를 풀어 지원하라"고 지시했다.

　어차피 북한 내 모든 것은 김 부자 소유나 다름없으니 그런 명령이 새삼 놀랄 일은 아니다. 하지만 나는 예전 김일성-김정일 시대에는 "내 것을 나눠줘라"는 식의 노골적인 얘기를 들어 본 적이 없다.

　북녘 땅에는 김일성 부자 소유가 따로 있는 건 아니다. 국가의 공공물품은 모두 그의 소유나 다름없다. 그래도 북한주민들은 "수령님이 주었다"는 말은 하지 않는다. "국가 또는 나라에서 주었다"고 얘기한다.

　평양에서 주민 집(아파트)을 두세 번 방문했을 때도 집주인은 대형 TV를 가리키며 "저건 국가로부터 받은 겁니다."라고 자랑스레 말을 했다.

백두혈통 3대 세습, '김일성 민족'

　김정일 위원장은 김일성 사후 3년 상이 끝난 지난 1997년 "김일성 주석은 태양과 같다"며 4월15일 생일을 태양절이라고 명명했다. 또 주검이 놓여있는 장소는 '금수산 태양궁전'이라 불렀다.

예전 프랑스 루이 14세와 묘하게 태양이름을 사용해 조화를 이루는 듯했다. 처음 내가 북한을 방문했을 1980년대 말과 90년대 중반까지는 그러한 태양 관련 호칭이 북한에는 없었다.

지난 1997년 북한은 주체연호(김일성이 태어난 1912년을 원년기준)를 채택하면서 비로소 '태양절'로 일컫게 된 것이다. 김정일 위원장 생일(2월16일) 또한 공휴일로서 '광명성절'이라고 불렀다.

김일성 주석 생일은 북한민족에겐 최대명절 중 하나다. 김일성 광장에선 각종 대규모행사와 성대한 열병식 등을 치른다. 오랜 그의 통치세월을 통해 주민들 사이엔 어느 틈에 조선민족이란 이름보다 김일성민족이란 명칭으로 더 불리기도 했다.

3대 젊은 김정은 위원장 생일(1월 8일)은 아직 국가공휴일로 정해져 있지 않다. 김정은 생일 또한 어느 적절한 시기가 오면 공식 국가공휴일로 선포됨은 시간문제라고 본다.

토론토에 거주하는 김일성 측근이었다는 80대의 한 노인(캐나다 영주권자)이 내게 밝혀준 말이다. 그에 따르면 지난 2016년 5월 6일. 조선노동당 제7차 대회가 만 36년 만에 평양에서 열렸다고 한다.

김정은 위원장으로서는 그해 2016년이 그의 입지를 완전히 굳히는 중요한 날이었다는 것이다. 북한 당 대회는 1980년 제6차 대회 이래 계속 중단된 상태였다. 그러다 그날 오랜만에 대회를 열어 명실공히 조선노동당위원장이 됐기 때문이다.

북한에서 김일성 주석과 김정일 총비서 명칭 외 백두혈통의 3대 세습을 인정받고 당위원장으로서 권력행사에 박차를 가하게 된 것이다.

이때 당 규약에도 핵보유국 내용을 집어넣었다. 바야흐로 김정은 시대가 정식 돌입 된 것이라 한다. 실상 서방세계 등 해외에선 진작 김정은이 북한정권을 계승한 터라 그러한 당 대회에 별 의미를 두지 않았다.

갑작스런 평양민속공원 해체

그로부터 한 달 후인
6월. 김정은 위원장은
전혀 예상치 못한 황당
한 일을 벌였다. 그것
은 북한 김정일-김정
은 2대에 걸쳐(2009-
2012) 무척 공들여 완
성시켰던 '평양민속공

북한 2013년 민속촌

원'을 갑작스레 해체했기 때문이다.

이 평양민속공원은 김정일 사후 다음 해인 2012년 9월 60만평의 광
활한 부지 위에 건설된 대규모 민속공원이었다. 김정은 위원장의 치적
이라고 일컬을 정도로 뜻깊은 '민족문화유산'으로 소개되던 거대한 녹
지 환경의 공원이다.

민속공원은 평양 북부지역 대성산 안학궁 터 인근에 위치했다. 우리
민족 고대부터 오늘까지의 역사흐름을 보여주는 각종 유적, 유물 등을
선보였다. 남한의 석굴암 등도 포함됐다.

공원완공 후 김정은 위원장은 당시 노동신문과 조선중앙통신을 통해
"공원건설을 계획한 김정일 장군님이 계셨더라면 얼마나 좋았겠나."하
는 말을 전했다.

일본 조총련신문도 북한현지답사를 통해 "민속촌박물관에는 원시시

대로부터 근대에 이르는 반만년 민족사와 당대 풍습, 문화를 보여주는 유물과 사료들이 전시돼 있다"고 머리기사로 크게 보도했다.

노동신문 등 북한 언론은 "그간 평양민속공원을 방문한 인구수가 3년간 약 117만 명이 관람했다."고 밝혔다. 특히 평양민속공원은 외부관광객과 더불어 평양 신혼부부들의 필수코스로 등장했다. 과거 신혼부부들은 결혼 당일 김일성 동상참배 후 시내 건축물 등을 배경으로 사진을 찍는 게 일반 과정이었다.

민속공원이 생기면서 평양에서 승용차나 택시를 이용해 약 1시간 정도 거리의 시외공원으로 몰려들기 시작했다고 한다. 평양민속촌에서는 다양한 옛 시대의 각종 의상 체험과 결혼사진 촬영 등도 가능했다.

(조)총련 신문은 공원 내 숙박시설도 갖추었다고 선전했다. 나도 관심을 갖고 평양민속공원에 전시됐던 많은 유물, 유적사진 등 자료들을 지인을 통해 확보해 둔 상태였다. 그러나 이

평양 중앙동물원

젠 모두 사라져, 당시 건설된 유적사진들만 남게 됐다.

그렇게 인기가 높던 평양민속공원이 돌연 폐쇄되니 주변의 놀라움은 컸다. 폐쇄이유에 대해 평양주민들뿐 아니라 해외언론에서도 궁금증이 많았다. 북한이 평양 민속공원건설을 위해 쏟아 넣은 돈이 자그마치 수억 달러에 달했다. 엄청난 금액뿐만이 아니다. 동원된 막대한 자원과 노동력은 또 어떠한가. 전부 하루아침에 신기루처럼 사라져 버린 것이다. 잘 나가던 평양민속공원을 완전히 뒤엎은 진정한 원인은 무엇인가. 이

유는 김정은 본인의 발설로 곧 밝혀졌다.

　그건 2013년 처형당한 김정은 고모부 장성택과 관련돼 있음이 드러났
다. 당초 장성택은 김정일 위임 아래 평양민속공원건립을 주도한 장본인
이다. 이 때문에 김정은은 민속공원을 볼 때마다 "장성택이 생각난다."며
계속 불편한 심기를 감추지 않았다 한다. 급기야 장성택으로 인한 스트레
스가 쌓였는지 김정은 위원장은 공원폐쇄라는 극단조치를 취한 것이다.
　해외언론은 김정은의 평양민속공원 폐쇄조치는 곧 '장성택 흔적지우
기'라고 단정했다. 동시에 김 위원장의 성격을 '즉흥적이고, 공격적'이
라고 평했다. 일본 도쿄 신문도 '단락적(신중하지 못하고 짧은)인 사고
행위'라고 혹평했다.
　평양민속공원이 사라지고 대신 부근 평성(평남 도청소재지)에 소규모
민속공원이 생겼다는 소식을 접했다. 새 민속공원은 단지 일반 박물관
규모에 속한다는 소문이다.
　나는 만 32세의 젊은 북한 김정은(1984년생)지도자의 전횡적인 결단
에 충격을 받았다. 어려운 북한살림에도 선대부터 공들였던 수억 달러
국가 대형 프로젝트를 한순간에 임의로 파괴하는 행위에 경악했다. 이
같은 성격이라면 앞날의 남북 간 평화로움을 추구하는 통일문제도 순
조롭지 않게 보였다.
　서방세계에선 북한사정을 잘 알고 있는 셈이나, 가끔 반대의 경우도
생긴다. 한인동포사회는 늘 북한에 대해 부정적으로 듣고, 알고 있다,
그러다 방북 후 친북성향으로 변한 북미교포도 봤다.

　북한을 우선 파악하려면 북한관련 상식을 알면 보다 이해가 쉽다. 북
한주민에 관한 국가기본원칙이다.

이 원칙은 북한사회에선 초헌법적이다. 〈10대원칙〉이라는 게 그것이다. 북에서 이 10대원칙을 모르면 살아갈 수가 없다. 반드시 알아야 하며 누구든 10대원칙을 생활화하고 실천해야 한다.

물론 북한에도 북한헌법이 있고 온갖 법률규정이 존재한다. 그러나 10대원칙은 북한헌법보다도 상위개념이다. 이 때문에 북한 법(기본규정)을 알아두면 북한시스템을 납득하기 쉽다. 북한에서 결코 폭동이나 시위가 좀체 발생하기 힘든 이유다.

북한주민은 노동당 당규나 사회주의 헌법은 몰라도 일반생활에 지장이 없다. 하지만 이 10대 원칙을 위배하면 정치범으로 몰릴 수 있다. 실제로 북한정치범수용소의 수감자 90%이상이 이 10대원칙을 범했기 때문이라는 말도 있다.

북한의 상부권력층과 일반주민을 꼭 같이 취급하면 안 된다. 더구나 북한의 지방주민들은 일생을 바깥세계와 절연된 채 살아온 사람들이 거의 전부다. 일상이 '자유'라는 말과는 거리가 멀고, 자유로운 한국생활과는 비교자체를 할 수 없다.

북한의 '10대 원칙'과 '인민반장'

북한 우표

지난 1967년 김일성은 '당의 유일사상 체계 확립으로 10대원칙'을 통과시켰다. 당 중앙위원회 전원회의(제4기16차)에서 만장일치로 결정됐다. 이 원칙은 10조 60항으로 되어있다.

이'10대원칙'은 1974년 4월 후계자 김정일에 의해 비로소 북한사회에 알려지게 됐

다. 사실상 김정일 시대의 서막
이었다. 이때부터 북한주민들은
이 10대원칙 내용을 무조건 외
워야 했고, 주민들의 개인생활
도 철저히 이 원칙에 입각해 살
아야 했다.

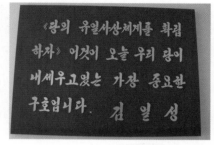

　　10대 원칙은 내 중학시절 겪
은 5·16쿠데타 당시 외워야 했던 혁명공약의 6개 조항처럼, 북한주민에
겐 뇌리에 박히도록 달달 외워야 하는 필수원칙이었다. 아직 내 머릿속
에는 당시 국가재건최고회의에서 공포한 첫 1, 2구절이 남아 있다. 운동
장 조회시간에는 학생전체가 모두 6개 항목을 외쳐야 했던 구절이다.

1. 반공을 국시의 제일의로 삼고 지금까지 형식적이고 구호에만 그친
　　반공태세를 재정비 강화한다.
2. 유엔헌장을 준수하고 국제협약을 성실히 이행할 것이며 미국을
　　위시한 자유우방과의 유대를 더욱 공고히 한다.

　　북한의 10대원칙은 한국과는 판이한 성격이고 내용이다. 10대원칙은
조항 전부가 김일성 부자의 장기집권을 위한 내용(문구 나열)뿐이다. 60
개 세부 항목도 10개 조항 내용을 구체적으로 서술한 것밖에 없다. 한결
같이 김일성 부자가족만을 위해 100% 주민들의 복종을 요구한 규정이다.

　　북한10대원칙 일부를 소개한다.
(제1조) 위대한 수령 김일성 동지의 혁명사상으로 온 사회를 일색화하기
　　　　위하여 몸바쳐 투쟁하여야 한다.

(제2조) 위대한 수령 김일성 동지를 충성으로 높이 우러러 모셔야 한다.
(제3조) 위대한 수령 김일성 동지의 권위를 절대화 하여야 한다. 등등.

제10조까지 전부 위대한 수령 동지로 문구가 시작해, 수령님의 교시 신조화(4조)와 무조건성 원칙 지키기(5조), 혁명적 단결강화(6조) 등 끝

평양 간판(세상에 부럼 없어라)

까지 같은 맥락으로 주민들에게 강요하는 내용이다. 제10조는 위대한 수령 김일성 동지께서 개척하신 혁명 위업을 '대를 이어' 끝까지 계승하며 완성하여야 한다고 매듭지었다. 마지막 부분에 '대를 이어' 문구를 삽입해 김씨 일가의 소위 '백두혈통' 계승을 강조했다.

이 10대원칙을 어기게 되면 가차 없이 현장에서 체포해 즉시 농촌으로 추방 당하는 공포의 원칙이다. 재판도 없다. 이러니 누구도 10대 원칙에서 자유로울 수 없고 전전긍긍하는 삶을 살 수밖에 없다.

북한의 조직구성은 조선노동당이 있고, 근로단체 조직으로는 직맹(직업동맹), 여맹(여성동맹), 사로청(사회주의 노동청년 동맹)이 있다.

당원이 못된 사람은 직업총동맹과 여성동맹에 가입한다. 당원이 되기도 쉽지 않다. 북한사회에서 당원이 안 되면 승진이 안 되고, 사람구실을 하기 힘들다고 한다. 이 때문에 군대에 가는 가장 큰 이유가 군인은 당원(만18세부터)되기가 보다 쉽기 때문이라고 한다.

또 북한에는 평양에서 지방에 이르기까지 모든 주민들을 관장하는 하

부 조직단체로 '인민반'이란 게 있다. 인민 반에서는 인민반장을 선출하고, 모든 주민들은 지위고하를 불문하고 인민반장에게 복종해야한다.

인민반장은 주민가정에 대한 사상동향 등을 토대로 개인 사생활 등 모든 일을 종합해 국가보위부와 안전부지도원에게 보고하는 역할을 한다. 또 인민반은 '5호담당제'라는 조직을 통해 5개 가정이 한 조로서, 서

평양 강계 정신 선전(고난의 행군시기)

로 감시하는 체계를 만들었다. 매 가정의 수입과 지출을 체크해 무슨 부정여부를 체크한다. 불시에 예고 없이 집을 방문해, 집집마다 김일성 저작물 등 인쇄물 훼손이나 낙서여부를 검열한다. 외국도서가 가정집에 있는 것은 금물이다. 이때 걸리면 유일사상체계 범죄행위로 정치범으로 찍어 밤사이에 수용소로 실어 보낸다는 것이다.

북한에는 수령 움직임에 따른 1호 행사가 있다. 1호 행사는 김일성과 관련한 지도자의 모든 현지 행사나 시찰 등을 나갈 때 행사다. 이때 인민반장은 어린이까지 동원해 미리 길을 깨끗이 닦아 놓아야 한다.

이때 불참하게 되면 불참자 명단을 보위부에 제출한다. 불참하는 일이 몇 번 반복되면 역시 유일사상 체계에 걸어 추방시킨다. 3명 이상은 모여서 술을 마시지 못한다. 혹시 공모할까 염려해서다.

누구든 마음속에 있는 말을 함부로 못한다. 부부끼리도 정치얘긴 안한다. 가족이라도 정치에는 완전 남남이라는 것이다. 일종의 불문율처럼 돼 있다. 군중데모나 폭동 등은 상상할 수 없다.

북한에서 인민반장은 주민들의 대표이다. 매 주민가정에게 국가과제를 주고, 수령님 교시관철이란 이름 아래 총동원령을 내린다. 한 탈북자는 "하부말단조직인 인민반장 역할이 주민들을 더욱 힘들게 한다."고 토로할 정도다.

특히 김일성과 김정일 등 김씨 일가의 사생활을 노출시키면 가장 큰 죄가 된다. 김정일 첫째 부인인 성혜림의 단짝이었던 탈북무용가 김영순(37년생) 씨는 '내 친한 동무가 성혜림'이라는 말 한마디 발설한 죄로 악명 높은 요덕정치범수용소에 9년간 잡혀있었다고 한다.

그 후 탈북 해 서울로 왔다. 정치범수용소행은 그녀 자신뿐이 아니다. 연좌제

최승희 무용가(애국열사릉)

로 그녀 아들과 부모도 함께 요덕수용소에 끌려가 모두 사망하고 그녀만 구사일생 살아남았다고 한다.

최승희 DVD (북한 발행)

김씨는 "내가 세계적 무용가였던 최승희의 마지막 제자였다."고 주장했다. 최승희 고향은 강원도 홍천이다. 김씨는 인터뷰 후 미국 초청강연을 원했고, 당시 LA와 보스턴의 강원도민회장을 통해 두 지역에서 초청강연이 성사된 적이 있다.

'김일성 암살미수 사건' 그리고 '리태준과 신불출'

    1945년 해방되던 해 김일성은 33세의 젊은 나이였다. 8.15 해방 직후 그가 평양에 첫 등장했을 때 북녘주민들은 태극기 아래 열광적으로 그를 환영했다. 당시 3년간의 신탁통치 실시로 소련군정(스티코브 중장)이 시작됐을 때다.

    미국과 소련군대가 38선 남북에 진주하면서 무척 어수선한 시대였다. 김일성은 당시 북한 통치권자로 군림한 소련장군들의 승인 아래 자신의 위상 굳히기에 바빴다.

해방 그리고 '남한 대 북한'

    남한은 남한대로 미군정(하지 중장) 아래 정부안정이 쉽지 않았다. 소련과 미국 두 군정사령관의 군 경력이나 성향이 사뭇 달랐다. 미 하지 중장이 전형적인 직업군인으로 남한을 책임 맡은데 비해, 소련 스티코프는 정치군인으로 주민통치방법에 극명한 차이점을 보였다.

    소련군정은 김일성을 앞세워 강압적인 정치세력을 펴 나갔고, 서울에서는 송진우, 여운형, 장덕수, 김구 등 당대 국내지도자로 손꼽히던 제1 정객들이 잇달아 암살당하는 대 혼란기 속에서, 마침내 1948년 8월 이승만 단독정부가 세워졌다.

해방 후 나라는 독립국가가 됐으나, 이제는 동족끼리 '이념문제' 갈등으로 서로 싸우고, 죽이는 비극이 연거푸 일어났다. 이는 일제시기 강우규, 이봉창, 안중근 의사 등의 일본을 겨냥한 민족의거가 아닌 우리끼리 남과 북의 골육상쟁인 아픔이었다.

이러한 혼탁한 시기 해방 다음해 서울에서 태어난 나는 6.25를 겪으며 성장했다. 어린 시절 곧잘 주변으로부터 "사람 사는 생활환경이 일제시대 보다 못하다"는 말을 듣던 것이 기억난다. 해방되면서 남북이 38선으로 둘로 갈리고 혼란상태를 겪으니 더욱 그런 얘기가 회자된 듯싶다.

1970년대 중반 캐나다로 이주한 뒤 한국교육과정을 잘 몰랐지만, 나중 보니 6.25전쟁의 남침, 북침조차 파악 못 하는 50대 한국젊은이들이 적지 않았다. 50대 이하 청년기 나이는 한국역사에 더욱 깜깜이고 관심이 없어 보였다. 내 학창시절 배운 역사교과 내용이 언제부터 그렇게 달라지고, 실종돼 있는지 몰랐다. 좌파성향정부가 들어서면서 교육과정이 점차 달라져 간 것 같다.

또 일제강점기 고등교육을 받았거나 가정환경이 좋았던 집안들은 대부분 친일파로 몰렸다. 예전 국정교과서에 실렸던 이광수, 최남선 글은 친일파로 낙인찍혀 교재에서 사라져 버렸다. 물론 근거 있는 잣대에 따라 취해진 교과과정으로 이해할 수 있으나, 좌파정부일수록 친일파 범위를 지나치게 확대 해석해 놓은 것 같았다.

모스크바특파원 시절의 러시아에는 북한관련 자료 등이 주위에 많이 있었다. 지금도 곳곳에 산재해 있을 것이다. 또 1990년대 초반에는 북한 한의사(고려의학) 2명이 모스크바에 상주해 의료 활동을 벌였다. 두세 번 찾아가 일반진료를 받은 적이 있다.

북에서 파견된 미술관계자들도 모스크바에 거주했다. 그들은 시내 미술관의 전람회장을 빌려 1년 내내 조선(동양)화, 수예작품 등 미술품을 판매했다. 러시아 남부지역에는 북한 건설노동자들 수백 명이 있었고, 극동지역에는 시베리아 북한벌목공이 수천명 이상 일했다.

중앙아시아의 카자흐스탄 당시 수도 알마아타 국립대학에도 북한교수가 파견돼 있었다. 나는 1980년대부터 북한인을 일찍 접하고, 취재한 경험이 있어, 그들을 마주해도 다 같은 동족일 뿐, 별다른 느낌이 없었다.

1993년 모스크바에서 한 북한기자를 알게 됐다. 나보다 연상의 라웅걸 노동신문 특파원(북은 특파기자로 호칭)이다. 당시 그는 50대 나이로 꽤 낡은 벤츠를 몰고 다녔다. 그러나 기자활동은 별로 않는 것처럼 보였다. 나는 경쟁자로서 건방진 한국기자보다 그가 편했다. 가끔 전화해 술집에서 보드카를 둘이 마시곤 했다. 내가 늘 먼저 연락을 했다. 그는 만나면 반가워했고 마음이 통했다.

우리는 딱히 무슨 화젯거리는 없었으나, 나는 언제나 질문자 쪽이고, 그는 듣기만 했다. 처음엔 나를 조심스러워하는 눈치였다. 두 사람이 전혀 다른 세계에서 살아온 삶이니 그렇거니 했다.

한동안 친했었는데 어느 날 불쑥 귀국해 버렸다. 나중 방북했을 때 그를 한번 만나고자 했으나 북 당국은 허락지 않았다.

한번은 라 기자가 해방 후 몰랐던 북한사건을 알려주었다. 나중 해당된 러시아인 사진도 건네주었다. 그것은 1946년 3.1절 날 평양역전에서 김일성 연설 당시 발생했던 김일성 암살미수 수류탄사건이다. 또 평소 궁금했던 월북 작가 상허(호) 이태준(1904~?)에 관한 일부 얘기도 들려줬다.

이태준은 남북문학계에선 '한국 단편소설의 완성자'로 일컫는 대표적인 한국근대문학 작가다. 강원도 철원이 고향인 작가 이태준은 월북이후 소식이 완전 끊어진 마당에 일부 그의 족적을 알게 됐다.

1946년 김일성 암살 미수사건

북한 3.1절에 발생한 김일성 암살 미수사건부터 간략히 전한다.

1946년 3월1일, 해방 다음해다. 평양역전 광장에는 3.1절 행사를 위한 군중대회가 오전부터 열리고 있었다. 해방 후 두 번째의 대규모 군중대회다. 당시 북한은 금의환향한 젊은 '김일성 장군'의 공산정부 체제를 확립해 나가던 시기였다.

김일성이 단 위에서 기념식 대표연설을 끝냈을 때였다. 갑자기 조그만 수류탄 하나가 날아들었다. 주위에는 소련군 보초들이 삼엄한 경비를 펴고 있었다. 단 앞에 서 있던 경비간부인 소련 노비첸코(Novitchenko) 소위가 곧 이를 발견해 주웠을 때 수류탄이 터졌다.

폭음과 함께 소련 소위는 오른팔이 달아나고, 온몸과 눈에 상처를 입는 중상을 입었다. 그나마 경비하던 소위가 구사일생 살아남은 것은 가슴 속에 넣어 둔 책이 보호막 역할을 했다고 한다.

폭탄을 던진 사람은 18세의 '김형집'이라는 청년이었다. 그는 곧 체포 돼 모진 고문을 받고, 시베리아로 유형 돼 처형 당됐다고 전해졌다. 해방 후 북한에는 '백의사'라는 반공 우익의 비밀결사단체가 있었고, 김형집은 이 단체 멤버였다.

이 백의사는 신익희 등 임정요인들이 관련해 결성됐다고 전해진다. 6.25전쟁 이전 남쪽의 켈로(KLO) 부대처럼, 남과 북에는 이념으로 갈린 좌우세력이 극한대립으로 목숨을 내 놓고 싸울 때였다.

김일성은 그때 자신을 구한 야콥 노비첸코 소위를 잊지 않았다. 김일성은 북한정부가 자리 잡은 훗날인 1984년 소련방문 때 시베리아(노보시비르스크)의 노비첸코 집을 방문했다.

그때 '노력영웅' 칭호를 주고, 북한에 국빈자격으로 여러 차례 그 가족을 초청했다. 러시아 북한공관을 통해서도 매년 선물 등을 전달했다.

김일성 주석과 구소련시민 노비첸코와의 관계는 3세 김정은 후대까지 이어졌다. 2019년 러시아 이타르타스 통신은 "김정은 위원장 명령에 의해 북한대사관은 노비첸코 생일기념으로 그의 무덤에 헌화하고, 고향 집 뜰에 우호의 나무로 사과나무를 심었다"고 보도했다.

94년 당시 라웅걸 노동신문 모스크바특파원이 전해줘 그때 처음 김일성 암살미수사건을 알게 됐다. 90년대 모스크바의 고려인 박길룡(전 북한 외무성간부)노인역시 김일성 암살미수사건이 발생됐던 사실을 확인해 줬다. 평양역전 현장에 있었던 박 노인은 당시 사건을 상세히 설명해 주었다.

월북 작가 리태준

라웅걸 특파원은 리(이)태준 작가 관련한 그와의 인연도 밝혀줬다.

"나는 평양에서 학교 다닐 때 리태준 선생에게 배웠소. 나는 작가와 시 동맹에 가입해 있어, 리 선생을 찾아가 시 쓴 것을 보여주고 지도를 받은 적도 있어요."라고 말했다. 또 "70년대 가끔 평양거리에서 두루마기와 대님차림의 조선옷(한복)을 입은 선생을 본적이 있다."며 "그때 키가 크고 안경다리를 실로 맨 채 서 있던 모습이 생각나오."라고 전했다.

라 기자에 따르면 리태준은 함남 도(道)신문사에서 논설원으로 일한 적이 있으며, 소설가 김남천을 비판한 것이 기억난다고 말했다.

이태준이 1940년에 쓴 『문장강화』 책은 오랜 세월동안 조선 문인들에겐 글(문장)쓰기 안내 지침서였다. 그는 1946년 월북했으나, 그가 한국 근대 단편소설 완성자라는 데는 어느 누구도 이견이 없다. 이태준은 월북이후 소련을 두 차례 방문하고 견문기도 썼다.

2002년 봄이다. 조선문학동맹의 한 멤버가 이태준의 지난 북한생활에 대해 내용을 알려주었다. 이태준 작가는 처음 함흥에서 근무하다가 그 후 평양에서 창작활동을 폈다고 한다.

이태준은 북에서 20여 편의 단편을 썼고, 장편소설은 4.19학생의거를 주제로 한 〈너는 누구의 아들인가〉라는 작품이라고 밝혔다. 그는 숙청되지 않았고, 그의 딸은 김일성대학 어문학부를 졸업했다. 사위는 사회과학원에서 일하다가 심장마비로 사망했다는 것이다.

이태준작가 관련해선 조선문학동맹 간부인 조종호 부위원장이 활동내용을 잘 파악하고 있다고 내게 전해 주었다.

철원에 세워진 이태준 문학비와 동상

이태준의 고향 강원도 철원에서 매년 11월 그를 기리는 문학제가 열린다. 마을에는 문학비와 이태준 흉상이 건립돼 있다. 이태준 작가를 연구하는 한 문인은 "이태준은 북에서 비록 인정 못 받고 숙청당하지는 않았다 해도, 북한에서 제대로 평가받지 못한 무척 아까운 작가였다."고 말했다. 또 "북한의 최승희 무용가와 한설야 소설가는 숙청당한 후 훗날 신분이 복원돼 평양 애국열사릉에 묻혔지만, 이태준 경우는 말년에 행방조차 알 수가 없다."라고 애석해 했다.

좌익성향의 이태준은 월북 후 김일성 정권을 위해 애를 썼으나, 결국은 존재감도 없이 북한 내에서 허무하게 사라졌다는 점이뚝. 그는 북에서 순수작가로서의 작품 활동보다 정치적인 문필활동이 많았다. 그의 글은 주로 노동신문을 통해 발표됐다.

6.25전쟁 시기인 1952년 재일본교육자동맹 문화부에서 발간된 『신 문장강화』 책에 게재된 이태준 글 일부를 소개한다.

이 원본내용을 보면 월북당시의 이태준 사상과 그의 뛰어난 문장력을 엿볼 수 있고, 주요 역사기록 자료로서 의미가 있기 때문이다.

이태준 신문장강화

<조선최고인민회의 제1차회의 인상기>

「··· 오늘 땀과 피로 투표한 전 조선 인민들의 열화 같은 기대 속에 조선최고인민회의는 드디어 열리었다. 이날 평양은 우리 민족의 신생을 상징하는 듯 봄비 같은 고운 비가 내리어 모란봉을 신록처럼 씻어주는데···.

우리 손으로 새로 세운 모란봉극장에서 반만년 역사에 일찍 있어 본 적 없는 명실그대로의 인민회의가 열린 것이다 ···.

북으로 강계, 경흥으로부터 남으로 거제, 제주도까지 방방곡곡에서 뽑혀온 대표들, 반발의 허연 노 혁명가가 계신가 하면 무쇠팔뚝에 석탄내와 흙내 그대로 풍기는 노동자와 농민도 있고, 옷매무새 단정한 젊은 여성이 있나 하면, 테러와 반동경찰과의 피투성이 싸움판에서 찢어진 적

삼인 채 온 투사도 있다···. 노동자, 농민, 학자, 예술가, 사무원, 상인, 각계각층의 대표들, 여기가 한 덩어리 조선이요, 이것이 한 덩어리 우리 민족인 것이다.

누가 이 자리에 오지 않았는가? 오직 민족의 원수 리승만, 김성수 따위 매국도당들 뿐이다. ··· 각 도별로 대의원들 자리가 거의 찰 무렵, 내빈석에는 우리 민족 해방의 은인이요, 오늘 우리의 조국 '조선민주주의 인민공화국' 탄생에 절대적인 협조국인 소련의 귀빈들이 참석해 주었다. 정작 오전 11시가 되자 장내에는 우레 같은 박수가 일어났다. 우리 민족의 영웅 김일성 장군을 선두로 김두봉 선생, 박헌영 선생, 허헌 선생, 최용건 선생, 김원봉 선생, 홍명희 선생 모두 웃음에 찬 얼굴들로 입장하신 것이다.

역사적인 우리 조선인민의 최고회의는 최고령 대의원 충남 정운영 선생의 개회사로 시작되었다···. 주야 없이 지하 몇 천 척 탄층 속에서와 끓는 용광로 앞에서 싸워 온 아오지 탄광 박동수 동무, 황해제철 한기창 동무들이 저기 앉았으며, 동포들을 다시 식민지 노예로 만들려는 미 제국주의자와 그 주구들과 피투성이 싸움을 해 온 제주도 무장 항쟁의 김달삼 동무며 허다한 구국투쟁의 투사들이 저기 있다.···

나는 오늘처럼 뜨거운 박수소리를 들으며 쳐 본 적은 없다. 한 가지 순서가 지나갈 때마다 우레 같은 박수들과 끓는 시선들··· 3천 만 조선인민들이 오늘 이 자리를 향해 두드리는 박수며, 이 자리를 향해 우러러보는 끓는 시선들일 것이다. 」

(1948년 9월3일 노동신문에 난 필자의 인상기)

천재 만담가 '신불출'

신불출 만담집

월북 작가 '이태준'만큼 아까운 인물이 또 한명 있다. 역시 해방 후 월북한 '신불출'이란 천재 만담가다. 그는 그냥 만담만 한 사람이 아니었다. 일제시기 조선백성들에게 웃음과 눈물을 안긴 인물로, 시인이요, 창작가요, 연극배우요, 극작가로 문필활동을 한 인재였다. 신불출은 일제강점기 혜성과 같이 나타나 '만담'이라는 새 장르를 개척해, 해학과 날카로운 세태풍자로 민중들의 심금을 울린 연예인이었다. 요즘과 비교하면 '개그맨의 원조'이며, 50~60년대 장소팔-고춘자 등 만담가의 선배 격이다. 또 신불출(1907-?, 본명 신상학)은 1930년 불멸의 민요곡 '노들강변' 작사가(문호월 작곡-박부용 노래)다. 3편 작사 중 기억에 남는 1편을 소개한다.

(1편) 노들강변 봄버들 휘늘어진 가지에다가/ 무정세월 한허리를 칭칭 동여매여나 볼까/에헤야 봄버들도 못 믿으리로다./푸르른 저기 저 물만 흘러 흘러서 가노라.

신불출이 작사한 이 노들강변 노래는 일제 시 국민 누구나 애창했던 신 민요였다. 특히 초등교에선 무용시간에 레코드(OK레코드사에서 음반제작)를 틀어놓고 학생들을 지도했다고 한다. 당시 우리 신민요 5개 대표곡은 아리랑, 도라지, 천안삼거리, 양산도, 노들강변을 꼽았다한다. 신불출 이름자체가 '세상에 태어나보니 일제가 판치는 사람 못살 세상인데 이런 세상인줄 알았더라면 아예 나오지 말았어야 했다.'는 의미에서 만들어졌다는 에피소드가 있다.

1955년 그는 북에서 공훈배우를 거쳐, 최고 칭호인 인민배우까지 됐고, 50~60년대 평양에서 〈신불출 만담연구소〉를 설립해 활동했다. 그러나 그도 결국 숙청당해 북한사회에서 흔적 없이 사라졌다.

김영순 탈북무용가(성혜림 친구)는 "나는 신불출을 1972~3년 요덕 정치범수용소(15관리소-1작업반)에서 만났다. 그때 수용소에는 10여 살 아래로 체격이 큰 부인 이양초도 함께 있었다."면서 "신불출은 키가 작고 선량한 인상으로, 수감자들을 웃기고 즐겁게 하다가 1975~6년경 부부가 영양실조로 사망한 것으로 안다."고 전해줬다.

1995년이 되자 김정일 위원장은 신불출의 만담을 회고해, 2009년 평양에서 '신불출 만담집'이 재출간됐다. 나는 1956년에 발간된 신불출 '만담집' 복사판을 갖고 있었다.

2000년대 평양을 방문했을 때 인민대학습당(북한 최대중앙도서관)에서 새로운 신불출 자료 등을 찾고자 했으나 실패한 경험이 있다. 신불출 관련해 나는 지난 2009년 5월 '주간동아 686호'에 〈만담가 신불출을 아시나요?〉라는 제목으로 게재했다. 이태준 작가도 그렇고 특히 신불출 만담가 경우, 처음부터 월북자체가 돌이킬 수 없는 그들의 실수였다고 본다. 그때 만약 남쪽을 택했더라면 두 사람 전부 오늘의 그들 위상이나 비중이 완연히 달라졌을 것이다.

그들을 기억하는 한 연로한 지인은 "이태준은 김일성을 추종하다 버림받은 아까운 좌파지식인이고, 신불출은 천성이 불의에 대한 야유와 비판이 몸에 배어 있던 좌파연예인"이라면서 "그들이 김일성 일당독재의 북쪽을 선택했다는 자체가 아주 잘못된 판단"이었다고 개탄했다.

우리네 소중한 인재로 한때 온 국민으로부터 인정받던 두 사람 모두, 북녘 땅에서 그 자취가 흔적도 없으니, 그들의 마지막을 생각하면 가슴이 아플 뿐이다.

평양 애국열사릉에 잠들어 있는 북미주교포들

지난 1989년 여름 평양축전 때다. 행사 도중 북 당국은 "김일성 주석이 참가한 해외교포들과 함께 기념촬영을 한다."며 어느 장소에 모이라고 했다. 당시 세계 각처에서 수백 명의 해외교포들(5개 그룹)이 방북해 있었다.

김일성 주석과의 기념촬영

나는 기자호텔(평양호텔)에 단독으로 묵고 있어, 촬영장소로 가기 전 숙소에서 사전에 철저한 검색을 마쳤다. 사진기 등 소지품은 허용이 안 돼 개인용품을 모두 호텔방에 두고 빈 몸으로 나섰다. 그런데 차 운전기사나 안내원은 집결장소가 어딘지를 몰랐다.

안내원이 어디 한군데 물어보더니 A장소라고 차를 몰았다. 거기에선 장소가 바뀌었다고 급히 B장소로 가라고 했다. 그러나 B장소도 아니었다. 다시 C장소로 돌아가라고 한다.

평양시내에서 오락가락하다 마침내 목적지인 어느 체육관에 도착했다. 이미 해외교포들이 그룹별로 따로따로 모여 있었다. 나 홀로 캐나다교포이니 미국교포들이 모인 곳으로 안내받았다.

체육관 내에는 김일성 주석과 단체사진을 찍기 위해 임시계단식 나무

층계를 만들어 놓았다. 해외교포들은 그룹별로 10미터 이상 띄엄띄엄 거리를 두고 계단 위에 올라 대기상태에 있었다. 한 그룹마다 수십 명 이상 족히 돼 보였다. 모두 나무계단에 올라 김 주석을 기다리고 있었다. 중국, 일본, 유럽, 러시아, 미주 동포 등으로 그룹이 나뉘어졌다.

체육관 내에 자리정돈 등을 감독하던 로철수 북측 참사가 늦게 도착한 나를 보더니 반말로 "뭐하니. 날래날래(빨리빨리) 움직이라"고 소리쳤다. 층계에 서 있던 교포들이 내려다보며 빙긋이 웃는 모습이 보였다. '아니 늦은 게 어디 내 잘못인가.' 속으로 중얼대며 끽소리 못하고 미주 그룹에 끼어들었다.

1980년대 로철수 참사는 키가 크고 비쩍 마른, 북미주 교포들에게는 잘 알려진 인물이다. 해외동포원호위원회(당시 이름)를 주관하는 간부로 까다롭기로 소문나 있었다. 당시 해외이산가족 등 방문자들에겐 북한부서명 보다 '로철수', 로철수' 하던 이름이 더 귀에 익었다.

나는 오히려 늦게 도착 탓에 비교적 앞쪽에 자리를 잡았다. 누가 앞쪽 공간을 트고 틈새를 만들어 주었기 때문이다. 로철수는 전체일동에게 "조금만 있으면 수령님이 곧 A문으로 입장하실 겁니다." 하고 우리 그룹 바로 옆 A문을 가리켰다.

그는 또 "기념사진 후 출국 전에 모두에게 사진을 뽑아줄 것입니다." 라고 말했다. 체육관 입구는 동쪽 A문과 서쪽 B문 두 군데이다. 그리고도 10분 이상 더 기다린 것 같다.

갑자기 '와아' 하는 함성소리가 다른 쪽 문에서 들렸다. 김일성 주석이 양손을 들고 활짝 웃는 모습으로 서너 명 수행원을 뒤로하고 반대쪽 B문에서 입장한 것이다. 순간적으로 한 생각이 머리를 스쳤다. 아하. 보안문제 때문에 철저하게 준비된 시나리오가 아닐까.

그렇다면 내 차가 장소변경으로 3번이나 시내에서 헤맨 것도 그런 이유였나. 김 주석은 첫 번째 서쪽그룹부터 차례로 이동하며 단체사진촬영을 시작했다. 하나씩 자리를 옮겨 다른 그룹을 마주할 때마다 '와아' 하는 환호성이 체육관을 크게 울렸다.

드디어 김일성 주석은 미소 띤 얼굴로 마지막 차례인 우리 미주교포 그룹과 마주했다. 그러나 아무 환호소리 하나 없이 침묵이 흘렀다. 아니 단 한명 있었다. 내 앞 우측에 섰던 LA 선우학원 박사다. 그는 혼자 두 손을 번쩍 들고 "와"하고 홀로 목청을 높이다 슬그머니 손을 내렸다.

좌우에 호응하는 교포가 아무도 없었으니 좀 민망했으리라. 미주 쪽에서는 의식적인 분위기에 익숙지 않으니 어찌 하겠는가.

사실 이러한 떠들썩한 환호성은 정서적으로 북미교포들 스타일이 아니다. 훗날 경험이지만 청와대 뜰에서 초대받은 북미교포들이 지방순찰에 나섰던 대통령을 맞을 때도 마찬가지였다. 대통령은 청와대 저편 헬리콥터에서 내려 교포들을 향해 오던 길이었다. 그때도 요란스런 함성소리는 없었다.

그 후 미주교포들은 평양축전 뒤 약속한 김일성 주석과 찍은 사진을 받지 못했다. 아마 다른 지역 교포들도 마찬가지였을 것이다. 북측에선 공개적으로 말한 것을 슬그머니 나중 모른 체하는 경우가 종종 있다.

당시 김 주석과 단체촬영을 생각하면 내 바로 앞줄에 서 있던 김 주석의 뒷머리 혹이 유난히 크게 보였던 기억이 떠오른다.

평양 애국열사릉

평양(신미리)애국열사릉에는 약 1천명 이상에 가까운 묘소가 있다. 아마 지금은 1천명 이상으로 묘가 늘어나 있을 것이다. 그 가운데 4명이 북미 주(캐나다1명, 미국3명) 교포들 묘소이다. 그 묘소 중 한명이 선우학원 박사다. 캐나다 최홍희 국제태권도연맹 총재나 미 LA 홍동근 목사(미술가 백정자 남편)는 2000년이 지나, 평양병원에서 사망해 북한 애국열사릉에 묻혔다.

평양 애국열사릉

1989년 평양축전 때 선우학원(1918-2015)박사와 잠깐 대화를 나눈 적이 있었다. 소탈한 성격으로 겉보기엔 열렬한 공산주의자 같지 않았다. 그는 평양에서 태어나 일제강점기 일본과 미국에서 공부했고, 줄곧 해외에 거주해 6.25전쟁을 겪지 않은 인물이다. 이 때문인지 그는 북의 일방적인 남침을 믿지 않았다.

1960년대 초 그는 잠시 한국에서 대학과 언론사에 근무하다 다시 미국으로 건너와 민주화운동을 벌인 것으로 알려졌다. 훗날 LA에서 개인 자금 25만 달러로 '선우평화재단'을 만들어, 주로 친북단체후원을 돕던 미주 원로교포였다.

선우학원박사 묘비에는 '선우학원 선생 재미동포 전국련합회 고문'이라고 적혀 있다. 선우 박사 경우 미국에서 사망했는데 구태여 유골을 평양으로 옮겨 애국열사릉에 묻혀 좀 의아했다. 미 시민권자인 그는 "내 조국 미국을 사랑한다."며 "미국은 자유와 평등이 살아 숨 쉬는 민주국가"라고 늘 강조했다고 알려졌기 때문이다.

그는 평소 "내가 북한이 좋으면 그곳에 가서 살았지, 왜 미국에서 살겠나?"라고 했다고 미 교포 일간지 인터뷰에도 밝혀져 있다. 하지만 미주 다른 한인주간지와의 내용은 달랐다. 김일성세습제 논란이 외부세계에 대두하자 "그것은 부자권력세습이 아니다. 북한민중들이 아들 김정일 비서를 진심으로 원했기 때문이다"라는 주장을 폈다.

또 "북한은 독재정치제가 아니다. 다만 집단주의가 성공적으로 실현된 사회"라고 말했다. 북한은 "하나는 전체를 위하여, 전체는 하나를 위하는 사회구조"라고 강조했다.

이 구절은 고 백정자(홍동근 목사 부인/백건우 피아니스트 친누나)가 2004년 발간한 저서 〈하나는 전체를 위하여 전체는 하나를 위하여〉 제목과도 같다. 미술가인 백씨는 '북한의 4월 봄 축전 재미예술단장'을 10년간 맡아왔으며, 72세를 일기로 LA에서 타계했다.

선우학원 박사 외 평양 애국열사릉에 묻힌 2명의 미주교포는 홍동근 목사와 손원태(의사)박사다. 평안도가 고향인 홍동근 목사는 1960년대 한국영락교회 부목사를 역임했다. 그 후 LA로 이주해 통일신학연구와 선한사마리아인 교회(74년 창립)담임목사로 봉직했다.

홍 목사는 1980~90년대 미 이산가족위원회(위원장 홍동근, 서기 홍정자)사업을 통해 수백 가구의 미주이산가족을 찾아주며, 자주 부인과 함께 북을 방문했다. 그는 1991년부터는 김일성종합대학과 평양신학원에서 초청교수로 10년간 기독교를 강의했다.

나는 홍 목사를 평양 봉수교회에서 두 번 만난 적이 있다. 그는 교회

예배에서 축도(기도)순서를 맡았다. 늘 미주와 평양을 오가는 생활을 하다 2001년 방북 중 75세 일기로 평양에서 사망해, 평양 애국열사릉에 묻혔다.

토론토 큰빛장로교회를 창립한 박재훈 원로목사(박사/전 한양대 음대교수)는 홍 목사를 잘 기억하고 있었다. 박재훈 목사(한국 최초동요 및 찬송가 작곡가)는 "나는 처음에는 먼저 미 LA로 이주했으나, 교회의 정치성향이 싫어서 다시 토론토로 이주했소."라고 지난날을 회고했다. 박재훈 목사는 고향이 북강원도로 1950년대 한국 영락교회(담임목사 한경직) 초기멤버로 초대 성가지휘를 담당했다.

미국 중서부의 손원태(1914-2004) 박사는 소년시절 중국에서 김일성 주석과 의형제처럼 가까웠다고 한다. 손 박사는 김일성 보다 두 살 아래였다. 그는 후에 세브란스 의학전문대를 나와 미 중서부 오마하 시에서 병리학 의사로 오랜 기간 살았다.

손원태 집안은 김일성 관련해 세인에게 많이 알려져 있다. 중국시절 김일성이 손원태 부친인 손정도 목사 (나중 상해 임시정부 의정원 의장)를 늘 은인처럼 생각했다는 점이다. 손 목사가 길림 땅에서 김 주석에게 여러 도움을 주었다고 한다.

김일성은 특히 손목사 차남인 손원태와 친했다. 이는 김일성 회고록 '세기와 더불어' 책에 밝혀진 내용이다. "나는 한 번도 손정도 목사와 그의 유가족을 잊은 적이 없다."고 말한 대목이 북한 다른 책자(노동당출판사)에도 적혀져 있다.

다만 손 목사의 장남 손원일(1909~1980) 해군제독은 대한민국 초대 해군참모총장을 지냈다. 손원일 총장은 6.25전쟁 휴전당시 5대 국방부

장관으로 국립묘지(현재 현충원)를 세웠고, 초대 서독대사를 역임했다. 동생 손원태 박사와는 처음부터 각자 인생길이 달랐다.

동생 손원태 박사 부부는 1991년 5월 북한을 첫 방문해, 김일성과 감격적인 해후를 했다. 1994년 김일성 주석 사망 후에는 김정일 위원장이 손 박사를 장례식에 초청해 재방북 했다.

10년 후 손원태 역시 미국에서 세상을 떠나자, 김정일은 애국열사릉에 손 박사 묘소를 세웠다. 묘비에는 '손원태 선생 애국지사'라고 표기해 놓았다. 김 주석과 가까운 사이이니 '애국지사' 칭호를 대우해 준 듯싶다.

남북 한 가족, 한 핏줄의 친형제 중 장남 손원일 장관은 서울 동작동 국립현충원에, 동생 손원태 박사는 평양 애국열사릉에 안치된 것이다. 우리 민족 현대사의 갈라진 특이한 자화상이요, 슬픈 단면이 아닐 수 없다.

 지난 1989년 1월 첫 방북 이래 그해 7월 평양축전, 1992년 제6차 남북고위급회담, 1997년 북강원도 원산취재, 2000년 국제평양태권도대회 등으로 방북취재를 계속했다.

 북강원도는 남북한이 유일하게 갈려 있는 지역으로 인구 약35만의 도청소재지인 원산을 집중 취재했다. 북한 최대 농과대학인 원산농업대학을 비롯해 북 강원도청(북한 명: 행정 및 경제지도위원회)과 북 강원일보, 원산예술학원 등 책임자와 인터뷰했다.

 원산 명사십리 해당화와 해안 멀리까지 내뻗은 금 모래밭은 절경이었다. 한 여름인데도 해수욕장은 인적이 드물었다. 해변 가에 세워진 "동무는 준비운동을 하였는가."라고 쓴 푯말이 뙤약볕 아래 외로워 보였다.

 텅 빈 한없이 낮게 바다로 펼쳐진 세계적으로 이름난 원산 모래사장이다. 이 절경은 진정 누구를 위해 존재하는 것일까. 세월은 마냥 앞으로 달리는데 북녘 산천과 바다풍경은 옛 모습 그대로였다. 친구여. 한여름 명사십리 해당화의 원산 바다를 가보면 곧 느끼리라. 우리 갈라진 조국의 슬픈 자화상을.

 언제든 북녘 땅으로 가는 길은 쉽지 않았다. 방북이전 해당기관으로부터 방북승인을 약속받고 진행을 해도, 막판에 거부당하는 경우가 자주 생긴다. 이는 나 하나 뿐이 아니다. 해외에서 베이징 북한대사관까지 갔다 입국사증(비자)발급이 안 돼 되돌아 간 교포가 부지기수로 알고 있다.

북한은 비자발급 구조가 단순하지 않다. 내부적으로 북한의 너댓 군데 기관들의 승인이 모두 통과돼야 비로소 입국사증이 발급된다. 어디 단 한 군데라도 막히면 거부된다. 즉 어느 북 초청기관에서 1차 구두승인을 받았다 해서 그것이 완전 통과된 게 아니란 얘기다.

이를 착각해 그동안 많은 국내외 개인이나 업체가 방북준비 후 입국사증이 안 나와 낭패를 겪은 것으로 안다.

북한에 태권도 보급, 최홍희 장군

내겐 다행히 방북이 어려울 때 옆에서 도와주는 든든한 빽(배경)이 있었다. 1980년 가을 북한에 처음으로 태권도를 보급한 캐나다 시민권자인 故 최홍희 장군이다. 최 장군은 이승만 정권시절인 1955년 서울에서 대한태권도협회를 만든 태권도창시자다.

그는 1958년 서울 조선호텔에서 국제태권도연맹(International Taekwon-Do Federation)을 창설한 대한민국 첫 국제기구의 태권도 총재였고, 당시 박정희 소장의 군대선배였다.

내 방북신청이 거부될 때 최 장군께 부탁하면 그는 얼굴에 난색을 표하곤 했으나, 직접 나서 내 평양입국을 도와주곤 했다. 내 어머니는 최 총재가 해방 후 서울에서 군사영어학교를 세울 때 고위공무원인 선친과 가까운 사이였다고 알려줬다.

나는 1990년대 후반 최 총재의 방대한 회고록 『태권도와 나』 3권의 원고작업을 위해 토론토 근교의 최 장군 자택에 자주 들렀다.

그의 회고록을 정리하며 상의 끝에 몇 가지 내용을 뺐다. 북에서 금기 사항으로 여기는 얘기다. 최 총재가 태권도 관련 일로 북한을 계속 출입하니, 김 부자 관련한 부정적 내용은 피하는 게 좋을 듯싶었기 때문이다.

주요내용 중 하나가 금강산 등 북한의 명산 바위 곳곳에 '김일성 가족의 찬양 글씨'를 깊이 새겨놓은 '자연훼손 행위'를 지적한 점이다.

최 장군(총재)은 태권도 창설 초기(이승만 정부)에 여러 어려움을 겪은 탓인지 지난 과거사에 대한 섭섭함을 회고록에 일일이 기록해 두고 있었다. 나는 태권도 제자 등 일부 인물에 대한 지나친 비난문구는 원고에서 삭제해버렸다.

"총재님! 가능한 남 비난하는 글은 빼는 게 좋겠습니다. 인쇄돼 나오는 책인데 한번 발간되면 다시 고치기 어렵습니다."라고 말씀드렸다. "이봐요. 차라리 자네가 내 자서전을 쓰지 그래? 이 회고록은 순전히 내 개인역사야. 나는 사실 그대로 밝히는 것뿐이야." 라고 고집했다.

최 총재는 내 원고 수정행위를 탐탁지 않게 여겼지만 결국은 내 의견을 좇아 웬만한 부정적인 내용은 삭제해 버렸다. 그래도 미흡한 부분이 남아 있어, 회고록 발간 후 항의성의 뒷말이 들렸다. 회고록으로 인해 최 총재와 아예 원수지간처럼 된 일부 제자도 생겼다.

최 총재가 세상을 떠난 뒤로 북한 태권도의 상황이 여러모로 달라졌다. 1980년 가을 최 총재가 북한에 첫 태권도를 보급한 이래 그는 북에서도 태권도창시자로서 존경받고 그 위상에 흔들림이 없었다.

최홍희 살아생전 북 당국은 그의 고향 부근인 함북 나진 선봉지역에 태권도성지 부지를 마련하고, 진작의 건설 청사진을 끝내고 설명회까지 가졌다. 북한고위층인 고 김용순 비서와 조선태권도 위원장 등 관련 간부와 함께 평양에서 헬리콥터로 현지답사를 통해 성지 착공 준비단

계를 진행하고 있었다.

그런 와중 지난 2002년 최 총재가 갑작스레 말기 암으로 타계하자, 그간의 모든 태권도성지 건설계획 등이 하루아침에 물거품이 돼 버린 것이다.

평양지하철을 탄 최홍희 총재와 허정숙 부수상(1980)

최 총재 사후 10년이 지나자 태권도 발상지는 아예 평양으로 바뀌어 졌다. 최홍희가 북한에 태권도를 전파시켰다거나, '태권도창시자'라는 말은 어느 틈에 사라져버렸다.

북한은 원래 태권도 뿌리가 예로부터 김일성 주석 고향인 '평양'이라고 선전하기 시작했다. 함경북도에 예정됐던 최홍희 고향에서의 성지 건설계획은 전격 취소되고, 기존 태권도전당 외에 따로 평양 청춘거리에 태권도 성지 건물을 대대적으로 건설했다.

잠깐 최홍희 서예솜씨와 그의 스승 '옥람 한일동' 선생의 존재를 밝힌다. '옥람'은 강원도 고향인 동해시에서 한때 함경도로 이주해 살고 있었다. 최홍희는 어릴 때부터 옥람에게서 서도와 택견도 함께 배웠다.

최홍희는 유명 서예가 옥람 한일동 선생의 수제자로 대한민국 국전에서 서예부문에서 특선에도 두 번 당선됐다. 옥람은 일제강점기 조선전국(일제 선전) 서예대회에서 대상(장원)을 차지한 인재로 무술 택견에도 조예가 깊었다.

평양 모란봉 부벽루 현판에 걸려있던 3명의 대표적 조선서예가(석봉 한호, 추사 김정희, 옥람 한일동)중 한명이었다. 6.25전쟁 중 폭격으로 아깝게 그 현판이 불타버렸다.

특히 최 총재가 애지중지 소장하던 옥람 작품인 10폭 병풍은 문화재에 속했다. 최 총재 타계 후 나는 총재부인인 한춘희 여사를 설득해, 그 10폭 병풍을 옥람의 고향인 강원도 동해시 부곡동(당시 김학기 시장)에 무상 기증케 했다.

한춘희 여사와 옥람 한일동 10폭 병풍(동해시에 기증)

마침 동해시에서 박물관을 건립한다고 했기 때문이다. 동해시에서 두 명의 공무원이 토론토로 달려와 인수해 갔다. 병풍이 너무 커서 항공기에 실을 수 없어 결국 대한항공 본사 협조로 겨우 운송이 가능했다.

문제는 그 후 동해시 박물관건립 건이 영구 취소됐기 때문에 발생됐다. 물론 고의성은 없었으나 기증자 입장에선 일종의 사기행위나 다름없었다. 분명 박물관 건립을 약속하고 남의 귀중한 유품을 가져갔기 때문이다.

그 후 동해시 측에서는 기증 건에 대해 아무런 소식이 없었다. 계획에 차질이 발생되면 무슨 변명이든 양해를 구하는 것이 상식이다. 해외라 해도 단 한 번 기증자에게 연락조차 없었다.

최 총재 부인은 "남의 귀중한 병풍만 가져가고, 동해시에서는 20년 동안 연락이나 새해 연하장 한 장 보낸 적 없었다."고 섭섭해 했다. 결국 수년 전 총재부인 의뢰로 한국방문길에 동해시를 찾았다.

미리 만남을 약속했던 심규언 시장은 자리에 없었다. 나는 심 시장을 동해시 국장 재직 때부터 알고 있었다. 대신 당시 김종문 부시장에게 총재부인이 보낸 등기우편 내용대로 기증자의 의향을 전달했다. 그러나 그는 전혀 귀담아 듣는 태도가 아니었다.

나는 "최 총재 부인의견은, 동해시박물관 건립이 영구 무산된 만큼 차

선책으로 '옥람'병풍을 삼척박물관으로 이관해 많은 주민들이 관람토록 해 주기를 원한다."고 전했다. "그렇지 않으면 차라리 고향의 한일동 선생 유족들에게 전달해 주는 게 좋겠다."는 기증자 뜻을 전달했다.

하지만 김 부시장은 "한번 시(市)에 기증했으면 완전 끝난 일이니, 다른 참견은 말아다오."하는 식의 오만한 자세를 보였다. 시에서 박물관을 건립한다고 남의 귀중한 문화재를 무료로 가져갔으면, 정중히 사과나 양해를 표명해도 부족할 판인데, 공직자로서 그런 뻔뻔한 태도에 너무 기가 막혔다.

이 일로 인해 나는 최 총재 부인과 동해시 양쪽으로부터 신용을 잃었다. 공연히 좋은 일을 한다고 중간에 나섰다가 낭패를 본 후회스러운 케이스였다.

한 고미술 전문가에 따르면 옥람(玉藍)한일동의 10폭 병풍은 대한민국에서 유일무이한 작품으로서 그 가치는 가격을 매길 수 없을 만큼 귀중한 보물에 속한다고 평가했다.

마지막 기대 '한국 방문'

다시 최홍희 총재 얘기로 돌아간다. 최 총재는 타계 전 부모 묘소가 있는 한국 땅에 가 보기를 원했다. 캐나다로 망명한지 30년만이다. 김대중 대통령에게 고국방문 탄원서를 제출하고 죽기 전 마지막 희망으로 방한 기대를 걸었다.

최 총재는 같은 대한민국 창군멤버였던 김완용(독립유공자) 장군 등 생존해 있던 옛 전우 장군들과 미주지역의 태권도 원로사범들이 앞장서 최 총재의 방한을 성사시키기 위해 적극 나섰다.

하지만 김대중 정부는 최 총재의 방한 소원을 끝내 거부했다. 그는 북한에서 말기 암수술을 받았고, 평양병원에서 장웅 국제올림픽(IOC) 위원에게 자신의 태권도총재직을 넘겨준 뒤 세상을 하직했다.

북한당국은 평양 신미리 애국열사릉에 그의 묘소를 안장했다. 그러나 묘비에는 그가 원했던 '태권도 창시자'라는 문구는 없었다. 국제태권도연맹 총재로 쓰여졌다. 일설에는 북한에서는 창시자란 명칭은 김일성 부자 이외는 사용할 수 없다고 한다. 이해가 안 되는 말이나, 확인여부를 가릴 수 없었다.

파란의 생을 산 최홍희 사후 10년 뒤, 북한 당국은 평양 청춘거리에 '태권도성지중심'이라는 대규모 태권도성지관을 건립했다.

평양에 성지건축물을 구상해 태권도 역사관도 만들었다. 그리고 예로부터 태권도는 평양을 중심으로 한 민족무술로서 발전해 나갔다고 대외적으로 선전했다.

원래 태권도 뿌리는 '평양무도 택견에서 나온 것'으로, 위대한 김일성 주석인 최고영도자들이 민족무도(태권도)를 고수, 발전시켜 나갔다.'는 것이다.

이는 평생을 태권도기술연구로 살아온 최 장군으로선 정녕 억울해 할 대목이다. 최홍희로서는 지난 박정희 시절부터 온갖 정치적 압력과 모략을 견뎌내고 캐나다로 망명한 뒤 불모지 북한에 자신의 태권도를 보급한 무도인이기 때문이다.

태권도의 북한보급으로 인해 수제자인 고 이준구 (워싱턴 DC)사범 등 손꼽히는 유명사범을 한순간에 잃어버리기도 했다. 적성국인 북한에 태권도를 전파했다는 한 가지 이유 때문이다. 일부 유능하고 아까운 제자들이 떨어져 나갔다.

최 총재의 국제태권도연맹 역사는 점차 왜곡된 모양새로 변해갔다. 대외적으로도 국제태권도연맹(ITF)의 미래는 그리 밝아 보이지 않았다. 더구나 장웅 IOC위원까지 제2대총재직을 그만 둔 뒤로는 국제태권도연맹의 하락세가 눈에 띠게 드러났다. 반면 세계태권도연맹(WTF)은 승승장구하는 모습을 보였다.

최 총재와 함께 오랜 세월 토론토에 거주한 나는 그가 만든 각종 태권도 틀(유형)과 국제태권도대회와 세미나 등을 통한 태권도 관련 역사와 흐름을 잘 인식하고 있다.

최 총재가 불치의 말기 암 판정을 받기 한 달 전에도 나는 자메이카 수도 킹스턴 태권도세미나에 고 박종수 부총재와 함께 수행원으로 동행하였다.

회고하면 최홍희는 이승만 정부 때인 55년 대한태권도협회를 창설했고, 1958년에는 첫 국제기구인 '국제태권도연맹(ITF)'을 8개국이 서울 조선호텔에 모여 출범시켰다.

그리고 1960년대부터 '태권도시범단'을 결성해 해외순방에 나섰다. 당시 해외에선 태권도라는 명칭자체가 생소해 중국음식점 이름으로 착각도 했던 시절이다.

북한 태권도 첫 시범단(평양)

한편 국내외 태권도계에선 누구든 최홍희를 제너럴 초이(최 장군)라고 불렀다. 나는 90년대 후반 모스크바 특파원 직을 마친 후 잠깐 최 장군 회고록을 정리해 주고 있었다.

　내용이 책 3권 분량으로 방대했다. 그즈음 국제태권도연맹(ITF) 대회나 해외세미나가 열릴 때는 가끔 그의 수행원으로 동행했다. 평양을 비롯해 아르헨티나 부에노스아이레스 등지이다.

　최 총재는 고향이 함경북도 '화대'지만 월남을 했고, 대한민국 창군 멤버이다. 일제 강점기 일본 중앙대 유학생으로 그는 가라데 2단으로, 2차 세계대전시기

북한 태권도 시범경기(1980년)

학병으로 끌려갔다가 해방이 되면서 가까스로 평양감옥에서 풀려난 인물이다.

최홍희와 박정희

　한때 박정희 소장도 군사쿠데타 이전에는 군 선배인 최홍희에게 "각하"라고 불렀다. 최홍희가 캐나다로 망명하고, 북한에 태권도를 보급하게 된 이유도 박정희와의 알력 (태권도의 정치적 이용) 때문이었다.

　1972년 3월 최홍희가 몰래 캐나다로 망명하자, 박정희는 최홍희의 국

제태권도연맹(ITF)의 말살정
책을 폈다. 73년5월 또 하나
의 세계태권도연맹(WTF)을
창설하고, 김운용을 새 총재로
임명한 것이다.

김운용은 당시 사마란치
IOC(국제올림픽위원회) 위원

북한 태권도 시범 5.1 경기장 1989년 7월

장을 통해 태권도를 먼저 올림픽종목에 가입시켰다. 이로 인해 오늘날까
지 '태권도 정통성문제'와 '올림픽 종목' 문제가 줄곧 논란이 돼 잡음이
그치지 않았다.

2020년 도쿄올림픽 때는
두 태권도연맹이 일부종목
을 분리해 따로 경기를 치르
기로 합의했다고 들었으나,
북한의 불참으로 무산됐다.

최홍희와 김정일

당시 최 총재가 북한에 처음 태권도를 보급하게 된 설명이다.

"내가 72년 3월 몰래 캐나다 토론토로 망명하자 국내외의 제자들은 거
의 모두 내 곁을 떠났다. 한국정부는 '최홍희와 가까우면 너도 빨갱이로 처
벌받는다.'는 등 온갖 공갈, 협박을 제자들과 그 가족에게 했기 때문이다.

당초 내 개인 대 박정희 국가세력과는 싸움자체가 될 수 없었다. 이
제 내 정통태권도가 매장되는 건 오직 시간문제였다. 고심 끝에 북한에
"내 태권도를 배울 생각이 있느냐"고 편지를 썼다. 북한에 태권도가 존
재하지 않을 때였다.

김일 부주석이 "관심이 있으니 곧 시범단을 조직해 오라."고 회답이

왔다. 그는 김유순 당시 조선체육지도위원장을 통해 공식초청장을 보냈다. 물론 북한에는 태권도란 이름조차 없던 시기다. 그때 마지막까지 내 쪽에 남아있던 한국인제자들과 6명의 외국인사범을 모아 총 15명이 첫 북한 태권도시범 단으로 평양을 방문했다. 1980년 9월이다. 그때가 역사적인 북한 태권도전파의 시발점이 된 것이다."라고 토로했다.

나는 1989년 7월 평양축전 후부터 다음 방북 때마다 북 경제사정이 나빠져 감을 느꼈다. (책임지도)안내원과 상위직급인 책임 참사, 국장급 인물은 온건파에서 점점 강성(强性)신분으로 바뀌는 듯 싶었다. 시외검문소 역시 1980년대 서너 개분이던 것이 20개 남짓 촘촘히 늘어났다고 안내원은 전했다. 경비 또한 삼엄해졌다.

북한태권도의 후임자들

북한 태권도 우표

최홍희 총재가 죽고 나서 북한 장웅(1938년생) IOC(국제올림픽위원회) 위원이 제2대 국제태권도연맹(ITF) 총재를 계승했다. 그와는 오스트리아와 토론토 등지에서 만남을 통해 인연이 있었다.

그는 늘 내게 "맥주는 마시지 말라."고 강조하던 맥주 비애호가였다. 80세 IOC은퇴 이후 명예위원이 된 후, 본부(오스트리아 수도 빈)에서 평양으로 귀국한 지 오래다. IOC위원 당시 오스트리아 병원에서 심장수술을 2번 성공적으로 했다.

장웅 은퇴 이후 공백인 북한IOC 위원자리는 아직도 후임자를 구하지 못했다. 10여 년 전 장웅 IOC 위원과 오스트리아에서 단독인터뷰를 가졌을 때 "차기 북한 IOC 위원이 누가 될 것입니까" 하고 물은 적이 있다.

그는 "좋은 마땅한 사람이 한 명 있어요."라고 금세 대답했다. "그래요? 리용선 사무총장(당시) 말인가요.?"하니 "아니요. 아직 확정 할 수 있는 단계는 아니오."라고 답했다.

그 후 리용선 총장은 제3대 국제태권도연맹 총재를 물려받은 후, IOC 후보위원에 추대돼, 정식 표결에 붙여졌으나 부결됐다. 리 총재가 상대 방에게 주는 경륜이나 품격이 전임자보다 떨어진다는 평이 들렸다.

태권도주변 지인들도 리용선에 대해 부정적인 견해다. 미주태권도계의 한 원로사범은 "리용선은 국제태권도연맹 총재자리 하나만도 힘에 겨운 인물"이라며 "외국 태권도사범이나 다른 IOC위원들로부터 비슷한 얘기가 들린다."고 전했다.

한때 김일국 체육상(장관) 겸 조선올림픽위원회 위원장이 차기 북 IOC 위원이 될 것이라는 소문을 들은 적이 있다. 김 체육상은 북한 스포츠계의 얼굴로서 강력한 후보위원이라는 것이다. 그러나 그 후 체육상에서 축출됐다는 소문과 함께 어디선지 강제노역을 한다는 말이 돌면서 북한 IOC 위원추대설은 끝났다.

최홍희 태권도 기념우표

최 총재와의 인연

내 캐나다 이민생활에서 최홍희 총재와의 인연을 그대로 지나칠 수 없다. 최 총재 타계 시까지 나는 토론토에서 30여 년간 그와 가까이 지냈다.

1990년대 후반 그의 회고록(『태권도와 나』 한글·영문판) 각3권과 태권도백과사전 전집 발간에 관여했다. 그 때문에 그와 자주 접할 수 있는 기회가 많았다.

국제태권도연맹의 해외세미나도 1년 내내 어느 지역인가 열려 있어, 최 총재와 종종 북한 등 타 지역을 여행하는 기회가 있었다. 그가 말기 암

최홍희 총재와 필자(평양축전 당시)

선고를 받기 직전에도 킹스턴 (자메이카 수도) 태권도 세미나에 5일간 동행했다.

최 총재는 식사 때 거의 음식을 들지 않았다. 나는 속으로 '아, 저렇게 소식(小食)하시니 늘 건강하시구나.'하고 단순하게만 생각했다. 그때는 그가 곧 돌아가시리라고는 꿈에도 생각하지 못 했다.

최 총재는 캐나다 망명생활 중 한번은 아르헨티나에서 암살당할 뻔했다. 오래전 그 나라의 부에노스아이레스 호텔에서 발생했다. 그 암살시도 사건 이후 최 총재는 자신의 신변보안에 극도로 신경을 썼다. 일종의 트라우마가 생긴 듯싶었다.

그 때문인지 1999년 가을 다시 열린 부에노스아이레스 태권도행사에서는 나와 함께 호텔방을 사용하길 원했다. 특실이라 호텔방이 크고 객실이 분리돼 있어, 나는 응접실에 자리 잡았다.

한번은 평양 고려호텔에서도 같은 방에 있기를 원했다. "총재님. 여긴 평양이잖아요. 염려하실 게 없을 텐데요. 저는 혼자 있고 싶습니다."하고 처음 거부하는 의사표시를 했다.

당시 태권도행사를 끝나고 내 외조모 친척 만남 신청을 했을 때다. 최 총재는 북한당국이 요구한 평양에서 원산까지 왕복 택시비용 4백 달러(미화)를 대신 지원해 주었다. 한편 최 총재 측근으로 움직이니 북한 강능수 부총리 등 고위급 인사 등과의 회식자리에 동참하기도 했다.

사실 평양에서는 나를 탐탁하게 여기지 않았다. 방북신청 때마다 북한비자가 거부되는 경우가 태반이다. 그때마다 친북계 인사의 협조를 얻어야 했다. 나는 어느 한쪽으로 치우치거나, 한쪽만을 일방적으로 비난 또는 옹호하고 싶지 않았다.

한편 한국은 일개 탈북외교관 출신을 무조건 고위탈북자신분으로 평가하는 모양새가 별로 마음에 들지 않았다. 한국사정을 잘 모르는 탈북외교관이 어느 날 한국의 정치인으로 변신해, 행세하는 모습이 내 시각으론 납득이 어려웠다.

그들 고위급 탈북자들은 한때 평양에서 특별 신분으로 대우받고, 군대도 면제받은 북녘 땅에서 인생길을 꽃밭과 양지에서만 살아온 관료 출신이다. 어느 날 그들이 대한민국으로 와서 꼭 같은 대접을 받는 것이 마음에 안 들었다.

또 일부 중앙언론은 내가 UN 난민기구에 첫 등록시켜 한국에 온 한 평범한 탈북자를 무슨 대단한 북한 과학원 출신 엘리트라는 등 과장된 보도를 일삼는 게 가소롭게 보였다.

나는 해외에서 북한외교관들 서너 명을 접해 본적이 있다. 캐나다 토론토에 처음 등장한 제1호 탈북자(2001년)정체 역시 베이징대사관의 서기관(외화벌이)신분이었다. 1990년대 최홍희 국제태권도연맹 총재 밑에서 일한 박시웅(1943년생)부총재는 북한 오스트리아대사를 역임한 인물이다.

최 총재의 국제태권도대회나 세미나는 늘 박시웅이 맡아 수행했다. 최 총재는 1999년 9월 부에노스아이레스에서 열린 국제무도대회 창립총회 때 직접 박시웅을 소개해 줬다. 유난히 '9'자를 좋아하는 최 총재는 당시 '9'숫자가 많은 그해 9월을 택해 국제무도대회 창립행사의 날짜로 잡았던 것이 생각난다.

황당한 외국여행

그 국제무도대회 창립총회 때 얘기다. 나는 토론토에서 주요 선약 때문에 최 총재와 함께 아르헨티나로 출발하지 못했다. 최 총재는 "그럼 나중 최중화 사무총장 (총재 외아들)에게 현지호텔과 행사장소를 알아 곧 내려오라"고 일렀다.

해당 날짜 이전 남미 목적지까지는 서너 군데 공항을 거쳐야 항공료가 저렴했다. 토론토에서 미국 뉴저지와 마이애미 공항을 거치고, 다시 브라질 상파울루에 내려 아르헨티나 부에노스아이레스공항으로 가는 티켓을 구했다.

예상보다 시간이 오래 걸려 힘든 여행을 했다. 또 공항마다 출발시간이 지연돼 최종 도착지에 닿으니 무려 8시간이나 늦었다. 오후2시 도착 예정이 밤 10시가 된 것이다.

문제는 공항에 마중 나온다는 최 사무총장을 못 만난 것이다. 그러잖아도 토론토 출발 전 두 번 전화해 그에게 호텔과 행사장소를 미리 물었다. 그때마다 그는 "송 기자님. 염려마세요. 공항에 꼭 나가 픽업해 드릴 테니 안심하고 오세요."하면서 이상하게 호텔이나 행사장소를 알려주지 않았다. 그리고는 먼저 아르헨티나로 떠나버렸다.

남미도시는 영어가 거의 안 통하니, 한밤 중 부에노스아이레스 공항에 도착한 나는 무척 난처한 지경에 처해졌다.

다른 한 경우다. 지난 1994년 중앙아시아 타지키스탄에서였다. 한여름 모스크바에서 타지크 취재를 위해 수도 두샨베 공항에 내렸는데, 역시 마중 나온다는 고려인이 안 보였다. 이슬람교 나라인 그 산악 국가는 두 무슬림 민족끼리 서로 내전 중이었다. 공항에는 콩 볶는 듯 총소리가 끊임없이 들렸다.

UN감시단이 주둔해 있었다. 총소리가 그치지 않으니 은근히 두려움이 생겼다. 한 40분 정도 안내원을 기다리다 시내 아무 호텔이나 가려고 택시를 잡았다. 택시에 올라타고 떠나려 할 때다.

반대편에서 한 개인차가 들어와 한 동양인이 내리더니 공항 내로 뛰어가는 모습이 보였다. 직감적으로 약속한 고려인 같았다. 택시에서 잠깐 기다리게 하고 확인했더니 역시 추측이 맞았다. 택시기사에게 양해를 구하고 팁을 주려 했더니 받지 않았다. 고려인은 "시간을 잘못 착각해 늦었다"며 사과했다.

여행을 많이 하다 보니 이런 일이 가끔 발생했다. 중국 광저우(광주)에서, 미 LA에서, 일본, 동남아 공항 등지에서 발생했다. 일본 요코하마 공항에서는 기다리다 전화카드를 사서 연락했더니 "어, 내일인 줄 알았는데, 오늘이었나?"하고 급히 달려왔다. 중국 심양과 마닐라 공항에서는 남의 휴대폰을 빌려 가까스로 연락이 됐다.

현지 언어에 익숙지 못한 국제공항일수록 만남에 차질을 빚으면 당황하게 된다. 하지만 내게는 마지막 순간 기가 막히게 꼬인 매듭이 풀리곤 했다. 밤늦게 도착한 아르헨티나 공항얘기로 돌아간다.

부에노스아이레스 공항에서 맥이 빠진 채 내부를 어슬렁거리는데, 한국인모습의 부인이 눈에 띄어 달려가 물었다. "혹시 한국 분이세요?" "네, 그런데요." "저는 캐나다 토론토에서 지금 도착했는데, 마중 나온 사람을 못 만났어요. 비행기가 8시간이나 연착돼 그냥 가버린 것 같아요. 그런데 연락처도 모르고, 막막한 입장인데, 한국사람 같아 반가워서요."

"나는 온다는 사람이 도착 안 해서 못 만났는데…."라고 한다. 그때 나는 남미로 이민 간 옛 고교 동창이름이 문득 생각났다. "혹시 이곳 교민 중에 '신창국'이라고 들어보셨나요?"하고 막연히 물었다. 신창국은

1962년 서울사대부고 2학년 때 가족전체가 남미 파라과이로 첫 농업 이민을 간 동기동창이다.

1960년대 초반 남미는 대한민국 최초의 이민(농업)국가였다. 당시 남미로 이민 간 사람들 고향이 북한인 경우가 많았다. 1980년대 말 아르헨티나를 중심으로 남미 이산가족들 수십 명이 지속적으로 북한방문을 했기에 더욱 잘 안다. 그중 한 남미의 노인교포는 직업이 의사였다. 그는 아예 짐을 싸 들고 북한의 옛 가족들을 만나 고향 땅에 주저앉았다. 최초로 북한에 영주 귀국한 해외교포다.

1960년대 초기 한국의 남미 농업이민자들은 막상 남미현장에 가보니 불모지 땅이라, 이민자들 대부분이 다시 아르헨티나 등지로 옮겼다는 소식을 들었다. 약40년 전 옛 시절이라 동창이름조차 기억에 가물거렸다.

"아. 신창국 집사 말인가요? 우리 중앙교회 교인이에요. 지금 당장 전화할 수 있는데. 통화하실래요?"라고 한다. 하도 기적 같은 일이라 순간 곧 대답도 못 하고 있는데, 전화를 바꿔줬다. "야. 광호야. 도대체 어떻게 된 일이냐. 당장 그 아줌마 차를 타고 우리 집에 와라. 마침 와이프가 미국 친척집에 가 있고, 집에는 나밖에 없다. 만나서 얘기하자."

이렇게 해서 생각지도 못한 40년 전 고교동기생 한 명을 기적적으로 만났다. 다음날 아침 현지에 보도된 신문기사를 보고 그와 함께 행사 현장을 찾았다. 최 총장은 나를 보자 미안해서 말을 못 했다. "괜찮소. 덕분에 옛 친구를 만났으니까."하고 말은 그렇게 전했으나, 그의 무책암한 행위가 뇌리에 새겨졌다.

지난 1989년 말 평양에서 한 친절한 책임지도안내원 덕분에, 전혀 예상치 못한 북강원도 산골의 외조모 조카노인을 찾았던 일과 흡사했다.

최홍희·문선명 성역화 사업 무산

북한방문을 하면 가장 먼저 안내받는 장소가 김일성 생가 고향 집이다. 만경대에서 집안 4대가 살았다는 '만경대 고향집'부터 견학한 후 방북 일정이 시작된다. 개인이든, 단체든 마찬가지다. 북한주민들의 정신적 고향이며, 혁명의 성지로 불리는 만경대 김일성 초가집은 깨끗이 단장돼 사적지로 된 지 오래다.

김일성 생가는 지난 1969년부터 '혁명의 요람지'라고 불렀다고 한다. 안내강사는 김일성 집안의 내력을 실타래 풀듯이 상세히 설명해준다. 생가견학 후 방명록에

통일교 문선명 성지로 추진된 곳(평북 정주)

감상 글을 꼭 남길 필요는 없다. 그건 자유롭다. 평양을 자주 드나드는 해외 방문객 경우는 다시 김일성생가(고향 집)를 찾지 않아도 된다.

북녘 고향땅에 자신의 성지 터를 만든 남한사람이 있다. 한국국적인 고 문 선명(1920-2012) 통일교 교주다. 문선명은 지난 1991년 방북해 김일성을 만나서 그의 고향 평북의 일부 정주마을을 통일교성지로 꾸미는 데 합의했다.

문선명은 1990년대 초반 북한에 자동차 조립공장(평화자동차/이름 휘파람)을 세우는 등 대북투자에 힘쓴 기업가이기도 했다.

그의 고향 성역화 작업이 승인 난 것은 김일성 사망 직전인 1994년 6월로, 명칭은 '정주 평화공원'으로 밝혀졌다. 문선명은 이 성지건설에 1억 달러 예산을 세웠고, 그의 생가를 중심으로 호텔과 성전, 기념관 등

의 청사진을 만든다고 알려졌다.

통일교 최고위실력자 박보희도 서너 번 방북해 문선명의 구체적인 성지화 계획을 논의했다. 북한당국과 통일교 측은 '평북 정주에 평화공원(통일교 성지)이 조성되면, 세계각처의 엄청난 통일교 신자들이 북한을 찾게 될 것이니, 실리적인 수익성 추구에 초점을 둔 것 같다. 통일교 측은 김일성과 김정일 사망 시에도 조문단을 보냈다.

그러나 문선명 사후에는 더 이상 성지화가 진전됐다는, 전해진 소식이 없다. 북한당국은 한때 "일부 무너진 문선명 생가를 보수하고, 고향마을 단장작업이 상당히 진행됐다"고 밝혔으나, 문 교주 사망 이후로는 모든 프로젝트가 보류, 중단된 것으로 보인다.

문선명 사후에 자녀 13명(7남 6녀)의 통일교기업 배분작업 등으로 가족 내 파열음이 심한 것으로 들렸다. 문선명 없는 통일교의 위상은 상당히 위축될 수밖에 없는 환경이 되었는지, 토론토의 통일교 장춘근 목사 소식도 끊긴 상태다.

북한 내 성지 관련해서는 최홍희 태권도총재도 비슷한 경우다. 최 총재 살아생전 고향근처(함북 나진선봉)에 진작 성지를 설정하고, 청

북한 태권도 함북 나진-선봉 성지 청사진

사진을 만들어 성역화를 추진하다 그가 죽게 되자 완전 거품이 됐기 때문이다.

이를 보면 성지-성역화 문제는 국가작업이 최종 마무리될 때까지 당사자가 생존해 있지 않으면 '도로 아미타불'이 되기 쉬운 것 같다. 그래서 유명인물일수록 보다 건강히 오래 살고 볼 일이다.

최홍희와 태권도

최홍희(호 창헌) 태권도 총재 내용을 좀 더 부연한다. 그는 박정희 소장의 군 선배로서, 당시 국기인 태권도를 이용한 3선 개헌지지압력에 항거해 몰래 캐나다로 망명해버려 박 정권의 미움을 샀다.

그러자 박 정권의 압력으로 국내외 그의 태권도 제자들이 한두 명씩 그의 곁을 떠나가자, 최홍희는 최후수단으로 북한에 태권도를 전수시켰다는 것이 그의 주장이었다.

최홍희는 자신의 태권도가 1973년 새로 발족된 세계태권도연맹(WTF)에 의해 완전 말살될 것은 오직 시간문제라고 믿었다. 그 때문에 1980년 가을 북한에 처음으로 태권도를 소개하게 됐고, 마침내 북한에 태권도가 등장하게 된 유래가 된 것이다.

그때 전해지는 일화다. 최 총재는 시범단의 미 대표 세레프 사범 등 외국선수들에게 "머리를 장발로 하거나 염색을 해도 좋고, 복장도 맘대로 입으라."고 지시했다고 한다. 최홍희는 "북한에 자유의 바람을 넣어주기 위해서"라고 말해, 외국사범들도 안심하고 그를 따랐다는 것이다.

군(軍)장성이며, 한때 외교관(초대 말레이대사)이었던 최홍희에겐 사실 태권도가 인생의 전부였다. 그는 정치 등 다른 측면엔 관심조차 두지 않았다. "북한방문도 늘 태권도 관련행사를 위해 다녔을 뿐, 평양에 10일 이상 머문 적이 없다."고 주변지인들에게 말했다.

그는 1975년에 캐나다 시민권을 획득했다. 이때부터 토론토를 거점으로 태권도의 세계전파를 위해 온 세계를 뛰어다닌 전직 한국장군이요, 무도인이었다. 80년 태권도시범을 위해 평양에 닿자, 마중 나온 북한 고위 당국자에게 첫 마디가 "나는 태권도 스포츠맨일 뿐이니 절대 나를 정치에 결부시키지 말아 달라"는 다짐부터 했다고 한다.

어쨌든 토론토교민사회에서 최홍희 총재와 해외이산가족찾기회의 전 충림 사장처럼 "빨갱이"소리를 많이 듣는 한인도 드물 것이다. 북한에 태권도를 보급한 이후로는 더욱 그랬다. 그 2명은 대표적인 친북인사의 대명사였다.

그것은 일찍 미국으로 망명해 월북한 최덕신 전 외무장관과 같은 최씨요, 같은 장군출신이라 오해를 더 샀다. 최덕신 이름과 혼동돼 더욱 사실과 다른 소문의 악재로 작용한 듯싶다.

아무튼 최홍희가 친북인사라는 딱지는 사후에도 변함이 없다. 그는 죽기직전 근 30년 만의 방한을 위해 김대중 정부에 큰 기대를 걸었다. 그는 방한신청이 성사될 것으로 잘못 생각했다. 그러다 계획이 무산되자 무척 허탈해 했다.

그때 모처럼의 방한을 위해 북미 원로한인 태권도인을 중심으로 7~8명 수행원 명단도 미리 짜 놓았다. 그는 한국정부의 방한승인을 기정사실로 철석같이 믿고 있었다. 왜냐면 김대중 대통령은 종전 정권과는 달리 야당지도자 출신이라, 그간 그가 처해졌던 입장이나 처지를 이해하리라고 오판한 것이다.

한국의 김완용, 김선하 장군 등 당시 생존해 있던 국군창군멤버와도 활발히 연락을 취하고, 방한준비를 했다. 하지만 일부에선 "지금 김대중은 남북문제를 두고 북한눈치를 잔뜩 보는 판국인데, 김정일 편으로 알려진 최홍희를 남쪽에서 쉽게 받아들이기는 어려울 수 있다."는 견해도 대두됐다.

그러한 우려는 곧 현실로 돌아왔다. 김대중 정부는 "대한민국을 방문하려면 그간 한국정부에 잘못을 했다는 공식적인 사과 성명부터 발표한 뒤, 입국승인을 받아야 한다."는 회신을 보냈기 때문이다. 이로서 최홍희의 모처럼 방한 기대와 희망은 싱겁게 무산돼 버렸다.

　얼마 후 최 총재는 말기 암 수술을 위해 평양병원에서 북한 장웅IOC 위원을 태권도후계자로 한다는 유언을 남기고 세상을 떠났다. 당시 김대중의 최홍희 방한 거부 건에 대해선 여러모로 아쉬움이 크다.

　한편 최 총재는 북한 애국열사릉에 묻혔지만 토론토유족들의 생각은 달랐다. 부인 한춘희(92세)여사는 "나는 토론토 근교에 따로 진작 내 묘소를 마련했다."며 "자녀들 3명 역시 모두 토론토를 떠나지 않을 것."이라고 분명한 선을 그었다.

　최홍희 총재 사후 현재의 국제태권도연맹(총재 리용선)은 한국이 주도하는 세계태권도연맹(W.T.F.)의 확장기세에 크게 밀리고 있다는 얘기가

왼편부터 전경남, 최홍희, 최승철

들린다. 기존의 최홍희 국제연맹조직도 세계태권도연맹에 서서히 흡수당하고 있다는 소식이다.

　한때 세계 곳곳에서 왕성한 전파력을 과시하던 통일교도 문선명 사후 종교활동이 예전 같지 않아 보인다. 최홍희 총재의 국제태권도연맹 역시 총재 사후 그 위상이 급격히 떨어지는 현상을 보였다.

　한 가지 아쉬운 점은 이승만 시절 '태권도'라는 명칭을 만들고, 태권도의 아버지로 추앙받던 최홍희의 정통태권도가 세월 속에 사라져 버린 느낌이다. 남북어디서든 최홍희 장군이 태권도 창시자로 인정 못 받는 현실이 답답할 뿐이다.

정해수 씨는 캐나다 해밀턴(온타리오 주)에 사는 이산가족 노인이다. 지난 1972년 캐나다로 이민 왔다. 근 반세기 전이다. 금년 그의 나이 89세. 내년이면 구순이 된다. 고향 황해도를 떠난 지 어언 70년간 타향살이다.

내가 처음 정 노인을 알게 된 것은 1980년대 후반기였다. 30여 년 만에 정 노인을 다시 만났다. 가까운 도시인근에 살아도 서로 교류가 없으면 타국거주나 다름없다. 나는 그에게서 오래전 그의 서예글씨를 선물받은 적이 있었다.

1980년 '북한태권도 시범단' 사진기자로 방북

집 정리 중 우연히 선물글씨를 발견해 문득 그의 근황을 알고 싶었다. 세월이 많이 지나 그의 생존여부가 궁금했으나 건강하셨다. 노인은 무척 반가워하며 나와의 재회를 기대했다. 그는 80년 가을 최홍희 총재가 북한에 처음 태권도를 소개했을 때 함께 참여했던 사진기자 교포였다.

해밀턴 노인 집을 방문하자 그는 두터운 사진첩 두 권에서 바래진 옛 사진들을 보여주었다. 그는 태권도보다 당시 만난 '북한 이산가족' 얘기를 먼저 꺼냈다. "내가 캐나다에 이민 와서 가장 잘한 점이 있다면, 일

찌감치 방북해 어머니를 만나고 온 일이요."라며 운을 뗐다.

정 노인은 지난날의 방북사건을 생생히 기억했다. 사연은 이렇다.

지난 1980년 9월 정 노인은 평생 잊지 못할 소중한 경험을 하게 된다. 캐나다 최홍희 (국제태권도연맹 총재) 장군이 북한에 첫 태권도 시범 단을 꾸려 갈 때다.

그때 정 노인도 '북한태권도시범단'에 우연히 끼게 된 것이다. 최홍희 장군(국제태권도연맹 총재)덕분이었다.

그는 "당시 나는 북한방문이란 상상도 못 했어요. 내가 태권도 팀에 끼게 된 건 어느 날 순간적으로 일어난 일입니다. 나는 최 장군을 알지도 못했어요. 다만 그때 태권도 시범단으로 가게 된 해밀턴의 한 사범에게 고향 어머니에게 편지를 전해달라고 부탁했는데, 그게 인연이 됐지요."라고 말했다.

그러자 갑자기 최 총재에게서 연락을 받았기 때문이다. 최 총재는 "당신이 엑스레이 기사로 사진에 조예가 깊다는 말을 전해 들었소."라며 "마침 사진기자도 한명 필요한데 함께 갈 수 있겠소?"하고 전화한 것이다. 그래서 막판에 극적으로 그도 합류하게 된 것이라고 전했다.

정씨는 특별취재를 위해 일제 아사히 펜택스(Asahi Pentax) 사진기를 새로 구입했다. 정씨(사진기자)에 대한 모든 경비는 최 총재가 부담했다고 한다. 그때 첫 북한 태권도시범단에 동참한 것이 꿈에 그리던 고향 어머니를 만나게 된 것이다.

당시 해외태권도(ITF) 시범단원은 최 총재(단장)를 비롯해 총 16명이었다. 정씨만이 사진사 신분으로 유일한 비 태권도인이었다. 그에겐 태권도 행사보다 고향 황해도의 어머니와 가족 만남이 큰 목적이었다. 태권도행사에 이어 그는 고향마을을 찾고, 아버지산소도 다녀와 회포를 풀었다. 태권도시범행사 후 출국 3일을 앞두고서다.

옛 고향산천은 변함이 없었고, 어머니와 누이들을 만나서는 하염없이 눈물을 쏟았다. 사실상 그가 캐나다 이산가족만남의 선봉장 역할을 한 셈이다. 그러나 북녘가족과 만나고 돌아온 후의 동포사회 분위기는 무겁고 차가웠다.

무엇보다 태권도 불모지인 북한에 태권도시범 일이 문제시됐지만, 그에게도 오해의 거친 바람이 불어왔다. 더욱이 어처구니없는 구설수에 휘말렸다.

그는 해밀턴 한 병원의 엑스레이 주임기사였다. 평소 병원에는 각종 엑스레이 검사를 위해 한인들이 자주 드나들었다. 어느 날 한 교포여인이 병원을 찾았다가 엑스레이실에서 북한 풍경 수예품을 보더니 "아, 참 보기가 좋네요."해서 "네. 좋지요."라고 답한 적이 있다.

그랬는데 그녀가 밖에서 엉뚱한 말을 전한 것 같다. 정씨가 병원사무실에 '김일성 초상화를 걸어놓았다'는 악의적 발언이다. "글쎄 소문엔 내가 북에 다녀오더니 김일성 숭배자가 됐다며, 교회에 안 좋은 소문이 확 퍼져 있는 거예요."라고 쓴 웃음을 지었다.

그는 일일이 변명도 힘들었다. 그때 이후 그는 교회는 물론 말 많은 한인교포사회도 일체 발길을 끊었다고 한다.

잠깐 정 노인의 이력을 살피자.

정씨는 1933년 황해도 연백군 배천에서 태어났다. 고향에서 해방과 6.25를 맞았다. 집안은 유교사상에 젖어있는 가정의 외아들이었다. 서울에서도 잠시 학교를 다녔으나, 친조부 고집으로 고향에서 한학(한문과 시)을 배웠다. 6.25 전쟁 때는 고향에서 지하생활을 했다. 그러던 중

1.4후퇴 후 1952년 예성강으로 몰래 배를 타고 들어온 집안 형을 따라 강화도로 내려왔다고 한다.

분단이 고착화되자 그는 서울에서 엑스레이 기술학교(1회 졸업) 과정을 마쳤다. 그리고 한국 병원 등지에서 15년간 엑스레이 기사생활을 한다. 40세 되던 1972년 2월, 그는 뉴욕 엑스레이 세미나에 참석한 후 캐나다 토론토에 들렀다.

"그때 토론토 고종옥 천주교 신부님 소개로 캐나다 엑스레이 기사시험을 봤는데, 좋은 점수(85점)를 얻고 합격했어요. 곧 캐나다 자격증을 받고는 토론토에 주저앉았지요."라고 말했다. 캐나다 영주권도 없을 때였다.

정씨는 토론토에서 현지 이민신청과 함께 취업문의를 했다. 캐나다 병원에서는 인접도시 해밀턴 의료기관을 추천해 줬다. 토론토에서 차로 약 1시간 거리의 소도시다. 캐나다 영주권도 나오기 전인데 직장(메디컬 센터)부터 잡았으니 무척 행운이었다.

그즈음 최홍희 장군(태권도 총재) 역시 캐나다에 망명해 있었다. 최 장군은 정치적인 이유가 아니더라도 영주권 획득이 수월했다. 캐나다 정부는 1960년대부터 70년대 초반까지 웬만하면 영주권을 쉽게 발급해 주던 시기였기 때문이다.

가족이민도 무슨 친척이든 연결고리만 있으면 누구든 영주권을 부여받던 이민자 황금기였다. 특히 어떤 재능이든 기술을 보유한 자는 영주권 따는 것이 쉬웠다.

정씨의 방북 행은 "그해 직장(병원)휴가 3주를 이미 다 써버려 실상 북한에 갈 수 없는 형편이었어요. 하지만 병원본사에서 '장벽에 막혀있는 북한 어머니를 30년 만에 만난다.'고 하니, 간부회의를 통해 특별휴가 3주를 또 허용해 줬지요"라며 당시의 고마움을 회상했다.

최 총재에 관해선 이미 언급했지만, 1972년 초 캐나다 망명 후 그가

만든 국제태권도연맹(ITF)은 한국정부로부터 무척 시달림을 당했다. 박 정권은 다음해 세계태권도연맹(WTF)을 신설해 최홍희의 해외제자들을 압박했다.

당시 한국정부는 '최홍희가 공산주의자'라는 등 유언비어를 퍼트려 주변을 협박하니, 제자들도 한두 명씩 이탈하기 시작했다는 것이다.

토론토 한인주간지에 실린 북한 첫 태권도 시범단 기사
1980년 9월17일 토론토 출발

1977년 그의 최측근이 었던 토론토의 박종수 사범까지 탈퇴하자 최 총재는 크게 실망했다. 그 즈음 박종수(Jong Park)는 미주 영화배우로도 유명세가 있었다. 지속적으로 제자들이 국제연맹을 빠져나가는 상황에서 그는 고심 끝에 북한에 태권도를 보급하기로 마음먹는다. (훗날 1990년대 박종수 사범은 최 총재를 다시 찾아와 자신의 지난 잘못을 사죄하고, 최 총재는 이를 받아준다. 그 후 박 사범은 최 총재 타계 시까지 국제연맹의 부총재로 활동했다.)

나는 1987년 토론토에서 최 총재와 첫 인터뷰를 가졌다. 그는 "1970년대 당시 내 태권도가 막바지로 몰리는 상황에서 언제 내가 매장되기란 정말 급박한 시간문제였소."라고 말했다. 그는 "갑자기 만든 세계연맹(WTF)태권도는 가라테를 모방한 급조된 가짜 태권도"라고 주장했다.

또 그는 "내가 이승만 정권 때 서울에서 창설한 첫 국제기구 국제태권도연맹(ITF)을 군대후배인 박정희가 정치적(3선개헌)으로 이용하려다 내가 극구 반대하고 캐나다로 망명하자, 곧 김운용을 시켜 만든 게 세계태권도연맹이오"라고 말했다.

어쨌든 우여곡절 속의 두 태권도연맹 아래 최 총재는 불모지 북한에 국제연맹 태권도를 태어나게 만든 장본인이 됐다. 그러한 역사적인 순간 정해수 씨도 사진기자 명목으로 북한에 첫 선을 보이는 태권도시범단에 참여케 된 것이다.

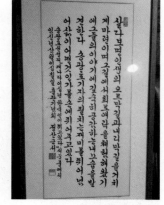

정해수 서예 글(송광호기자)

당시는 1980년 가을이다. 최홍희 총재 나이 만 62세, 정씨는 만 47세 때였다.

당시 북한에 태권도를 선보인 해외태권도 시범단(단장 최홍희) 명단을 밝힌다. 고위유단자 사범부터 순서(등급, 거주지, 국적)를 매긴다.

1. 최홍희 9단 토론토 캐나다(단장)   2. 이석희 7단 해밀턴(캐나다)

3. 이기하 7단 영국(영국)   4. 최선덕 7단 피닉스(미국)

5. 박정태 7단 토론토(캐나다)   6. 한삼수 6단 위니펙(한국)

7. 임원섭 6단 스웨덴(한국)   8. 촬스 세레프 6단 미국(미국)

9. 김석준 5단 뉴욕(미국)   10. 최중화 3단 토론토(캐나다)

11. 폴 도날리 3단 영국(영국)   12. 크레소 브루사 2단 유고(유고)

13. 칼 니코레티 2단 미국(미국)   14. 마이클 코백 2단 캐나다(캐나다)

15. 디미트리스 코스모그로은 2단 그리스(그리스)

16. 정해수 사진기자 해밀턴(캐나다).

북한태권도 시범단 첫 소개 (평양 1980년)

태권도 멤버를 분석하면 한인교포(사진기자 포함)가 10명, 외국인이 6명이다. 한국국적자도 2명이 포함됐다. 태권도 팀은 1980년 9월15일 드디어 토론토에서 출발해 독일 프랑크푸르트를 경유, 스웨덴에 닿았다.

북한 태권도 첫 시범단 환영인파(1980년 9월 첫 태권도 북한 입국)

정씨는 "그때는 북한사람 머리에 뿔이 달렸다는 말이 있을 때예요. 한 북한 외교관이 '선생님들, 조국방문은 처음이시죠?'라는 소리에 안심하고 대화를 시작했지요."라고 말했다. 스톡홀름 북한대사관에서 입국사증(비자)을 받고 모스크바로 향했다.

그때 스웨덴 대사관의 염 참사가 정씨에게 "황해도 가족에게 미리 만나는 통지를 전할 것"이라고 일러줬다. 실지로 태권도 시범경기가 끝난 뒤, 출국 3일을 남기고 고향 황해도로 안내 돼 가족을 만났다.

당시 북한으로 가는 길은 간단치 않았다. 스웨덴에서 다시 모스크바로 가서, 두 번 시베리아 도시에 기착했다가 목적지 평양으로 날아갔다. 평양 순안공항에 닿으니 날짜가 9월18일이 됐다. 평양공항에는 정준기 부총리와 허정숙 여사, 홍기문 선생 등 정부 고위층 인사들이 우리 시범단을 정중히 맞아주었다.

북한주민 1천여 명이 깃대와 꽃을 들고 늘어서 대대적인 환영을 했다.

남북이 만 35년 만에 공식 대표단으로 만나는 순간이었다. 나중 최 총재는 내게 "그때 정말 감회가 깊었네. 시범단을 데리고 온 보람을 새삼 느꼈네."라고 말했다.

그는 처음 만난 북한 고위층에게 "여기 온 사범들은 공산주의자가 아니니, 사상전환을 시키려는 생각은 절대 하지 말아 달라"고 당부했다고 한다.

당시 수석제자인 박정태 사범은 "우리가 트랩에 내리자 악대주악이 울리고 어린이들이 꽃다발을 증정해 줘 놀랐다"고 전했다. 공항에서 버스로 시내를 지날 때는 도로변에 시민들이 늘어서 환호했고, 곳곳에 'WELCOME(웰컴)'이라고 쓴 아치와 플래카드가 눈에 띄었다. 생각 못하던 대환영 분위기였다. 예상외로 평양주민들의 열띤 대우에 모두 얼떨떨했지만, 한편으론 개선장군 같은 기분이 들기도 했다고 말했다.

〈박정태 수석사범 등이 밝힌 당시 내용〉

우리 배정받은 태권도 시범단 숙소는 보통강호텔이었다. 호텔내부나 북한 안내원 옷은 서구보다 뒤떨어졌으나, 실용적인 차림새로 보였다. 우리일행 중 한 명이 여성 안내원에게 농담으로 "옛날부터 평양은 평양기생이 유명한데 만날 수 있겠느냐?"고 물었다. 안내원은 "우리 사회는 기생이 없는 사회에요"하고 차갑게 잘라 말해 무안을 당했다.

태권도 시범 전날 '조선체육지도위원회 김유순 위원장'이 시범단을 위한 연회를 베풀었다. 태권도 시범단의 공식 초청자는 김일 부주석 승인 아래 김유순 체육위원장이었다. 첫 태권도시범경기는 평양체육관에서 열렸다. 평양시민 2만2천명이 몰려들었다. 예상외의 인파에 놀랐다.

다음날에는 더 많은 3만 명 시민이 몰려들어 출입구 대형 유리창이 깨지는 등 큰 소동이 있었다. 밀고 밀리는 군중들은 전혀 질서가 없었다. 2시간 동안 벌이는 태권도시범은 대단한 인기를 모았다. 격파장면이나 묘기가 펼쳐질 때마다 시민들은 환호했다.

어머니와 만남을 환영하는 동네사람들과 함께

그때 북한에서도 그들의 격술을 선보였으나 태권도와는 비교가 안 됐다. 격술은 태권도보다 기술이 많이 떨어진다. 북한의 격술 고단자들과도 세미나를 갖고 기술을 검토, 비교하기도 했다.

태권도시범은 평양뿐 아니라 북강원도 수도 원산에서도 가졌다. 원산과 금강산관광을 할 때는 지역주민들을 위해 태권도시범을 선보였다. 지방에서도 대단한 반응을 보였고, 인기를 끌었다.

지방에서 평양으로 올라오자 허정숙 부수상 겸 조선평화통일위원장은 〈평양시민환영군중대회〉를 인민문화궁전에서 열었다. 평양시민 1만5천 명이 참가해 큰 잔치분위기였다. 체류기간 중 춘향전, 안중근 의사, 광주사태 관련 영화, 교예(서커스)도 보여줬다. 고구려 옛 고분도 구경했다. 전부 우리에게 놀라움을 안겨 주었다.

태권도 시범행사가 끝나자 최 총재는 함경북도에 사는 형님가족에게 갔고, 정해수 씨는 어머니와 혈육을 만나려 고향 황해도를 다녀왔다.

박정태 수석사범은 "평양을 떠나던 날 순안공항에서 우리는 '조국통일만세'를 불렀어요. 그건 그곳에서 짠 각본대로 따라 한 일종의 예의지요.

누구든 김일성을 위해 만세 부른 사람은 아무도 없어요. 나중 보니 그게 큰 문젯거리로 비난이 많았다고 들었어요."라고 쓴 웃음을 지었다.

'로마에 가면 로마식을 따라야 한다.'는 오랜 속담이 있다. "When in Rome, do as the Romans do." (로마에 가면 로마인처럼 행동하라. 로마에 가면 로마법을 따르라)라는 말이다. 누가 그들의 행위를 나쁘다고만 속단할 수 있을까.

북한에서의 첫 태권도 시범결과는 대성공이었다고 한다. 최 총재는 "약 2주간 태권도시범 후 출국 비행기에 올라탈 때였네. 정준기 부총리가 내 손을 잡으며 '우리가 태권도를 배우

정해수 이산가족-정해수씨가 쓴 글씨

기로 최종 결정했으니, 우수한 사범 1명을 보내주기 바라오.'라고 말했네."라고 했네. 나는 즉시 "3개월 내로 사범1명을 보내기로 약속했지. 그야말로 기대 이상의 해피엔딩이었네"하고 만족을 표했다.

북한에 파견될 첫 사범은 토론토의 수석사범인 박정태 7단으로 정했다. 그 후 북한태권도 보급 관련해, 여러 복잡한 과정 등을 겪어야 했다. 어쨌든 40여 년 전의 캐나다 최홍희 단장이 인솔한 시범단의 경로를 통해 북한태권도가 탄생하게 된 것이다.

2002년 새해 최홍희 총재가 '강원도민일보'에 써준 신년휘호-직필불후

북한가족에 LA교포 유산을 전해달라고?

10여 년 전이다. 토론토의 Y가 오랜만에 전화를 했다. 1960년대 말 미국으로 유학 왔다 캐나다에 정착한 당시 60대 여성이다.

"송 기자님! LA에서 어느 미 고위(국장)은퇴공무원이 북한에 사는 가족에게 교포유산을 전달해 줘야 한다고 연락이 왔는데 찾아줄 수 있나요? 북한주소는 갖고 있어요."

"그걸 왜 갑자기 캐나다에 사는 내게 물어요? LA는 정식 북한창구도 있고, 또 북에서 신임 받는 교포들도 많은데. 그들을 통하면 가능할 텐데요. 나는 못 해요."

그래도 Y는 계속 말했다. "그 미국인이 나름대로 LA 한인사회에 수소문해 북한 관련 된 사람들을 소개받았다는데 모두 실패했대요. 캐나다에도 누군가에게 시도를 했다는데 안 됐다며, 어떻게 내게 연락이 왔어요. 나야 북에 친형제가 있지만 한 번도 못 가본 사람이잖아요. 문득 북한에 여러 번 다녀온 송 기자 생각이 나서 연락한 거예요."

"나야 취재 일로 다닌 거고. 사람 찾는 일은 전혀 다른 문제지요."

"하여튼 찾는 북한가족은 LA에 살던 목사님 직계가족(부인과 아들)인데, 20년 전 북에서 가족상봉 후 심장마비로 죽은 김 목사님 식구들이에요. LA에서 가장 큰 영락교회에요. 목사님이 세상 떠난 지 오랜데 이제야 유산(현금) 문제가 대두됐네요."

그 LA목사라면 내용을 잘 기억하고 있었다. 1973년 LA영락교회를 설립한 김계용 목사였다. 그를 만나본 적은 없지만 주변에서 덕망이 높다는 소문을 들었다. LA교포사회 초창기 영락교회를 최대 규모로 우뚝 세운 존경받던 성직자였다.

1990년 여름 김 목사는 방북 중 돌연사로 인해, 미주교포사회에 한동안 큰 화제가 됐었다. 6.25전쟁 때 고향 평안도에 부인과 4자녀 등 가족들을 전부 남겨두고 홀로 월남했다. 이후 38선 단절로 40년간 남쪽과 LA에서 오직 독신으로 살아온 목사였다.

그는 1980년대 후반 노태우 정권 때 88선언으로 해외동포들의 북한 방문이 허용되자, 1990년 고향 평안도를 찾았다. 그런데 가족을 만난 후 갑작스런 심장마비로 죽음을 맞은 것이다. 그 때문에 북한에서 독살 당했다는 등 한때 LA교포사회에 여러 억측이 난무했었다.

부자(父子) 새 박사 원흥구·원병오

내게 연락 준 Y는 남북한을 대표하는 두 조류학자의 친척이었다. 이들 조류학자는 부자지간(북한아버지 원흥구와 남한아들 원병오)으로, 그들 부자는 '새'를 이용해 국경을 넘어 서로 소식을 주고받았다는 일화가 있다.

이는 내가 1989년 세계청년학생축전 시기 평양애국열사릉을 방문했을 때, 열사릉의 여성안내원이 알려준 사실이다.

안내원은 묘소들을 하나하나 돌면서 설명하다 한 묘소(원흥구 박사) 앞에 멈춰 서더니, 남북한 조류학자인 부자지간의 '새' 교류얘기를 흥미롭게 들려줬다.

Y는 원병오 박사의 친조카였다. 남쪽의 대표적 조류학자인 원병오 박사는 경희대 생물학 원로교수였다. 캐나다 귀국 길에 서울에 들러 원 교수에게 전화했다. 평양에서 부친묘소사진을 찍어왔다 하니, 그는 당장 만나자고 뛰어나왔다.

노량진 수산시장에서 둘이 소주와 생선회를 시켜놓고 취하도록 마셨다. 원 박사는 "정말 고맙소. 부친묘소사진은 내게 백만 불짜리나 다름없소."라며, 지난 북한시절 얘기를 들려줬다.

그는 옛 상념에 젖어 스스로를 '여로인생, 인간 철새'라고 불렀다. 그때 "토론토에 조카딸 Y가 살고 있다"고 알려줘 연결된 것이다.

원 박사는 "나는 박정희 포병장교(대령)시절 전속부관(중위)이었지. 육 여사가 나를 박근혜 이복언니인 박재옥 씨와 중매 결혼시키려 했지만, 나는 공부를 계속해야한다고 사양했소. 다음 때 한병기 전속부관이 박재옥과 결혼하고, 그는 박대통령 시기 주 캐나다대사 등 외교관 길을 걸었지."라며 지난 사연을 전해줬다.

10여 년 후 원 박사가 토론토를 방문했을 때 Y부부와 함께 만났다. 그 뒤 그는 간절히 소원하던 평양방문이 이루어져 반세기만에 친척들을 만났다는 소식을 들었다.

북한에 유산 상속 전달, 수수료가 30%

Y에 따르면 LA미국인이 김 목사의 북한가족을 찾는 이유는 '유산상속문제' 때문이라고 한다. 미 정부는 미국시민의 유산 관련해 사망자의 직계상속인이 해외에 거주하는 경우, 그 거처를 밝혀내 유산금액을 전달하고 일정한 수수료를 받는다는 것이다.

만일 해외 유산상속자(직계) 행방이 불명이고 연락이 끊겨 못 찾을 경우, 일정기간이 지나면 그 유산은 자동적으로 미 국가재산으로 귀속된다고 했다. 이 때문에 이런 내용을 아는 미 공무원 은퇴자들은 커미션(수수료)을 위해, 해외거주 상속인의 정보추적에 애를 쓰고 있다고 설명해 줬다.

Y는 "북한은 미국과 국교가 단절돼 있는 상태니, 북한을 자주 왕래하는 교포를 찾고 있는 중"이라며 "유산금액이 10만 달러(미화)가 넘는다."고 밝혔다. 그러니 "북한가족은 유산 커미션(수수료)을 제하더라도 상당금액을 전달받게 될 것"으로 추정했다.

"좋아요. 한번 사람을 찾아는 봅시다. 북한가족과 연락되면, 직계라는 것을 증명하는 서류 등이 필요하겠지요. 또 비공식으로 알아봐야 하니 비용이 들 텐데, 그건 누가 경비를 낼 겁니까?"하고 물었다. Y는 "큰돈이 아니라면 내가 먼저 지불할 수 있어요. 일단 찾아줄 사람부터 알아보면 좋겠어요."라고 말했다.

나는 유산 관련한 내용을 더 물었다. "가족에게 유산을 찾아주면 미국인 커미션은 얼마가 되고, 또 심부름을 해준 우리에겐 얼마가 나와요?"하니, Y는 "미국인 수수료는 30%라고 해요. 나는 거기서 또 쪼개야겠지만, 확실한 금액은 정하지 않았어요. 일이 성사되면 미국인에게는 수수료가 3만 불 이상 돌아가니 내게도 어느 정도 나오겠지요. 적어도 1만 달러 이상 예상해요. 미국인은 LA에서 가만히 앉아 서류정리역할만 하는 거고, 우리는 사람 찾는 일부터 시작해 실지 모든 일을 감당하는 거니까."라고 답한다.

"그건 혼자 생각이시고요. 정작 일이 시작되면 미국인과 수수료문제는 서류계약을 못하더라도 꼭 구두약속이라도 분명히 해두세요."하고 다짐했다. 우선 사람 찾는 게 급선무인데 돈 얘기만 자꾸 계속할 수 없었다.

캐나다에는 부탁할만한 사람이 머리에 안 떠올랐다. 미 동부지역에 사는 이산가족인 한 노장파 지인에게 연락을 했다. 평소 나는 그를 형처럼 대했다. 그는 북한가족으로 인해 자주 평양을 오가는 절친한 사이였다. 재력도 있었다.

"송 기자는 왜 늘 남의 일에 끼어들기를 좋아하나. 그냥 내버려두지, 그런 일은 골치만 아파요."하고 피한다. "아, 어려운 북한가족 도와주면 좋잖아요. 거긴 힘든 환경일 텐데 정당하게 유산을 받게 된 좋은 기회지요. 주소도 있고. LA 김 목사가 고향까지 갔다 그곳에서 사망했으니 가족 찾는 일은 그리 어렵지 않을 겁니다."라고 재촉했다.

마침내 그는 "이런 경우 평양에서 사람을 사서 지방(현지)까지 보내야 돼. 북한은 돈만 있으면 다 통하긴 해. 평북 정주라고 했나?" "예, 김소월 시인 고향 평북 정주. 경비는 얼마나 들겠어요?"

"사람 사서 보내는 일이야 글쎄 1백 달러면 되겠지. 북에선 1백 달러도 큰돈이야."

"그럼 가족관계 서류작성 등 3백 달러를 먼저 은행으로 부칠 테니 속히 알아봐 주세요. 시간도 많지 않다는데. 벌써 서너 번 미 국고에 자동 귀속되는 유산문제를 연장해 놓았답니다. 바깥세계와 차단된 북한이니 특별연장이 가능했던 것 같아요."라고 전했다.

운이 좋았던 편이다. 살다보면 쉬운 일도 이상하게 막힐 때가 있지만, 어려운 일도 의외로 쉽게 풀릴 경우가 있다. 어떤 행운이나, 인연을 가졌느냐에 달렸다. 미주 지인도 이산가족이기에 동변상련으로 무리를 해서 신경을 써 준 것 같다.

아무리 북한을 자주 다니는 해외한인이 많아도 비즈니스나 정치성을 지닌 교포들에겐 이런 부탁은 백번 해봐야 관심 두지 않을 것이다.

수개월 후 북한에서 현지에 보낼 사람을 구했다는 연락을 받았다. 일

은 은밀하게 진행됐다. 6개월이 지나 LA에 강원도농수산특산물 취재
일로 갔을 때다. 코리아타운에서 북한의 가족찾기를 의뢰한 배리 실버
(Barry Silver)라는 은퇴미국인을 만났다. 그는 유태인이었다.

나는 그에게 일단 진행상황이 낙관적이라고 알려주고, 다른 법률적
내용을 확인했다. 유산 수수료얘기는 거론을 안 했다. 수수료부분은 그
와 Y와의 관련사항이니, 내가 새삼 관여하고 싶지 않았다.

북한서류가 완비되고 거의 작업이 끝나가는 도중 잠깐 주춤했다. 미
정부에서 김계용 목사부부의 결혼증명서를 요구했기 때문이다. 결혼증
명서는 북미사회와는 달리 남이나 북에는 그러한 증명서식이 따로 없
다. 이 때문에 얼마간의 시일이 지나갔다.

한편 그간 필요시마다 조금씩 소요된 경비가 근 2천 달러에 육박했
다. 대부분 북쪽 관련 인건비 등이다.
비용은 토론토 Y가 전액 부담했다. 알
고 보니 미국인 유태인은 일전 한 푼 투
자한 돈이 없다고 한다. 대신 토론토 Y
가 북한가족 찾는 일에 지속적으로 자
신의 돈을 댄 것이다. Y와 미국 지인 두
사람 연락처를 공유했다. 경비가 관련
된 사항이니 오해가 없고, 빠른 소통을
위해서였다. 북한관련사항이니 세부적
과정내용은 언급하기 어려운 점이 있으
니 이해를 바란다.

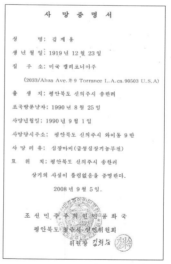

김계용 목사 사망증명서

마침내 북한으로부터 가족관계 등 모든 서류원본을 전달받았다. 평북 정
주시 동사무소 인민위원장이 발행한 증명서들이다. 직계인 부인 리진숙과

아들 김광훈 두 사람의 거주증명서, 인감증명서, 가족관계증명서 등이다.

북한도 남한과 같이 동사무소 행정구조가 별반 다르지 않음을 깨달았다. 서류는 모두 영문으로 공증 받아 LA로 보냈다. 결혼증명서는 남북한에 그런 서류양식 자체가 없으니, 미 어느 한인 대학교수가 대신 보증을 해서 해결됐다고 들었다.

2007년인가 평양에 첫 고려법률사무소가 모란봉구역 서흥동에 설립됐다고 한다. (나중 중구역 대동문동으로 이전). 이제 유산상속전달 건은 중국 북경에 나와 있는 북한 고려법률사무소를 통해 유산(현금)만 전달되면 되는 순간이었다.

그런데 이번엔 양국 법률사무소가 유산 수수료 관련한 이견으로 중단이 됐다. 중단된 기간이 3개월 이상 걸렸다. 당시 미 법률사무소 측은 유산 커미션(수수료)공제를 45%를 요구했고, 북측은 25%를 주장해 이견차이가 컸기 때문이다.

나는 속으로 '유태인이 역시 지독하구나. Y에게서 당초 유산 커미션(수수료)이 30%라고 들었는데 어떻게 45%로 올렸나'하는 생각이 들었다. 아마 잘못 들었는지 모르겠지만, 어쨌든 45% 수수료는 무리한 요구로 보였다. 사실 해외 한인교포의 유산이 북한가족에게 정식 전달되는 경우는 극히 이례적인 경우였다. 내 기억엔 해외든, 남북 간에 이런 사례를 단 한번 경험한 예가 기억에 없다.

한편 김 목사 유가족이 거주하는 평북 정주시 김희숙 인민위원장이 발행한 확인서류에 따르면, LA 김계용 목사는 1990년 8월25일 북한 신의주(형수 집과 부모 묘소 방문 후)에서 사망했다고 한다. 사인은 '급성 심장기능 부전증'으로 밝혀져 있다.

마침내 미 법률사무소 측이 먼저 그들의 수수료 조건을 3분의 1로 내렸다. 그러자 북한 측은 이를 전격 수용함으로 약 2년 남짓 끌던 김목사 유산 분배작업이 막을 내렸다. 유산 10만3천여 달러에서 북한 측은 6만9천여 달러, 미국 측은 3만4천여 달러로 나뉘어졌다.

이제는 이 미국인 유태인이 토론토 Y에게 줄 돈 계산만 남았다. 미국인은 Y에게 2천 달러 수표를 보내 우리 쪽 커미션 건을 마무리 지었다. 보다 큰 액수를 기대했던 Y는 실망해 투덜거렸다.

'재주는 곰이 넘고 돈은 되놈이 번다'는 좋은 실례였다. 하지만 이는 유태인보다 명백한 Y의 실수였다. 커미션 관련해 상대방과 일체 구두 약속조차 없었고, 어리석게 상대방의 처분만 바라고 있었기 때문이다.

나중 LA미국인(유태인)은 이렇게 전했다. "Y는 2천 달러 비용이 들었다고 해서 그 돈을 송금한 것뿐이오. 처음부터 아무 요구조건 없이 시작했고, 동족 일이라 순수하게 돕는 줄 알았소. Y와 수수료 관련해 약속한 것은 아무것도 없소"라고 냉정히 말했다.

김계용 목사의 북한가족 유산전달 기사를 연합뉴스의 후배기자에게 보내, 세상 밖으로 밝혀졌다. 김정일 정권하에 북한 지방주민에게 근 7만 달러 되는 유산은 결코 적은 돈이 아니다.

북한당국이 유족에게 그대로 유산을 전달해 주었는지는 알 수 없다. 유족에게 생활의 요긴한 용도로 쓰여 졌기를 바랄뿐이다. 그동안 뒤에서 핵심역할을 해준 미주지인에게 연락했다.

"그간 수고 많으셨어요. 어떻게 결과가 이상스레 돼 유태인 좋은 일만 시켜준 것 같네요. 고생만 하시고 수고료도 없어 죄송합니다. Y가 미안하다고 받은 2천 달러 중 얼마라도 내놓겠다는 걸 그만두라 했어요. 그런데 유족들이 과연 유산을 제대로 전달받았을까요?"

"잘했네. 글쎄…. 유산문제야 송 기자가 더 잘 알 텐데. 뭘. 아무튼 서로 욕봤네. 하하."

북한이 남한보다 앞섰던 것들(평양 지하철, 한의학)

지난 1973년 9월, 북한에 최초로 지하철이 개통됐다. 수도 평양의 도시남북을 뚫고 천리마선(봉화역-붉은별 역)이 먼저 생겼다. 수년 후에는 동서로 혁신선(혁신역-락원 역)이 연결됐고, 나중 광복역까지 이어졌다. 1987년에는 연장선인 만경대선에서 부흥역이 개통됐다. 교차되는 2개 노선인 전우역과 전승역에서 환승이 가능하며, 총 지하철거리는 35km이다.

대한민국은 1974년 8월15일 서울지하철 1호선이 청량리역에서 서울역으로 첫 개통됐다. 평양지하철이 서울보다 1년 빨리 개통됐지만, 한국국민들은 북한지하철 관련해서는 아무 정보도 없었고, 관심사도 아니었다.

평양인구는 서울인구의 절반도 안 된다. 서울지하철이 평양보다 늦은 사실은 대한민국 자존심의 문제였다. 일부 남한주민이라도 서울지하철 개통이 북한보다 늦었다는 사실을 알고 발설하는 경우, 국가보안법에 저촉됐다. 적대세력에 대한 '고무찬양' 죄목에 속했다. 1980년대 초까지 남한은 그런 식이었다.

평양지하철, 웅장하고 화려해

1989년 1월 나는 처음 평양지하철을 경험했다. 지하철은 전쟁(핵) 대피소를 겸해 건설된 때문인지, 지하철 탑승까지 거리가 무척 길었다. 보통 100m 이상 되는 깊이까지 한없이 내려 가야했다.

하지만 지하철역 내부 건축양식은 웅장했다. 천장과 기둥, 벽은 고급스러운 모자이크 장식이나 대형 벽화, 대리석, 샹들리에 등으로 화려했다. 단순한 대중교통수단만이 아닌 미술박물관처럼 꾸며졌다. 지하철역들 중 '영광역'이 가장 인상적인 역으로 기억된다.

평양 지하철 천장

평양역

약 3년 뒤인 1992년 러시아특파원으로 모스크바에 상주하면서 그때 알게 됐다. 평양지하철이 모스크바 지하철과 완전 닮은꼴임을.

모스크바 곳곳의 거미줄 같은 지하철 역시 웅장하고 화려했다. 일종의 미술관, 박물관처럼 건축됐다,

평양은 지하철 구조양식 뿐이 아니다. 평양 도시 전체가 거의 모스크바의 축소판이었다. 모스크바는 지난 1935년부터 일찍 지하철이 건설됐고 이를 모체로 평양지하철은 당시 소련(소비에트 연방)기술원조로

세워졌다고 밝혀져 있다.

북한 컬러TV 역시 방영시기가 한국보다 빠르다. 한국 컬러TV 방영이 늦은 것은 순전히 박대통령 고집 때문이었다. 당시 박통은 "아직 대한민국 국민들에게 컬러TV는 시기상조다"라며 방영을 늦췄기 때문이다. 그때 이미 금성사 등 한국기업에서는 컬러 TV를 생산, 수출하고 있었다.

그러나 지난 1960~70년대 초반 당시만 해도 한국 국민들은 흑백TV나 냉장고를 갖추지 못한 가정이 태반이었다. 한국컬러TV는 결국 박정희 사후 전두환 정권시기인 1980년대 초부터 한국 내 전국에 보급되기 시작됐다.

리도건 조선동의과학원 부원장

한의학(북한 동의학)과 양의학 함께 배워

북한취재를 하면서 특히 북한이 한국보다 우월하다고 생각했던 부문이 있었다. 한의학 분야이다. 지금은 세월이 한참 지났으니 달라졌을지 모르지만, 2010년대 전만 해도 북한 한의학(동의학/현 고려의학)은 한국보다 앞섰다.

당시 북한 동의학은 세계적인 명망이 높았다. 1990년대 북한 한의들은 러시아와 스위스 나라 등 국외에 상주해 있었고, 러시아와 쿠바 등지 국가에서는 북한 동의학을 배우기 위해 유학을 온다고 들었다.

나는 모스크바 거주할 때 북 한의사에게 서너 번 건강진단을 받은 적이 있다. 그는 "당장 담배를 끊어라"며 "심장에 좀 문제(부정맥)가 있다"며 "가벼운 운동을 하라."는 등 충고를 해 주었다. 방북 때는 갑자기 위장이 탈이 나, 평양 서산호텔에서 한의사에게 직접 대나무 장침을 통해 효과를 본 적이 있다.

북한 고려의학 과
학원에서 북 최고 전
문의 중 한명이라는
리도건 부원장을 만
났다. 그와의 예전
인터뷰내용을 소개
한다. 그가 밝힌 북
한 동의학 관련 내용

평양고려호텔 차점(1992년)

이 길어 요약했다. 또 서울에서 만난 탈북자 한의사인 정일훈(1927년
생)선생의 얘기 역시 참고 바란다.

한국에서 한의학이라 부르는 명칭이, 북한에선 동의학이라 불리었다.
그 후 '고려의학'으로 바뀌었다. 북에선 '고려'라는 표현이 많다. 고려연
방제를 비롯해, 고려호텔, 고려항공 등등이다. 고려차점(찻집), 고려택
시라는 이름도 등장했다.

북한에서 고려의학은 단순히 한의학만을 지칭할 뿐이다. 따로 양의학
까지 배합한 학문은 '주체의학'이라고 부른다. 한국, 중국과 일본은 명
칭이 한의학으로, 베트남에선 동의학으로 호칭한다.

리도건 부원장에 따르면 북한의 동(한)의학은 지난 1988년 8월 세계
보건기구에 첫 비준되었다고 한다. 북한 동의학이 국제적으로 정식 세
계무대에 등장된 셈이다. 무엇보다 북한 동의학부문에서 괄목할 점은
'침술'이었다. 북한에서는 수술도 침으로 마취시킨다. 침을 통해 마취
수술하는 경지는 1970년대 이전부터 발달됐다고 한다. 한국보다 한수
높은 경지에 있다고 자신했다. 이는 탈북한 한의사인 정일훈 노인도 사

실로 인정했다.

평양 과학원을 대표하는 당시 리도건 부원장은 "침 마취수술의 경우 1958년 편도수술에 적용해 효과를 보았고, 산부인과에서 성공적인 침 마취로 비롯됐다"고 전했다. 이어서 "침을 통해 맹장염, 팔다리 마취수술과 현재는 복부수술 등 대수술까지 가능해 졌다"고 강조했다.

특히 혈압이 많이 떨어졌거나, 급한 수술을 할 때 이 마취법을 사용한다고 설명하고. 귀에 침을 놓으면 유행성 감기도 안 걸린다고 말했다.

북한에선 동의학병원이 대장염 등 소화기계통의 질병치료가 양약보다 훨씬 효과를 얻고 있다. 또 호흡기 질병과 염증성 질환, 안과질환에도 약재로 치료기간을 단축시키며 낫게 만든다고 설명한다. 이는 북한이 국가의료정책 중심을 양의학보다 한의학에 둔 까닭이다,

북한당국은 당초 국가정책이 100% 무상치료임을 표방해, 돈이 안 드는 동(한)의학을 중점적으로 연구, 발전시켰다는 것이다. 이 때문에 북한은 매년 4~5월과 9~10월을 약초채취기간으로 정해 의대생들과 보건 일꾼들을 총동원시켜 산과 들에서 대대적인 약초채취 작업을 벌인다.

북한 약재관련 얘기다. 북한에서 약초를 구하는 문제는 만만치 않다, 한 고려의학 과학원 의사는 "약재는 보통 6백여 종이 쓰이나, 일반적으로 2백여 종 약초로 충당하고 있다"고 한다.

북한 과학원에 따르면 "부족한 약초는 주로 남방(열대) 약초 및 동물성 약재(사향) 등"이며 "예를 들어 소뿔은 혈액병(백혈병)에 해당하나, 국제적으로 보호 돼 있고, 사향도 뇌졸중이나 풍에 특효이나 많이 얻을 수 없는 단점이 있다"고 설명했다.

이 때문에 부족한 약재는 다른 것으로 대신해 대체효과를 본다는 것이다. 우황청심환을 인조우황으로 대신하거나, 사향(노루배꼽)대신 함

경도 온성이나 함흥에서 나오는 사향 쥐를 이용해 성공적인 실험결과를 얻었다고 밝혔다. 또 북한전역에 약초전문 농장과 작업반을 구성해 약초생산을 전문화, 집약화하고 있다. 보건기관은 물론 학교, 기관, 일반가정에까지 약초를 심고 재배하도록 하고 있다.

북한은 지난 1962년 허준의 동의보감(전 25권)을 번역, 이를 임상치료 등에 귀중한 참고서로 널리 이용한다고 한다. 그러나 동의보감은 당시 시대적 배경과 저자의 계급적 제한성으로 인해 일부 비과학적이고 미신적인 치료법들이 쓰여 졌다고 비판도 했다.

어쨌든 북한에서는 주민들의 인식이 양의학보다 동의학을 선호하며, 특히 만성병 경우 자신의 병에 맞게 동의과가 낫다고 강조했다. 북한 어디에도 인민병원이나 종합 진료소에 내과, 소아과와 같이 동의과가 있어 자주 그곳을 이용한다는 것이다.

북한 한의학의 주요 차이점은 북한에서는 의사들이 한국, 일본과는 달리 현대의학과 동의학을 병행해서 배운다는 점이다. 평양 고려의학과학원 부원장은 "현재 북한만이 동의학에 대해 과학적 연구를 계속하고 있다"고 주장했다.

한편 북한에서 의사가 되려면 7년 과정 중 2년간 예과 및 기초학부(이때 양의학과 동의학을 동시에 배운다.)를 거쳐 3학년부터 본 과정으로 전문과정을 밟는다. 의사가 되고난 후에도 3년에 한 번씩 재교육을 받으며, 의사에 따라 1년 동안 재교육을 밟는 경우가 있다.

의사라도 시간이 흐르면 잊혀 질 수 있기 때문이다. 이때 양의학 전문의는 동의학 재교육을, 반대로 동의학 전문의는 양의학 교육을 받게 돼 있다. 이 때문에 북한의사들은 누구나 침을 놓을 줄 알고, 뜸과 부항도 부칠 줄 안다.

또 의사들의 능력을 평가하기 위해 3년마다 급수시험을 친다. 첫 6급에서 1급까지 있다. 이는 신문기자들도 마찬가지다. 등급이 있다. 한편 고려의학 과학원 내에는 수기치료연구실이 있어 안마, 지압 등으로 약을 안 쓰고 자극을 주어 치료케 한다.

북한 고려의학 과학원 내에는 5개의 연구소가 있다. 내과연구소, 임상과, 외과연구소, 침구연구소 및 체질연구소 등이다. 침구연구소에는 침, 부황, 뜸, 수기치료가 속한다. 침에는 손 침, 전기 침, 자석 침, 레이저 침이 있고, 침이 유기체에 끼치는 영향을 연구한다. 또 침구연구소는 경락연구실, 뜸 치료연구실, 부황치료연구실로 구분한다.

이 고려의학과학원은 보건성 산하로 그동안 이름도 서너 번 바뀌었다. 지난 1983년에 '조선동의과학원'으로 승격됐고, 환자들이 계속 몰려들자 1994년에는 과학원 내 동평양 구역에 4만 5천평 크기의 동의센터(병원)를 건립했다.

매일 하루 1천명 이상 환자를 소화하고 있다고 한다. 이 리도건 부원장(교수)과의 인터뷰도 30여년 전일이니, 지금은 얼마나 더 기술변화를 가져왔는지 알 수가 없다.

2부

남한은 북한을
너무 몰라요

장마가 제
속되면 1947년
여름 어느날,
당시 강원도 련천에서 살
던 형님과 어머님은 서울
할머님네 집에 다녀오려
갔었다지요.

그때 할머님의 권고로 7살 나는 형님
을 남겨놓고온 어머님은 그후 다시 데리러
가지 못하게 되자 형님을 떼여놓고온것을
두고두고 후회했고 숨을 거두시면서도 형
님을 애타게 불렀답니다.

우리 형제들은 형님과 만나 어머님이 풀지
못하고 간 그리움의 한을 풀 날만을 고대합
니다.

1987년 10월
평양시 선교구역 허 승 문

1970년대 토론토에서 첫 북한의 해외 이산가족 찾기가 비롯됐다. 토론토의 전충림(뉴 코리아타임스 발행인) 사장이 선구자다. 그는 미주지역에서 유일하게 교포들의 북한창구역할을 했다. 소문을 듣고 남·북미 전역에서 이산가족교포들이 몰려들었다.

1980년대에 이르러 북한의 이산가족을 찾은 교포수가 이미 1천명을 넘었다. 말이 1천명이지 단일 창구로서는 엄청난 숫자였다.

이 때문에 해외 교포사회에선 전 사장을 '이산가족의 아버지'라고 불렀다. 어느 날 그의 사무실을 방문하니 수많은 해외이산가족신청서 뭉치들이 바닥에 쌓여 있었다. 대부분 미국에서 보낸 신청서들이라 한다.

토론토 교포사회에선 전 사장을 달리 '비공식 북한대사' 또는 '빨갱이 왕초'라는 닉네임으로도 불렀다.

'빨갱이 왕초' 전충림

북한지폐 최고단위 5천원권

　해외이산가족이 북한에 보내는
송금은 북미은행 가운데 캐나다
TD(토론토 도미니온)은행에서만
취급했다. 전 사장 사무실로 매일 북·남미 주 이산가족으로부터 우편(미
화 등)이 답지했다.

　전 사장에 따르면 캐나다은행에서 송금되는 돈은 북한에선 조선 합영
은행이 취급한다고 한다.

어느 탈북자 가족의 환갑잔치

북한 합영은행은 평양에
본점이, 지점은 (진)남포,
청진, 신의주, 사리원 등지
에 있다고 전했다. 지점이
없는 곳은 주민이 지점까
지 나와 찾아가든지 또는
한 달에 한 번 당국의 순회
서비스를 기다려 찾는다는 것이다.

　그는 "송금액 중 3% 수수료를 제외한 나머지 액수를 평양에 보낸다."
며, "당시 미화 3달러가 평양아파트 한 달 임대료에 해당됐다."고 밝혔다.

　전충림 사장은 함남 함흥이 고향이다. 목사의 아들인 그는 1950년대
조선일보 총무국장을 역임했다. 1962년 해외이민초창기 시절 캐나다
로 이주했다. 그러던 중 그가 1970년대 말 방북해 가족을 만나고 돌아
오면서 한인교포사회가 큰 소용돌이에 휩싸인 것이다.

　독실한 크리스천인 전씨는 그가 창립 멤버로 참여한 토론토연합교

북한 이산가족 상봉, 남미 파라과이 의사 최초 영주귀국

회(담임목사 이상철)에서조차 장로직을 박탈당하자, 교포사회에서 '해외이산가족 찾기회'를 만들었다. 아예 북한의 이산가족들을 찾는 일에 나머지 인생을 걸고, 적극 발 벗고 나선 것이다.

그는 친북성향의 주간지 '뉴 코리아타임스'를 창간하고, 북한소식을 전했다. 나와는 나이 차이가 20여세였음에도 늘 친구처럼 가깝게 대해줬다. 당시 내가 교포언론에 관여하고 있는 때문이기도 했다.

가끔 둘이 맥주를 마시며 허심탄회하게 북한관련 한 대화를 나누곤 했다. 어느 때는 무슨 화가 잔뜩 났는지 "이북사람들, 도대체 어떻게 믿어?"하며 무척 비판적이기도 했다.

훗날 모스크바특파원으로 활동하던 1995년 어느 날 그의 사망소식을 들었다. 토론토 다운타운 스파다이나(spadina) 도로 옆 건물 조그만 사무실에서 늘 이산가족서류를 정리하며 바삐 신문 일을 하던 전 사장 모습이 떠올랐다. 이제 다시는 그를 볼 수 없게 됐다는 생각에 마음이 울적해졌다.

전 사장이 세상을 떠난 후 부인 전(김)순영이 이산가족 찾기 사업을 이어갔으나 전 사장과는 스타일이 달랐다. 북한창구를 제대로 운영 못한다는 평이 금세 나왔다. 부인에게 실망한 일부 토론토이산가족은 토론토 북한창구를 차라리 공적인 체제로 바꾸자는 의견을 내기도 했다.

전충림 사후에는 교포들이 방북하는 경우 은근히 돈 문제가 개입됐다는 소문이 돌았다. 방북을 하려면 일종의 커미션(수수료)을 지불하는 경우다. 미주지역 창구는 이미 적지 않은 금액을 정해 놓았다는 소식이다. 미주는 개인당 3~4천 달러로 정해졌다고 소문이 났다.

이 때문에 이산가족들은 북미 대북창구담당자가 남의 가슴 아픈 혈육만남을, 자신들의 비즈니스처럼 여겨 개인의 사욕을 채우려한다는 볼멘 소리도 들렸다.

오래 전 얘기지만 토론토에도 잠깐 친북 4인방이 생긴 적이 있다. 내가 방북취재신청을 하다가 알게 된 사실이다. 일종의 북한창구의 기득권행사다. 전 사장 부인을 포함해 4명 익명의 동의를 만장일치로 통과해야 방북이 가능했다.

그중 핵심 한명이 토론토 범민련회장이라는 J씨였다. 그는 남북한에 범민련조직이 생긴 80년대 이래 오늘까지 40년간 나 홀로 토론토범민련회장이다. 북에서만 인정해 주는 토론토범민련조직이다. 토론토교포사회는 아예 범민련이란 모임자체가 존재하지 않는다.

평양에 갔을 때 궁금해 해외 영접국 책임지도원에게 물었다.

"지도원 선생! 토론토에 범민련 J 회장이라고 알지요?"

"예, 압니다. 왜 그럽네까?"

"그 선생 가족이 조국 어디에 삽니까? 아마 함경도 분 같은데."

"글쎄요. 모르겠습니다. 조국에 와서 가족 찾는 요구를 한 번도 들어본 적이 없어요."라고 답해주었다.

방북 커미션 필수, 방북 중 사고발생도

전충림 사장 부인(1927년생) 역시 친척이 전혀 없다. 그녀 태생은 북쪽 만주이지만 해방 후 남쪽으로 내려와 고향과는 아무런 상관이 없다. 우려되는 점은 이러한 분들이 이산가족문제를 좌지우지하고 있으니, 남의 애타는 혈육 찾는 심정을 과연 자신 일처럼 생각할는지 의심스러웠다.

한번은 북한의 고난의 행군시기였다. 전 사장 부인 인솔아래 10명 남짓한 미주교포 목사들이 북한을 방문한다고 들었다. 그때 뉴욕에 사는 가까운 선배교포인 Y목사한테서 연락이 왔다. 자신도 그 방북명단 속에 끼워 달라는 것이다.

"송 기자! 이번이 아주 좋은 기회 같은데 나도 꼭 함께 갔으면 하네. 북한은 처음이라 다녀왔으면 해."라고 말했다.

"그럼 전씨 부인 전화번호를 줄 테니 상의해 보세요. 나는 자세한 방북내용을 몰라요."라고 답하니 "아니야. 서로 토론토에 사니 잘 아는 사이 아니겠나. 내 대신 잘 좀 얘기해 줘요."라고 부탁했다.

"저야 전충림 사장과 가까웠지, 부인과는 안 친해요. 또 여긴 교포들 방북 수수료가 1천 달러라는 얘기도 있습니다. 이번 목사들의 경우는 다를지 모르지만."

"아, 좋아요. 따로 1천 달러를 내고라도 꼭 가고 싶으니, 잘 소개를 부탁해."하며 끝내 고집했다.

이미 인원이 결정돼 곤란하다는 부인을 설득해 Y목사를 동참케 했다. 사실 미국의 Y목사는 북방선교에 관심을 가진 선교사출신의 60대 목사였다.

나는 Y목사에게 "방북단에 합류키로 얘기가 잘 됐어요. 하지만 1천 달러는 꼭 기부금으로 내셔야 합니다. 그렇게 약속됐으니. 구체적인 일정은 인사도 할 겸 전화로 알아보세요."하고 전했다. "그럼 그래야지. 고마워요."하고 좋아했다.

그러나 나중 1천 달러 때문에 좀 옥신각신했다. 부인은 미화1천 달러를 예상했고, 뉴욕 Y목사는 캐나다 1천 달러로 생각해, 환율차이가 약150달러정도 생겼기 때문이다. 달러구분을 명확히 전달 못한 내 실수도 있지만 보기 딱했다. 개인수수료라는 게 꼭 정해진 금액이 아니지 않은가.

그런데 방북했던 목사들 가운데 큰 사고가 Y목사에게 발생됐다. 나중 목사 일행이 토론토로 귀환한 뒤에 알게 된 사실이다.

미주목사 팀이 평북 구성 시(옛 구성군)를 방문했을 때다. 당시 북한 지방도처에서는 아사자와 굶는 주민들이 쉽게 발견되던 시기였다.

평안도 한 지역을 방문했다가 갑자기 Y목사가 뇌졸중으로 쓰러진 것이다. 남을 돕겠다고 북녘 땅 시찰을 갔다가 쓰러졌으니, 오히려 북한에 민폐를 끼친 결과가 된 셈이다.

북에서 긴급조처로 겨우 목숨은 부지했지만 Y는 반신불수가 돼 미국으로 돌아왔다. 정말 살아 돌아온 것이 다행이었다. 지금은 완쾌된 상태지만 한쪽 발을 못 쓰는 절음발이 신세가 됐다.

한참 뒤 Y목사와 전 사장 부인으로부터 당시 사건얘길 들었다. 나는 Y목사에게 "어찌 그런 일이 생길 수 있어요? 평소 혈압 등 건강체크를 게을리 했던 모양이네요."라고 물었다. "아니야. 그때 북한주민들 실태를 보고 너무 쇼크를 받아 갑자기 정신을 잃었네. 북한에선 긴급진료(병원)비를 내라고 하는데 못 내고 그냥 왔네. 비행기도 안내원 등에 업혀 겨우 올랐어."라고 밝혔다.

전 사장 부인은 당시 사건을 무척 못 마땅해 했다. "왜 Y목사 같은 사람을 소개해 골치 아프게 해? 그럼 쇼크 받아 쓰러졌다라고 밖에 뭐라고 말하겠어?"하고 투덜댔다. 어쨌든 북에 함께 간 일행인데, 뜻밖의 불의의 사고를 당한 Y목사의 건강상태 여부는 묻지도 않았다.

이후 전 사장부인과는 오랫동안 대화할 기회가 없었다. 토론토의 임현수 목사가 평양감옥에 장기 구금됐을 때 한번 통화를 했다. 토론토의 임 목사 역시 당초(지난96-7년)부터 전 사장 부인을 통해 북을 지속적으로 드나든 성직자다.

북한 돕기에 큰 관심을 갖고 열성을 쏟던 임 목사가 갑작스레 북한에 잡혔으니, 북미주는 물론 국제적으로도 큰 충격과 주목을 받고 있었다.

나는 모처럼 전화로 "전 사모님! 북한감옥에 있는 임 목사에 대해 무슨 소식이 없나요?"하고 물었다.

"내가 지금 북이 어찌 돌아가는지, 그곳 사정을 어떻게 알겠어?"하고 즉시 답했다. 나는 은근히 화가 치밀어 올랐다.

"임 목사가 너무 오랫동안 잡혀 있으니 보기 답답해 그래요. 아니 처음부터 임 목사를 평양에, 북에 소개하고 함께 다니셨잖아요? 그나마 지금 사모님 외에 누가 임 목사 소식을 알 수 있겠어요? 가만히만 계시지 말고 좀 움직이세요. 전 사모님이야 평양에 언제든 갈 수 있고, 거기 고위층도 많이 알고 계시잖아요. 임 목사교회는 큰 대형교회이니 여비라도 받아서 다녀오세요."라고 촉구했다.

전충림 사장 사망 후 전 사장 부인(김순영)이 캐나다를 대표하게 된 건 꼭 본인의 의지 때문만은 아니었다. 당시 해외동포원호위원회 책임자인 전경남(1954년생-본명 전영근)부위원장의 권유 때문으로 밝혀져 있다.

당시 전경남 부위원장은 오랜 세월 해외동포조직을 자신의 개인조직처럼 쥐락펴락한 인물로 소문이 나 있었다. 전 사장 부인에 따르면, 전경남이 뉴욕대표부에 출장 왔다가 직접 토론토의 그녀에게 전화해, 캐나다 북측창구대표로 임명했다는 것이다.

하지만 이후 전경남은 2000년 대 초반 '분파주의'로 몰려, 해외조직에선 손을 뗀 것으로 소문이 났다. 그때 북한당국에 대해 놀란 점은 그간의 전경남 행동이 정말 분파주의로 보였기 때문이다. 해외동포들을 차별하고 자기사람 만들기에 급급하다는 소리가 들렸다.

그러한 그의 인간성은 이산가족사이에도 어느 정도 소문이 났다. 그런 식의 사고방식이라면 해외교포 뿐 아니라 북한내부에서조차 오래 환영을 받기 힘들 것이다.

세상일은 순간이 지나면 모든 진실은 밝혀지게 돼 있다. 모든 게 시간 문제다. 하여튼 북한은 한동안 고 김용순-전경남-최승철 3인의 막강한 해외조직체제로 구축된 라인아래 있었다. 지금은 대남정책 책임자에서 진작 물러난 것으로 알려져 있다.

그중 해외교포와 자주 접하는 최승철(전 통일전선부 부부장)은 호주가로 소문이 났다. 앉은 자리에서 양주 한,두 병은 가볍게 마실 수 있는 폭주가로 이름났던 것이 뇌리에 남아있다.

전충림 씨 북미 이산가족 4천 명 찾아 줘

1980년대 말 처음 방북할 때가 회상된다. 그때 토론토의 두 한인교포가 내 방북을 도움을 주었다. 교포사회에서는 일명 빨갱이라고 악명 높았던 캐나다 시민권자다.

그 중 한 명인 고 전충림 씨는 70년대 친북성향 주간지 '뉴 코리아타임스' 발행인이다. 다른 한 명은 80년 태권도를 북한에 보급시킨 고 최홍희 장군(국제태권도연맹 총재)이다.

전 사장이나 최 장군은 대표적인 친북인사로 알려져 있어, 한인교포 사회에서는 극히 기피하던 인물이었다. 나는 그 두 사람을 부정적인 시각으로 생각하지 않았다. 이념을 가리는 얘기가 아니다. 어쩌다 그들의 사정이 이산가족 찾는 일이나 태권도의 국제화라는 복잡한 환경에 얽힌 경우로 이해했다.

남들이 그 두 사람을 어떻게 평가하든, 그들이 초창기 토론토 이민사회에서 오랜 세월을 함께 거주했다는 사실이 내겐 무척 다행이었다.

그들은 대화가 통하는 인텔리였고, 결코 공산주의자가 아니었다. 최홍희 장군 경우는 90년대 후반 내가 방대한 회고록 '태권도와 나' 3권 원고정리를 하면서 새삼 그의 사상과 철학을 재확인케 됐다.

고 전충림 사장 관련해 가끔 언급했지만, 그는 1970년대 후반 토론토에 '해외이산가족회'를 설립해, 북한가족 찾기 운동에 온 심혈을 기울인 장본인이다. 토론토가 구심점이 돼, 북미 뿐 아니라 남미 아르헨티나 등지에서도 이산가족을 찾는 서류가 그칠 새 없이 들이 닥쳤다.

토론토는 북한가족을 찾아주는 북미 본부역할로 한동안 유명세를 날렸다. 당시 북한정부 역시 전충림의 이산가족 찾는 일에 적극 협조해 주었다. 일설에는 일본 조총련 외에 캐나다토론토가 제2의 친북계의 해외거점이 될 수 있다는 말도 돌았다.

캐나다는 특히 미국과 달리 북한에 송금이 가능했다. 캐나다만이 거의 매일 적지 않은 액수를 북한의 이산가족들에게 보냈다. 북한주민들로서는 송금수수료에 관계없이, 워낙 미화가 강세이니 수령액 관련해선 불평이 없다고 들었다.

그러나 1994년부터 상황이 달라졌다. 북한이 극심한 어려움에 처해선지, 잘 송금되던 돈이 가족에게 전달 안 되는 경우가 자주 발생한 것이다. 결국 평양으로 10여년 이상 송금되던 돈이 중단됐다.

　토론토 전충림 사장의 위대한 업적은 다름이 아니다. 1979년부터 1991년까지 만12년 간 해외거주의 이산가족 4천여 명들을 찾아주었기 때문이다. 그즈음 전 사장은 "얼마나 많은 북한가족을 찾아주고, 송금한 액수는 어느 정도 되느냐?"는 질문에 "약 2천 명 정도일 것."이라고 밝히며 "하지만 송금한 총액은 밝힐 수 없다."고 말한 적이 있다.

　나는 전 사장이 그렇게 많은 숫자의 이산가족들을 찾게 해준지를 몰랐다. 다만 그는 "캐나다 한인교포는 이상하게 이산가족을 찾는 신청자가 적다"고 전했다. 북한가족 찾기를 원하는 사람들은 거의 전부 미국에 산재한 교포들이라는 것이다. 남미 한인교포들도 모두 전씨를 통해 이산가족을 찾았다.

　지난 89년 평양축전 즈음해 미 서부(LA) 친북단체(회장 양은식 박사)에서 미주교포 방북관련사업을 인계 맡았다. 지난 10년 간 캐나다 토론토에서 전담해 왔던 북한창구업무가 분리된 것이다.

　1991년 11월 LA 한민족연구회는 토론토 전충림 사장에게 그간의 해외이산가족 4천여 명 가족들을 찾아준 공로로서 '제5회 민족상'패를 수여했다.

　한번 상상해 보자. 북에서 찾은 4천여 명이라는 이산가족 숫자를. 늘 꿈속에서나 그리던 남북 혈육인 이산가족을 찾느라 이민자의 일생을 바친 전씨에게 누가 빨갱이라고 돌멩이만 던지는가.

전충림 민족 상(LA 민족 상 위원회)

어느 해외교포사회든 수준 이하의 한인교포들이 우글거린다. 토론토 경우 노년회, 노인회의 어르신 모임도 일반단체와 별반 다르지 않다. 근 40년 전이나 지금이나 도를 벗어난 저질의 감투싸움 등은 그칠 새가 없다.

예전의 북한은 헐벗고 가난했다. 김일성 주석은 새해 때마다 '금년은 이밥에 고깃국을 먹게 되는 생활'을 갈망했다. 그것이 늘 국가적 소원이었다. 그러다가 90년대부터는 나라의 재정이 고갈돼 오히려 북한식 '고난의 행군' 시대를 겪었다. 한편 북한은 핵(核)이 없었다. 김정일 정권중반까지는 '핵'을 보유하지 못했다는 것이 북한전문가들의 분석이다.

1950년대부터 김일성주석은 핵 개발에 모든 국력을 쏟아 부었고, 북핵이 완성된 것은 김정일 시기인 2006년경으로 추정된다. 남한에 김대중-노무현의 진보정권이 들어서고 난 후 일이다.

제3대 김정은 정권이 들어선 지 10년이 훌쩍 지났다. 순식간의 세월이다. 나는 그간 방북취재를 여러 차례 했지만, 만일 북한당국이 내 방북신청을 모두 받아줬더라면 10차례가 넘었을 것이다. 신청 때마다 북한입국사증(비자)발급이 문제없다 해서 항공권까지 미리 구입했다 마지막 순간에 취소 돼 낭패를 당했다.

북한 입국사증(비자)받기란 늘 조마조마하다. 비자발급이 거부되면 일체의 취재계획 등이 물거품이 되기 때문이다. 마지막 내 북한비자신청이 거부된 것은 2017년 가을 김정은 정권 시기였다.

그때 평양에서는 국제태권도연맹 제20회 세계대회가 열렸을 당시다. 북한 리용선 국제태권도총재(본부 오스트리아 빈)가 초청장과 신청서를 보냈다. 그는 "특히 이번 세계태권도대회는 조국과 ITF(국제태권도연맹)를 만방에 알리는 국제적인 큰 체육행사이니만큼, 가능한 많은 사람들에게 선전해 평양을 방문해 달라"고 당부까지 했다.

이때 가까운 후배인 미주 워싱턴DC의 한 교포신문 편집국장에게 북한취재에 참여하기를 권했다. 하지만 일언지하에 거부당했다. 그때 정작 방북취재를 원하

전충림 사장과 평양 고려호텔 앞에서

는 다른 미주 교포언론이 있었던 것을 나는 미처 몰랐다. 방북취재도 사람 운이 따르는 것 같다.

캐나다 밴쿠버의 전 언론인 후배부부가 나섰으나 겁을 먹었는지 마지막 순간에 포기했다. 그들은 힘든 입국사증까지 나온 상태였다. 이는 해외 교포언론에 한한 문제만이 아니다. 미주에 거주하는 북한전문가(미시민권자)라는 한 교수(박사)도 마찬가지다. 방북자체를 무척이나 꺼려한다.

언론인이거나, 북한을 전문으로 연구하는 학자가 방북자체를 두려워하고 기피하면서 무슨 북한관련한 자신의 주장을 펴는지 알 수가 없다. 그만큼 그들의 북한에 대한 견해나 주장이 설득력이 떨어질 수밖에 없다.

방북기회가 생기면 직접 현지를 체험하고, '백문이 불여일견'이라는 평범한 진리를 새겨 두어야 할 것이다.

내가 북한인을 처음 만난 것은 지난 1984년 여름이다. 당시 캐나다 시민권자로 토론토 교포일간지에서 기자(사업/광고국장 겸직)로 근무할 때다. 그때 한 잡지사와 총판계약 건으로 LA를 다녀와야 했다. 당시 LA에선 하계올림픽이 열리고 있었다.

84년 LA올림픽은 4년 전 1980년 모스크바올림픽(민주국가선수 불참) 때처럼, 공산국가들이 보이콧을 한 반쪽대회였다. 소련 및 대부분 동유럽 진영에선 선수단 파견 없이 위원들만 참가했다.

북한 역시 선수 한 명 없이 올림픽위원 4명만 시내 빌트모어 호텔에 머물고 있었다. 기왕 LA를 방문케 됐으니, 이들 북한위원단과 전격적인 인터뷰를 시도했다.

1984년 LA하계올림픽서 북한사람 처음 만나

북한(북강원도)은 내 부모고향이다. 북강원도 '이천'이 고향인 외조모는 해방 다음해 내가 서울에서 태어나자, 38선을 넘어 외동딸인 어머니를 잠깐 돕는다고 내려오셨다. 그 후 분단으로 막혀 다시는 고향으로 되돌아가지 못했다.

북에는 친 오빠만 두 명 있었다. 외조모는 북에서 무척 가난한 환경이었고, 한글도 모르는 문맹자였다. 그러나 어머니는 일제강점기 서울에서 여고와 전문학교까지 나온 인텔리에 속했다.

어머니경우 타 지역의 재력 있는 친척 도움으로 학업을 계속할 수 있었다. 그 친척은 형제 없이 산골에 사는 어머니의 어린 모습이 가여워 보였는지 "네가 공부만 잘한다면 서울유학까지 보내주마"고 약속했다고 한다. 어머니는 서울의 여고와 대학시험에 합격하자 친척은 그 언약을 지켰다.

어머니는 북강원도 이천군에서 매일 새벽 4시에 일어나 서울로 기차통학을 했다. 단 하루도 빼놓지 않았다고 한다. 일제강점기 여자가 서울에서 전문학교를 나온 경우가 흔하지 않던 시절이다. 졸업 후 교사가 된 어머니는 북한 도시로 발령받아 전전했다. 그때 홀로된 외조모와 함께 모녀가 옮겨 다녔다고 한다.

부친고향 역시 북강원도다. 그러나 어머니와 달리 수천 석의 지주집안(장남)이었다. 금강산 부근의 회양군이 고향으로 일부 통천군과 고성군, 철원군 등지에 상당한 토지를 보유하고 있었다. 남의 땅을 안 밟고 다닐 정도였다고 한다.

서울 중심가에도 집이 두세 채 있었다. 고명딸(6남1녀중 6째)인 송효숙 고모는 해방 후인 1949년 일찍이 미국유학을 떠나 교육학 박사를 땄다. 7남매 중 장남인 부친은 고위공무원이었고, 나는 서울 중구 예장동에서 태어나 성장했다. 친조부는 종로구 안국동에 살았다.

1950년 6월. 북의 돌연한 남침으로 6.25전쟁이 터지자 정부고위 공무원이던 아버지와 형제들은 급히 모두 남으로 피신했다. 친조부는 주변의 피난권고를 무시하고 서울에 남아있다 납북당하셨다.

당시 친조부는 "나는 일제 왜정시대에도 살아남았는데, 공산당도 같은 동포인데 죄 없는 나를 어찌하겠느냐?"며 고집하고 피난을 안 갔다고 한다. 그러다 인민 보안서에 잡혀간 후 그대로 행방불명이 돼 버린 것이다. 이 때문에 부친 집안에선 공산당에 대해 극도의 반감을 지니고 있었다.

지난 1970년대 한국인에게는 북한사람이란 공포 그 자체였다. 북한인은 머리에 뿔이 달렸다는 얘기까지 돌았다. 한국국적으로 북한인 접촉은 법으로 허용이 안 됐다. LA 공항에서 나를 픽업한 잡지사 사장은 내가 "북한 올림픽위원과 먼저 인터뷰를 해야 한다."고 하자, 나를 북한인들이 머무는 시내 빌트모어 호텔에서 한 블록이상 떨어진 거리에 내려주곤 쏜살같이 사라졌다.

호텔 라운지에서 북한 올림픽위원과 1시간 남짓 인터뷰를 가졌다. 북 위원(육상위원포함) 3명은 온순한 인상의 마른 체구로, 한번 악수를 나눈 후로는 한 마디도 입을 열지 않았다. 단장인 김득준 씨는 체구가 크고 좀 험악한 인상이긴 했지만 친절했다.

대화는 단장 혼자 독점했다. 주로 북한의 육상에 관한 정보와 당시 납북당해 화제였던 남쪽 영화감독 신상옥과 배우 최은희 부부 관련내용을 들었다.

1989년 1월 첫 방북

수년 후 토론토의 내게 첫 방북기회가 왔다. 1988년 노태우 대통령의 '해외동포의 북한방문 허용'의 7.7특별선언 직후였다. 내가 주간지 '캐나다 조선' 발행(겸 편집)인으로 있을 때다. 미주교포일간지(뉴욕 조선,

LA 한국, 시카고 중앙일보) 역시 방북 취재경쟁이 한창이던 시기다.

다음 해 1989년 1월 토론토에서 나를 포함한 3명 교포가 평양을 첫 방문했다. 한 사람은 이산가족 양 모씨, 또 한 명 엄씨는 비즈니스 목적이다. 나는 관광명목으로 합류했다. 관광이야 누구든 기본에 속했지만 우리 3명은 각각 방북목적이 달랐다.

우리들 3명은 베이징에서 조선민항(현 고려항공)을 타고 평양 순안공항에 닿았다. 북에선 안내원(책임지도) 2명을 배정했다. 우리일행 중 엄씨가 공항에 안 보여 한참을 기다렸다.

알고 보니 그가 겁에 질려 비행기에서 내리지 못한 것이다. 안내원이 기내구석에 홀로 앉은 그를 달래서 데려왔다 한다. 안내원에 따르면 첫 방북교포 중 비행기에서 못 내리는 교포들이 종종 있다고 쓴웃음을 짓는다.

그러잖아도 엄씨의 행동이 좀 이상했었다. 그는 조선민항 기내에서 옆자리의 어느 아줌마와 대화 중 갑자기 나를 가리키며 "저 사람 조선일보기자예요"라고 말했기 때문이다.

나는 그때 머리끝까지 화가 났지만, 모른 체하고 고개를 돌렸다. '정신 나갔나. 제 얘기나 할 것이지. 남의 신분은 왜 밝히는지. 더구나 평양행 기내에서.' 그때 나는 방북신청서 직업란에 기자라고 적지 않았기 때문이다. 나중 공항에서 그 아줌마와 인사하니 일본 총련여성동맹 간부였다. (한국에선 조총련이라 칭함.)

기자 직업은 어디에든 기피대상이다. 특히 공산국가에선 그렇다. 한번은 토론토에서 방북을 위해 기자 신분으로 중국대사관에 비자신청을 했는데 발급이 안됐다. 평양행은 중국을 거쳐야 해서 중국비자가 필요했다. 며칠 후 토론토 중국총영사관에서 전화가 왔다.

"중국엔 왜 가느냐."

"목적지가 중국이 아니다. 평양에 가는 데 베이징에서 하룻밤을 자고, 경유(transit)할 뿐이다."

"하루든 얼마든 어쨌든 중국에 머무니 기자로서 절대 취재를 않는다고 각서를 써라. 그럼 비자를 주겠다."고 해서 응한 적이 있다. 이후 해외 어느 국가든 여행할 때 직업란에 기자라고 밝히지 않는다. 공연히 긁어 부스럼을 만들 필요가 없지 않은가.

평양 고려호텔에 묵었는데 처음부터 문제가 생겼다. 첫 방북이라 북한구조를 잘 이해 못한 때문이다. 북 안내원은 이산가족 만남과 관광을 함께 병행하지 못한다고 한다. 북 관광총국 주관으로 9박10일 관광만을 준비했다는 것이다.

이것은 방북을 주선한 토론토에서 명확히 구분을 안 해준 탓도 있다. 속히 해결이 나지 않았다. "우리는 멀리 캐나다에서 처음 평양에 왔는데 가족만남이 가장 중요해요. 양 모씨가 가족을 못 만나면, 관광 등 우리일정도 일절 취소하겠어요."하고 항의했다. 사실 그럴 생각이었다.

급기야 북측은 양씨 가족을 급히 수소문해 평양 출국 2일 전에 겨우 만남이 이루어졌다. 그때까지 가족 만남을 거의 포기했던 양씨는 술을 많이 먹으면 안내원들에게 "야, 동무들, x으로 밤송이를 까라면 까!"하며 주사(酒邪)를 부렸다. 엄씨는 기겁을 하며 당황해했다. 안내원은 취한 양씨를 보며 "참 가관입네다."하고 중얼거렸다.

하루는 한방 쓰는 엄씨에게 짜증을 냈다. 나보다 8살 연상이다.

"도대체 왜 그리 겁을 내는 거예요? 차라리 오지 말든가. 여기 무슨 비밀이나 잘못한 게 있어요?"하고 말했다.

"당신들 하는 말과 행동이 위태로워 그렇지. 잘못하면 아오지 탄광으로 끌려간다고! 나는 한국에서 군대생활도 미군 밑에서 카투사 근무를 했는데. 북에선 미군을 증오하니 그것도 참 불안하고."

이 어처구니가 없는 엄씨는 착하고 어질기만 한 교포였다. 서독광부 출신으로 고향 삼척의 형제 4명 모두를 캐나다로 이민시켜 집안의 기둥 역할을 했다.

그해 1월은 정주영 현대그룹 회장(고향 북강원도 통천) 역시 금강산 개발 건으로 방북했을 때다. 정 회장은 고려호텔 2층에서 북한기자들과 기자회견을 가졌다.

마침 호텔에 있던 LA 전금여행사의 김충자 사장이 회견에 참여했고, 우리 일행 3명은 공교롭게 평양의 김정숙 탁아소를 참관할 때였다.

그러나 정말 사람 일은 알 수 없다. 나중 겁쟁이 엄씨는 완전 다른 사람으로 변해 혼자서 북을 자주 드나들었다. 북의 산삼(생삼)등 약재와 북한골동품 등을 거래하는 첫 보따리 장사로 재미를 봤다는 소문이 들렸다.

'해외이산가족 만남' 1991년부터 10년간 봇물

해외이산가족 경우는 북에서는 해외동포위원회(해외 영접국) 소관이다. 북에선 이산가족이란 명칭 대신 '헤어진 가족' 또는 '흩어진 가족'이라 부른다. 남북관계에서 '리산가족'이라고 말을 들었다.

북-남미 이산가족들

북한 이산가족 보도 노동신문

은 1980년대 초부터 1991년까지 약 10년 동안 봇물을 이뤘다. 한 토론토교포 지인은 북의 어머니를 찾았다는 소식을 듣자, 흥분해 운영하던 가게를 무조건 남에게 맡기고 평양으로 달려간 경우도 있었다. 베이징 북한대사관에선 "매일 항공편이 없으니 며칠 기다려야 된다."는 데도 그는 사정사정해 다음의 화물기 편으로 평양에 들어갔다고 한다.

해외 이산가족 찾기 관련해선 "매도 먼저 맞는 게 낫다"는 우리네 속담이 그대로 들어맞았다. 1980년대의 이산가족 만남은 북한 어느 산골지역이든 고향 땅에서 혈육만남이 가능했다.

해외에서 온 이산가족은 고향의 마을사람들을 만나고, 동네에는 대형 TV도 기증해 주민들의 환심을 샀다.

하지만 이후 고향방문형식이 점차 바뀌어졌다. 친척만남장소가 그때그때 상황에 따라 고향 아닌 임시 타지로 정해졌다. 오늘에 와서는 평양근교에 해외가족 만남을 위한 건물(면회소)이 따로 세워졌다.

또 1980년대 당시는 수많은 북미 이산가족들이 방북, 친척상봉으로 인해 북한곳곳에서 사회문제가 일어났다는 얘기가 들렸다. 한 예로 어느 북한지방의 한 지인은 6.25 전쟁 시 남으로 도주(피난)했다가 훗날 미국에서 돈 벌어 금의환향하듯 고향에 돌아와 환영받는데, 정작 국가에 충성한 자신은 구차하게 살고 있는 현실이었기 때문이다.

어쨌든 당시 한 때는 북한 최고의 결혼상대자는 북미이산가족이라는 얘기가 들렸다. 미화의 위력은 대단했다. 미화와 북한 돈(원)과의 차이가 정말 장난이 아니었기 때문이다.

한편 북에서 부모친척을 찾았는데도 불구하고 방북을 않는 교포들도 있었다. 배우자나 주변의 반대 등 여러 이유에서다. 내가 아는 한 지인은 "아, 어머니를 찾았다고 통지가 왔어요. 이젠 됐습니다. 나중 기회 봐서 가봐야겠어요. 요즘은 사업이 너무 바빠서요."라고 말했다.

나는 "북한상황이 언제 어떻게 변할지 모르잖아요. 며칠이라도 속히 다녀오시지 그러세요."라고 말했으나, 그는 망설이다 결국 움직이지 않았다. 그러다 약 2년 뒤쯤 방북신청을 했을 때는 시간이 늦었다. 북에서 신청을 받지 않았다는 얘기가 들렸다.

이런 교포 경우를 나는 두 번 목격했다. 꼭 이산가족 뿐이 아니다. 무슨 목적이든 북에 방문비자를 신청한 후, 입국사증 발급이 승인된 상태에서 특별사유 없이 방북을 취소하는 경우 차후의 북한행은 성사되기 힘든 것으로 알고 있다.

이산가족 찾기(방송국 사진)

외국에서 본 '남북관련 모임'의 민낯

이산가족들은 남이고 북이고 양쪽정부에서 불이익을 당했다는 소식을 듣고 있다. 혹시 국가에 반(反)하는 어떤 은밀한 행위가 있지 않나하는 의구심 때문이다. 그로인해 거주지에서 변변한 직장 하나 갖기 힘들었다고 한다.

나는 예전 북 주민이 요구하는 가족 두 가구를 해외이산가족을 통해 찾아준 적이 있다. 그중 불발로 끝난 캐나다의 경우 하나를 소개한다.

주거이전 자유 없는 북한, '이산가족 찾기' 수월

이산가족 관련 얘기다. 한번은 북한 해외영접국의 한 안내원에게 물었다. 이산가족신청이 한창 해외창구에 쏟아져 들어올 때였다.

"오랫동안 헤어져 있던 가족들을 어떻게 다 찾습니까. 못 찾는 경우도 있겠지요?"하니 "아니요. 거의 다 전부 찾습니다. 이름과 나이만 정확하면 모두 찾아요. 해당 지방에서 밤이 패도록(지새도록) 일일이 뒤져 찾지요."라고 답해줬다.

북한은 주거이전 자유가 없으니, 한국과는 다르다. 맘대로 이사를 할수 없고 한 지역에서 머무는 경우가 많으니, 사람 찾는 게 어렵지 않을지 모른다. 찾는 시간도 꼬박 뒤지면 단시일에 가능하다고 한다.

사실 내 경우도 (북)강원도 산골 이천군 외조모 조카를 하루 이틀 새 쉽게 찾지 않았던가. 그것도 방북 후 갑작스레 평양의 책임지도원(안내원)을 통해.

해외이산가족의 경우 북의 친척을 만나고 온 뒤 심적 변화가 생긴 사람을 봤다. 가난한 북한가족을 지속해서 도와야 하는 경제적 이유만이 아니다. 고향을 다녀온 뒤 후회하는 사람도 있었다.

오랜 세월 북녘 세상이 너무 달라져 있었던 것이다. 사람과 환경이 다 변했다며 다시는 고향을 안 가겠다는 것이다. 더구나 직계가족이 세상 떠난 경우는 더 했다. 일부 이산가족 경우이기는 하나 답답하고 서글픈 현상이었다.

한 캐나다교포는 "북한에 가족을 만났는데 가끔 무슨 명절 때면 해외 친

1989년 평양축전 당시 평양 아파트에 부착된 외국어 환영 팻말

북창구를 통해 연락이 와요. 북한에 무슨 주요행사가 있는데 선물을 보내야 한다느니, 갑자기 큰물(홍수)피해 등이 생겨 긴급구호금을 내야 한다는 등의 모금행위지요"라고 말했다. 꼭 강요는 아니지만 보통은 '울며 겨자 먹기' 식으로 응한다는 것이다.

만약 모금을 거부하게 되면 북한친척에게 불이익 등 악영향을 줄 수 있을까 하는 염려 때문이다. 평양거주나 소위 좋은 북한 근무처를 가진 친척일수록 그러한 신경을 많이 썼다. 이 때문에 "북에 친척을 한번 만나고 온 이산가족은 코를 꿰게 된다."는 과장된 루머까지 나돌았다. 그

러나 그것은 북에서 전한 일반적 행사안내를, 북미주 친북창구에서의 과잉충성 행위일 경우가 많다.

남북한 관련모임에서 느낀 지난 캐나다 교포사회 단면을 소개한다. 지난 일을 새삼 따지자는 차원이 아니다. 잘잘못이 발견되면 고쳐나가면 그만이다. 한국정부모임과 관련한 경험을 직접 겪었기 때문이다.

남북 관련 모임의 민낯

10여 년 전이다. 한국 본부에 속한 해외 단체들은 이북5도민회, 민주평화통일자문, 재향군인회 등 여러 모임체가 있다. 그중 이북5도민회 경우 매년 3박4일 본부초청으로 한국방문을 한다. 북한에 고향을 둔 이민자1세, 2세 등을 위해 초청행사가 지속적으로 이어진다. 한국에서 항공권 등 모든 초청경비를 부담한다.

모국초청행사 진행이 시작된 10년 쯤 후에 나도 피 초청자 대열에 끼게 됐다. 당시 23명이 선발됐다. 그런데 방문자들을 한 식당에 불러 초청설명회를 하는 가운데 1인당 4백 달러(약 40만원)를 내라고 하는 것이다. 당시 대한항공 왕복요금이 1,200달러일 때였다. 누구도 불평하는 사람이 없었다. 모임 분위기상 나 혼자 공개적으로 돈 얘길 거론하기에 마음이 불편했다. 주관자인 한 간부에게 따로 물었다.

"내용이나 좀 알고 돈을 냅시다. 왜 4백 달러씩 걷어요?"하니 우물거리다가 "아, 경비가 들지요. 한국본부에도 선물이나 인사도 해야 하고."라고 답한다.

너무 한심하게 들렸지만 아무 소리 안하고 지불했다. 토론토 고국방문단장도 이미 한국을 다녀왔던 도민회 간부였다.

수년 전에는 모처럼 토론토 평통자문위원(18기)이 됐다. 어느 토론토 기관에서 토론토총영사관에 추천한 때문이다. 내 방북경험이 여러 차례 되니 아마 평통 자문모임에 도움이 될까 배려한 듯싶다.

토론토 지역을 포함해 온타리오 주 1백여 명의 평통위원 명단이 발표된 후 곧 고지서가 날아왔다. 회비 5백 달러. 한국 평통 자문본부에선 예산도 전혀 없나, 1백여 명 당 5백 달러면 적은 돈이 아니다.

89년 허담 조평통(조국평화통일) 위원장 연설시
단위에서 촬영(평양체육관)

무슨 돈을 미리 걷어야 되는지.

얼마 후 첫 초청강사를 초빙해 호텔에서 1박2일 특별강연을 듣는다고 참여하라는 연락이 왔다. 강사는 내가 아는 뉴욕 한인교포였다. 그는 평소 미국정치에 관심이 많은 강원도출신이어서 잘 알고 있었다.

그러나 그는 남북 관련해선 문외한으로 알고 있는데 어떻게 초청강사가 됐는지 의아했다. 아무튼 그걸 일일이 따지겠는가. 회비만 보내고 그 후 한 번 더 비슷한 경우를 겪고는 아예 평통 모임에는 관여하지 않았다.

평통자문 모임은 내가 생각하는 남북관련을 위한 모임단체가 아니었다. 매번 교포사회 행사참여거나 한국 통일부 관련한 공무원 등 초청행사가 전부였다.

한 정권이 바뀌면 그 정치색깔에 따라 평통 자문 구성인원도 물갈이된다. 내겐 그들이 별개 세계에서 움직이는 특수교민들로 보였다. 내 형제와 친척도 오랜 세월 토론토 평통자문위원이었다. 현재도 10년간 평통자문위원이다. 그들은 무슨 공을 세웠는지 대통령 표창도 받았다.

매년 봄이면 한국정부에서는 해외 동포사회에 대한민국 훈장이나 표창 등 포상 기회가 주어진다. 해당 총영사관을 통해 신청되고, 대개는 그대로 정부승인이 난다. 예전 한번은 타 지역의 B노년회장 한 분이 전화가 왔다.

"이번에 내가 국민훈장 동백장을 받기로 됐어요. 원래 모란장으로 추천을 했다는데, 신청자가 많아 그 밑인 동백장으로 됐다고 해요. 총영사관에서 양해해 달라고 연락이 와서 그냥 괜찮다고 했지요."

"아, 그래요? 축하드립니다. 대한민국의 국민훈장 수상이니 가문의 영광이군요."라고 말했다.

캐나다에는 그간 20명 남짓한 한인동포가 각종 훈장을 탄 것으로 밝혀져 있다. 약 20여만 명 캐나다한인교포에 비해 약 20명의 대한민국 국민훈장 수여는 결코 적은 숫자가 아니다. 무궁화장 빼고는 전부 받았다. 무궁화장, 모란장, 동백장 아래는 목련장, 그 밑에 석류장으로 5등급이다. 훈장 아래는 국민포장, 그다음이 대통령표창 등.

B 노년회장을 30여년 알고 지내지만, 그는 늘 친절하고, 남에게 화를 내거나 상대를 나쁘게 평하는 걸 본 적이 없다. 교회목회를 한 적은 없지만, 목사직도 갖고 있고, 봉사에 힘쓰는 분이다. 한마디로 사람이 무척 좋은 분이다. 하지만 인간성이 좋다고 국가공적 없이 정부훈장까지는 모르겠다.

아마 내가 모르는 다른 공적이 있나 해서 같은 거주지의 저명한 교수인 C박사에게 전화했다. 마침 원고청탁 관련한 문의할 일이 있었다. 그에겐 B 노년회장이 국민훈장을 탄다는 얘기는 안 했다.

"그곳 B 노년회장 잘 아시죠? 교포사회에서 무슨 공적을 세운 적이 있나요? 그분 평판은 어때요?"하고 물었다.

"왜 갑자기, 그 사람얘기는 하지 맙시다. 잘 몰라요."라고 말한다. 느낌이 무척 부정적이었다. "왜요? 노년회 봉사와 좋은 선교일 등을 많이 하시잖아요?"

"하여튼 그 얘긴 그만두자고요."하고 말했다. C박사는 B회장보다 나이도 많고 이민연륜도 오래됐다. 무슨 사연이 있나 싶었지만 다른 대화로 끝냈다.

교포사회에선 분명한 이유 없이 남을 폄훼하는 말을 종종 듣는다. 이민자생활에서 이런 경우가 비일비재하다, 나 역시 오래전 내 포상신청 경우가 회상됐기 때문이다. 그때 두 가지 건으로 지인들의 추천을 받아 당시 유지은 토론토 부 총영사에게 공적조서를 전달한 적이 있었다. 충분히 포상대상이라는 언질을 미리 받은 때문이기도 했다.

하나는 내가 수년간 러시아에 상주 시 방황하는 탈북자 2명을 모스크바 유엔난민기구를 통해 그들을 대한민국으로 오게 만든 일이다. 당시 유엔 HCR(난민기구)에 첫 등록한 서류 사본을 증거자료로 제출했다.

또 하나는 일제강점기 관동군에 강제징병, 징용된 조선인 명단 6,400명을 러시아 국립군사박물관에서 발굴한 자료로 인해서였다. 한국정부로선 관동군관련 징병자료가 전무해 대단히 귀중한 역사자료로 인정받고 있던 터였다. 이는 해외교포사회에서 무슨 봉사활동으로 국민훈장을 받는 경우와는 차원이 다른 얘기였다.

그러나 약 2주 후 유 부총영사로부터 연락이 왔다. 그는 본국정부에 신청조차 못 했다고 했다. 이유는 교포사회에 유지라는 인사 네댓 명을 불러 교포 포상문제를 함께 논의했는데 모두 내 정부포상 상신을 반대해 부결됐다는 통보였다.

그는 토론토 유지들에게 "왜 송 특파원 포상을 반대하는지, 이유를 말해달라고 해도 모두들 묵묵부답"이라는 것이다.

다만 한사람은 "그건 토론토에서의 공적이 아니다" 또는 "송광호는 친북인물 최홍희(태권도)측근이라 안 된다"고 주장했다고 한다. 도대체 토론토 총영사관에서 인정하는 토론토유지가 누구란 말인가. 유 부총영사는 "과거 교포사회에 무슨 잘못을 한 일이 있었나요?"하고 오히려 내게 물었다.

"1980년대 초 나는 첫 교포일간지 광고국장 때 광고주와 요금문제 등으로 자주 다툰 적이 있지요. 또 방북취재 때는 임수경을 옹호해 일부에겐 안 좋은 인상을 주었고. 그렇다고 정부포상기준은 주요 실적(공적)만을 두고 가려야지요. 교포사회에서 개인 신용으로나 다른 부정적인 건은 없어요."라고 항변했다.

그는 이미 토론토 유지들이 원하는 다른 봉사자를 결정해 한국정부에 상신했다고 말했다. 유지은 부총영사는 과테말라 취재(동계 올림픽개최 결정 지)때 우연히 다시 만났다, 그는 과테말라 대사로 부임해 있었다.

북한 안내원이 '외조모 친척' 찾아주다

두 번째 방북인 1989년 평양축전이 끝난 뒤 일이다,

당시 김일성 주석은 "해외에서 고생을 하다 모처럼 조국 땅을 찾아온 우리 동포들! 맘 놓고 편히 쉬다 돌아가시라."며 "얼마든 무료로 더 조국 땅에 머물러도 좋다."고 공표했다.

그 때문에 나는 며칠 더 체류연장 신청을 했다. 언제 또다시 북한 땅을 오게 될 것인가 하는 생각이 들었기 때문이다. 취재일정도 끝난 즈음이다.

그때 R지도원이 뜬금없이 물었다.

"송 기자선생은 우리 조국에 가족들이 아무도 없소?"

"없어요. 내 집안뿌리는 (북)강원도지만 해방 후 모두 서울로 내려왔지요. 다만 어머니 고향도 북강원도인데, 외조모 친오빠만 두 명 남아있다고 들었어요. 외조모는 38선 넘어 서울 딸(어머니) 집에 잠깐 왔다가 영영 고향으로 못 가고 세상을 떠났지요."

"(북)강원도 어디요?"

"이천군 가래울 마을이라고, 깊은 산골짜기라던데."하고 답했다

"어? 이천군? 거긴 내 가까운 친한 동무가 책임자인데. 이천군은 나도 가본 적이 있소."라고 금세 말한다.

"그래요? 나는 이산가족 찾기 신청도 안 했어요. 촌수로 따져 가까운 친척도 아닌 것 같아서."

"이름과 나이는 알고 있소?"

"외조모 조카이름은 알지만, 나이는 몰라요. 지금이야 외조모 오빠들도 다 세상 떠났겠고, 성은 장씨고 조카 이름은 장재웅이라 합니다. 외조모가 늘 장재웅이, 장재웅이 해서 외우다시피 했지요. 현재 나이는 아마 65세 정도? 60대 중반 이상이 될 것 같네요."

"찾고는 싶소?"

"글쎄, 찾으면 야 좋겠지만 갑자기 찾을 수 있겠어요?"

그와의 대화는 그걸로 그쳤다. 며칠 후면 평양을 출국해야 한다. 한국에선 경기도 이천은 잘 알아도 북강원도 이천 지명을 아는 사람은 거의 없었다. 그는 북쪽지역이니까 금세 아는 것 같다. 더구나 지인이 있다니.

사리원에서 외조모 친척 만나

이틀 후 아침 안내원은 호텔 프런트에서 나를 불러냈다. 내가 나타나자 그는 어디론가 전화를 돌리며 "아, 동무. 수고하오. 근데 당원입니까?" 하는 소리가 들렸다. 순간적으로 외조모친척 얘기라고 직감했다. 당원이든 아니든 간에. 세상에….

이렇게 해서 수십 년 떨어져 있던 외가친척을 기적같이 찾게 됐다. "송 선생! 시간이 없어 강원도 이천군까지는 못 갑니다. 이천에서 가까운 도시가 사리원(황해북도)이요. 사리원에서 만나기로 조직했소. 그땐 여기에 특별 일정도 없으니 모레 아침 일찍 차로 떠납시다. 친척과 만나 점심 후 평양으로 다시 돌아오기요."

드디어 사리원에서 외조모 친척을 만났다. 방북 당시는 생각도 못 했던 만남이었다. 하지만 눈물 한 방울 안 나왔다. 외조모 조카인 장 노인은 두 아들과 함께 사리원 3.8려관(호텔/북에선 숫자로 건물이름을 붙이는 경우가 많음)에서 기다리고 있었다.

　나이는 70에 가까웠고 동행한 두 아들 중 한 명은 나보다 나이가 위였다. 그들은 전형적인 시골농부였다. 단정한 작업복 차림으로 구두 대신 운동화를 신었다. 나중 알게 됐지만 세상 밖 물정이 어두웠다. 커피라든지 콜라 등 탄산음료 등은 아예 몰랐고 본 적도 없었다. 생전 고향땅 밖을 떠나본 적이 없는 시골농촌사람 같았다.

2000년 8월 22일 송광호 북한취재 기사

　조카 노인은 갑자기 캐나다에서 웬 친척이 찾는다고 해서 깜짝 놀랐다고 한다. 남쪽 서울에 살던 외조모 손자의 평양방문이란 상상도 못 했다는 것이다. 부랴부랴 산골 토종꿀을 단지에 담아 선물로 들고 왔다. 나는 준비한 게 없었다. 갑작스러운 만남의 해프닝으로 상견 자체도 어색했고 뭘 어찌해야 좋을지 몰랐다.

안내원이 찾아 준 외가 친척들과(장재웅 외)

　친척이라고 해도 별 할 말도 없었다. 족보로 따지면 5촌 관계가 된다고 한다. 약간의 돈을 남기곤 주머니를 털었다. 미화 9백 달러를 전해주었다. 여유가 없으니 어쩌랴. 그나마 미화가 북에선 크게 위력을 발하던 시기니 다행이었다.

　꿀단지로 인해 여행에 무척 애를 먹었다. 포장이 잘 안 돼 꿀이 새어나왔기 때문이다. 하지만 노인의 갸륵한 정성을 생각하면 어떻게든 캐나다 집까지 가져가야 했다.

다음 방북시기에는 취재기간에 틈을 내 친척 면회신청을 했다. 주로 원산에서 만났다. 북강원도 수도인 원산은 원래 함경남도에 속한다. 해방 후 1946년 9월 북 강원도 수도가 된 도시다.(나중 함남 문천시까지 강원도로 편입돼 북 강원도에는 현재 2개시가 존재한다.)

강원도는 유일하게 남북이 갈려 있어, 북강원도 취재를 위해서는 원산은 필수 방문 지역이다. 평양에서 원산까지는 약 200km. 도로가 별로 좋지 않고, 마식령산맥을 뚫고 가야한다. 왕복택시 값은 미화 440달러다. 북경에서 평양까지 항공료 300여 달러에 비하면 엄청나게 비싼 가격이다.

외조모 조카친척은 만날 때마다 숫자가 늘었다. 원산에서 만날 때는 함경도 명천(명태로 유명)에서 한 친척 노인이 북어를 싸 들고 왔다. 명천탄광서 일한다는 그는 원산까지 교통편이 힘들어 고생고생하며 찾아왔다고 한다. 7~8명이 모이니 내 계획(예산)에 차질을 빚었다.

더구나 원산은 관광도시라 그런지 음식 값이 무척 비쌌다. 오래 전인데도 식사요금이 3백여 달러가 나왔다. 완전 바가지요금이다. 친척인 장 노인이 우연히 엄청나게 식사요금 나온 것을 보고 펄펄 뛰고 흥분해 오히려 그를 진정시키느라 애썼다. 시골주민 층으로선 1달러도 귀한 세상에 식사비가 3백여 달러가 나왔으니 깜짝 놀랄 만했다.

그보다 아쉬운 것은 여러 친척들이 한데 모였으나 각 개인과의 진솔한 대화는 힘들었다는 점이다. 잠시 식사와 가족여흥(노래)시간을 갖고 송도원에서 사진을 찍은 후 다음 만남을 기약했다. 헤어질 때는 "언제 다시 조국(북한)에 오느냐?"고 물었다.

"글쎄요. 조국에 무슨 국제행사가 있으면 먼저 입국승인을 받고 와야 해요. 제 맘대로 아무 때나 오지 못해요."라고 씁쓸하게 답했다.

원산에서의 친척 만남, 평양 호텔로 변경

언젠가 평양에 국제청소년태권도대회가 열릴 때다. 그때 나는 평양 서산호텔에 묵었는데 친척 만남을 처음 호텔근처로 주선해 줬다. 내가 놀란 사실은 외조모 친척이 수십 년간 한 차례도 평양방문을 못 했다는 사실이다. 서너 시간 만남 후에는 다시 기약 없는 나날을 보내야 한다.

다음 만남이 수년이 걸릴지 또는 기회가 다시 안 올지도 알 수 없다. 방북이 힘든 것은 내 기자 신분 탓도 있겠지만, 내가 북한의 일부 간부로부터 미움을 산 이유도 있는 것 같다.

반면 한번 북한을 다녀온 캐나다의 이산가족들은 그들끼리 매달 그룹 모임을 갖는다. 그들은 친북창구를 통해 북한을 자유로이 방문한다. 한국방문도 자유롭다. 북에서 만난 외조모친척은 내겐 가깝든, 먼 친척이든 상관이 없다. 그들과 인연이 맺어진 이상, 계속 나와 만남을 갈구하는 그들의 소망을 저 버릴 수 없다.

산골에 사는 그들은 법 없이도 살 수 있는 사람들이다. 그러나 산촌에 거주하니 자주 자연재해(가뭄이나 홍수)피해를 당해 곤란한 처지에 놓이곤 했다. 북한은 해방 후 수십 년 세월이 지나도 농촌 환경은 개선된 것 같지 않았다, 산에는 숲이 없고 건듯하면 자연재해를 입는다.

나는 외조모 친척과는 서너 번 만남의 기회를 가졌으나 잘 신경 써주지를 못했다. 지금 생각하면 그때 왜 세심한 배려를 못 해주었는지 무척 후회스럽다. 그들은 나와 잠깐의 만남 후에는 또 기약 없는 다음을 기다려야한다.

우리 민족처럼 수십 년 동안 분단으로 막혀, 핏줄이 갈라진 이런 기막힌 나라가 어디 있는가. 일제강점기에도 혈육이 갈린 이런 비극적 환경은 없었다. 한국에 살던 한 이산가족은 북한가족을 찾는 목적으로 아예 북미주로 이민 온 사람도 있다. 해외에서 영주권자나 시민권자는 방북이 법에 저촉 안 되고, 자유롭기 때문이다.

지난 1988년 노태우 정부의 7.7선언은 대한민국대통령으로서 위대한 치적이다. 해외동포들에게는 법적으로 정식 방북을 처음 허용 받았기 때문이다. 그로인해 엄청난 수의 해외동포들이 방북물결에 휩쓸려 꿈에 그리던 가족을 만났다.

당시 내 어머니는 2번째 방
북에서 외조모 조카노인을 만
난 사연을 전했더니 깜짝 놀라
"정말이냐, 그게 정말이냐"를
연발하셨다. 당시 평양 책임지
도안내원 배려로 노인친척을
쉽게 찾은 사실이 지금도 믿기
어렵다. 그냥 행운으로만 돌리

평양 모란봉 이산가족 면회자 숙소(2015)

기엔 운명적인 무엇이 작용했던 듯싶다.

어머니는 다시 기회를 갖게 되면 북한노인에게 전하라며 연금을 조금 모아두곤 하셨다. 당시 나는 경제사정이 무척 힘들 때였다. 당시 형편이 좋았던 다른 형제들은 북의 외조모 친척에게 아무도 관심이나, 도움을 주지 않았다.

외조모는 해방 후 북에서 38선을 넘어와 평생을 우리 4남매들을 돌본 노인네다. 외동딸인 어머니를 위해 식모(가정부)처럼 일만하며 살았다. 끝내 북한고향으로 못 돌아가고, 서울에서 79세 일기로 세상을 떠나셨다. 지금도 외조모 생각을 하면 가슴이 메어진다.

"아니 어디 갔다가 이제 오는 거요?"

호텔 라운지에서 침울한 표정으로 앉아있던 책임지도원(상급안내원)이 내게 소리쳤다. "그렇게 '자유주의'로 나가기요?" 하며 와서 앉으라고 손짓한다.

"바(Bar)에서 만납시다."하고 그를 무시한 채 안쪽 바(Bar)로 향했다. 삿포로 깡통맥주를 들이켜는데 책임지도원이 혼자 와 다그친다. "도대체 어디 갔었소?"

"평양지역을 모르니 헤매고 다녀 시간이 많이 걸렸어요. 이상한 행동 하지 않았으니 걱정 말아요."라고 답했다.

"어디를 가면 먼저 얘기를 해 줘야지, 정말 어디를 다녀왔소?"하고 쉽게 물러나지 않는다. 나는 "힘들게 돌아다닌 걸 어떻게 일일이 압니까. 정말 무슨 일 없었어요. 술이나 한잔합시다."

그는 사라졌던 내가 나타나자 일단 안심이 됐는지, 대답 안 할 것으로 판단했는지 그대로 가 버렸다. 긴장이 풀리며 피곤이 엄습했다. 밤 시간이 늦었다.

"접대원 동무. 지금 술값은 외상이요. 내일 계산합시다."하고 그냥 일어섰다.

안내원 몰래 일반 아파트 찾아가

평양 일반아파트 방문(1989년)

나는 3층 호텔 방으로 돌아와 웃옷만 벗은 채 덜렁 침대에 누웠다.

사실 평양을 안내원 없이 한 번 맘대로 다니고 싶었다. 호텔에서 점심을 마치고 나서 안내원의 눈을 벗어나 평양시내를 다녔다.

미리 문수거리 청류 1동의 한 주소를 정해 놓고, 버스표를 구해 버스를 갈아타고 다녔다. 어느 한 주민아파트를 찾아갔던 것이다.

그러나 찾은 곳이 청류 1동이 아닌 청류 2동이었다. 다시 길을 물어 겨우 아파트에 닿았다. 아파트 주인은 반가이 맞아줘 저녁식사와 술까지 함께하다 보니 시간이 많이 늦어졌다. 공연한 내 일탈 행위로 선의의 아파트 주인이 피해를 입지 않기를 바랐다.

다음날 R지도원은 아무 일 없었다는 듯 대해줬다. 그는 어제의 내 행적을 알아냈는지 모르겠다. 개성 고아출신이라는 연상의 이 R책임지도원을 만난 게 다행이었다. 40대 중반인 그는 일반안내원들보다 상위직급이었고, 방북자들 요구는 웬만하면 들어주려 애쓴 인물이었다.

마음착한 안내원을 잘 만나는 것도 행운에 속한다. 대부분 북 안내원들은 따뜻하고 친절하다.

그런 일이 있은 10여년 뒤 R을 평양 순안공항에서 만났다. 그는 평양공항 장(책임자)이 돼 있었다. 전에 그를 만났던 게 얼마나 내게 행운이었던지 새삼 고마웠다. 그의 배려로 생각지도 못했던 북강원도 내 외조모 친척을 만나게 되지 않았던가.

그러나 드문 경우지만 질이 별로 안 좋은 안내원이나 참사(간부)도 있었다. 두 번째 외조모가족을 만날 때 동행한 중년의 안내원은 무엇 때문인지, 왜 기분이 상했는지 외조모친척을 겁박하는 경우를 보았다.

안내원은 내 가족만남 현장에서 못마땅한 표정으로 "금요 로(노)동은 끝내고 왔소?"하고 큰소리로 퉁명스레 노인에게 물었기 때문이다. 자못 시비조였다.

"예. 전부 잘 끝냈습니다."하고 비쩍 마른 노인은 훌쩍대기 시작했다. 노인은 왜 또 눈물을 쏟았는지 알 수 없었다. (참고로 이산가족 만날 때는 당사자 가족 이외엔 친구나 지인은 동행시키지 않는다.)

오랜만에 해외가족들이 만나는 반가운 자리에 안내원은 왜 그런 딱딱한 언사를 내 뱉었는지 모른다. 일종의 심술같이 보였다. 그때 처음으로 북 주민들에게 금요노동이 존재함을 알았다. 나중 알게 됐지만 북 주민은 1주일에 한 번 토요일에는 학습시간, 금요일 하루는 노동시간을 갖는다고 한다. 일명 토요학습과 금요노동이다.

후에 다른 해외이산가족의 만남 얘길 들으니, 이산가족 동행 시 미리 팁(Tip)을 챙겨주지 않으면 가끔 그런 몰상식한 행동을 하는 인간이 있다고 한다. 한 토론토 이산가족노인은 "아, 나도 한번 당했네. 나이가 한 50 가까이 먹은 멀쩡하게 생긴 녀석인데 정말 몰상식하더구먼."하고 말했다. 인성문제다.

국제태권도 담당인 C참사도 인간성이 안 좋았다. 거만하고 일반 안내원들 위에 군림해 간부티를 냈다. 자신이 안내원보다 높은 위치에 있음을 드러내 놓고 과시했다. 북한조직을 잘 아는 미주교포는 "C참사는 중앙당에 속해 있다"고 귀띔해 줬다. 그런 건 상관없다. 걸핏하면 거짓을 일삼고 사건을 조작해 분란을 일으키는 그런 행위가 문제다.

어느 날이다. 방북 후 하루는 아침식사 전 일찍 누가 호텔 방을 두들겼다. 문을 여니 굳은 표정의 C참사였다. "송 형! 새벽에 어디를 다녀왔소?"하고 묻는다.

"예? 내가 어딜 다녀와…?" 왜 아침식전에 찾아와 엉뚱한 얘기를 묻는지 황당했다. 자주 방북하는 편이니 요주의 인물로 찍혀있나, 아니면 고의로 한번 찔러보는 식인가, 남이나 북이나 별의별 인간이 있지만 C참사 같은 사람은 드물게 생각됐다.

그런데도 그는 북한 해외관련부서에 참사 직으로 10년 이상 자리 잡고 있었다. 그러한 부정직한 인물이 공무원에 오래 머무는 것은 남북한 어디든 바람직한 일이 아니다. 소문으로는 그의 직속상관이 북한 요직에 있는 K 비서라고 한다.

그는 어디서 '형' 얘기를 들었는지 아무한테나 '형' 소리를 남발했다. 아마 자기 딴에는 일반적인 '선생'호칭보다는 친근감을 나타내려 했는지 모른다. 하지만 가까운 사이도 아닌 연장자 입장에선 듣기 거북했고, 별 유쾌한 기분이 아니었다.

예전 원산과 금강산 관광신청을 했을 때다. 이때 C참사가 나와 동행하겠다며 의향을 물은 적이 있다. 나는 이미 안내원과 가기로 약속을 해둔 터였다.

"미안하오. 나는 안내원과 약속했으니 양보해 주세요. C참사 동지는 직위가 높으니 금강산 갈 다른 기회가 많겠지요."하고 거절한 적이 있다. 그 일을 잊지 않고 섭섭했는지는 알 수 없다.

해외동포위원회(사업국) 명칭도 자주 바뀐다. 부에서 국으로, 처로 달라져 헷갈릴 때가 있다. 사실 방북자 입장에선 부서 명칭은 전혀 관심 없는 일이다. 안내원들은 소속이 유럽동포, 재중동포, 재일교포(9국), 재미동포(5-6국)담당 등으로 나뉘어져 있다.

그러나 서방세계 조직과 근본적으로 다른 점은, 본인이 일하는 부서 이외의 타부서 관련해서는 바로 옆 근무라도 내용을 전혀 모른다는 사실이다. 서로 알지도 못하고 알려고도 않는다. 북한사회 구조는 오직 수직관계다.

외국 방문객 화폐, 달러-유로화-달러로

외국 방문객을 위한 화폐통용도 30여 년간 계속 바뀌어져 왔다. 방북 초기 1980년대에는 해외교포가 쓰는 돈은 외화를 바꾼 표(지폐)나 달러(미화)였다. 수년 뒤는 중국 돈도 병행해 사용하더니, 한 동안 유로(Euro)화가 교환기준이 됐다. 현재는 다시 달러(미화)가 대세를 이루고, 중국 돈을 주로 쓴다. 유로화는 거의 사라져 버렸다. 초기상태로 되돌아온 셈이다.

이제는 북한은 어느 상점이든, 백화점이든 모든 상품가격은 북한 돈으로 매겨져 있다. 장소에 따라 북한 돈(원화) 대신 달러로 계산하기도 한다. 수년 전부터는 해외방북자에게 현금카드

북한 현금카드 (무역은행-나래)

(플라스틱)를 발부해 사용케 하고 있다. 일정 금액을 미리 금융기관에 입금시킨 뒤, 발급받은 카드로 사용할 때마다 결제한다. 크레딧 카드가 아니니, 입금액을 초과해 사용할 수 없다. 북미 경우의 현금카드(Debit

카드)와 같다. 북 주민들도 역시 같은 현금카드를 사용한다.

환율은 코로나19 이전까지 미화 1달러가 북한 돈 8,000원이었다. 지금은 환율이 더 올라가 있다고 들린다. 마냥 오르지, 떨어지는 경우가 없다.

평양과 지방 대도시에는 장마당(일종의 벼룩시장)이 있다. 처음엔 외부인은 출입을 금지시켰지만, 이제는 해외동포 출입도 가능하다. 평양 경우 여러 구역 장마당 가운데 통일거리 장마당이 가장 크고 이용자가 많다.

장마당 물품가격이 보통 일반상점보다 조금 낮다고 한다. 특히 장마당은 과일과 남새(채소) 종류가 많고 신선해 주민들에게 인기라는 소문이다.

한때 북한 정부기업소에서는 명절 때 고기, 기름, 맛내기(화학조미료) 등을 주민에게 무료로 공급해 주기도 했다. 그러나 그간 코로나19 영향으로 꽤 타격이 컸으리라는 소식이다.

북한의 지방(시골)환경은 소문처럼 무척 낙후돼 있다. 이미 언급한 내용이나 한국보다 수십 년 뒤떨어져 있다. 살풍경이다. 북한을 다녀온 한 미주교포는 "북한에서 태어나지 않은 것이 정말 다행이라고 생각돼요. 하나님에 감사하는 마음입니다."라고 말한다.

언뜻 보기엔 피폐한 환경 속의 북 주민들에게는 무슨 낙이 있을까 싶었다. 이산가족인 한 미주교포는 '북한 시골주민들에겐 생활은 없고 오직 생존할 뿐'이라고 혀를 찼다.

하지만 북 지방주민들도 분명 웃음이 있고 정(情)과 눈물이 존재했다. 황해북도 정방산을 방문할 때였다. 정방산은 유명사찰인 성불사가 있다. 이은상 작곡 '성불사의 밤' 가사가 절로 떠올랐다. "성불사 깊은 밤에 그윽한 풍경소리…."

절 입구의 건너편에 주민 몇 사람이 보였다. 한 여성이 깔깔대며 큰 웃음을 터트렸다. 시골에서 듣는 요란한 웃음소리는 귓가에 한참이나 머물렀다.

또 원산에서 금강산을 가다보면 중간지역에 유명 명소 '시중호'(천연 기념물/호수)에서 쉴 때다. 얼마동안 북강원도에 있었다는 운전기사는 동해안 남쪽에서 배가 잘못 표류해 북으로 들어온 한국인 어부 얘길 들려줬다.

"그와 함께 어디를 갔다 시간이 늦었는데, 빨리 집으로 돌아가자고 재촉하는 겁니다. 자기 집이 남쪽이지, 여기가 자기 집입니까?"하며 눈이 벌겋게 충혈 되는 것이다.

'남쪽의 자신 집에서는 얼마나 그를 기다리겠는가?'하는 의미로, 말은 않고 눈가를 닦던 운전기사가 생각난다.

1980년대 해외에서 이산가족 찾기가 한창이던 시절에는 북한에는 주로 40세 남짓한 안내원이 많았다. 1990년대 초부터 북한간부들 연령층이 젊어지기 시작했다. 김정일 위원장이 본격적인 정권인수 활동을 하면서 세대교체를 시도했기 때문이라 한다.

당시 청년세대 1기생으로 첫 선발됐다는 토론토 제1호 탈북자인 한 북한서기관이 밝혀줬다. 그래선지 평양에서 40대 중반 이후의 간부들을 찾기가 힘들어졌다.

당시에는 해외에서 김일성 주석보다 김정일 위원장 면회가 더 어려웠다.

일본 조총련 한덕수 의장이나 캐나다 최홍희 태권도총재 등 해외의 거물급인물도 방북 후 김 위원장을 쉽게 만나지 못했다. 더구나 북한경제가 급격히 하향곡선을 긋고 있을 때라 평상시와 달랐다. 그래도 그때는 지금 정권처럼 어둡고, 삭막한 정치 분위기는 느껴지지 않았다.

말 한마디로 추방된 '채씨 노인 스토리'

수년 전 토론토에서 우연히 채씨 성을 가진 한 탈북자 노인(1933년 생)을 알게 됐다. 당시 그는 84세였다. 그는 자신을 한때 북한 김일성의 오랜 측근이었다고 자랑스레 말했다.

그 즈음 탈북자들은 캐나다 입국 시 전부 거짓으로 난민신청을 한 것이 탄로 나서, 캐나다정부로부터 추방 또는 자진 출국 명령을 받고 있던 터였다. 탈북자들은 모두 한국을 통해 캐나다에 왔음에도, 중국이나 동남아에서 직접 입국했다고 거짓 난민신청을 한 것이 들통 난 것이다.

캐나다는 한국정부의 협조아래 탈북신청자 전원의 지문을 조회한 결과 그들 모두가 가짜 난민으로, 100% 한국행으로부터였던 것이 판명돼 있었다. 그들은 남한에서 온 탈남(脫南)자였다.

80대의 김일성 측근(통역)

이 80대 채씨 노인부부 역시 한국에서 온 탈북자였다. 하지만 남들과는 달리 캐나다영주권을 쉽게 받았다고 한다. 그 채 부부는 캐나다 연방정부 특혜로 1년 뒤엔 곧 시민권 취득도 약속받았다고 말했다. 나이가 많고, 고위급 신분이라 인도주의 이민혜택을 받았다고 주장했다.

그 뒤 확인은 못했지만 그의 말대로라면 지금쯤은 캐나다 시민권자가 돼 있을 것이다. 캐나다규정에는 영주권자가 캐나다시민권을 따는 기간이 보통 3년 이상 걸린다. 캐나다정부가 노인이라고 채씨에게만 1년 만에 시민권까지 준다니 믿기 어려웠다. 그의 말이 사실이라면 어떤 특별한 이유가 있을 것이다.

평양 노인용 전동자전거

채 노인을 여러 차례 만났다. 만날수록 변덕스럽고 그의 처신이 이해가 안됐다. 다만 그의 개인스토리는 설득력이 있었고, 어느 정도 믿음이 갔다. 당시 나는 재외동포 신문방송편집인협회 대표라는 직책을 맡고 있었다. 별 볼 일 없는 감투였다. 그는 명함을 보고는 무슨 큰 인물로 착각했는지 "선생님, 선생님"하고 내게 굽실댔다. 거북스러워 만류해도 끝까지 그렇게 불렀다.

채 노인이 북한에서 살아온 그의 스토리를 전한다.

채 노인은 지난 1999년 탈북했다. 이후 줄곧 중국에서 9년간 살았다고 한다. 2007년 서울 입국 후 부인이 사망하자 곧 70대 탈북여성과 재혼했다. 그리고는 토론토로 재이주해서는 난민신청을 했다. 그때 자신을 김일성 측근으로, 고위북한관리라고 주장했다.

하지만 김일성 측근이라면서 어떠한 직책도 밝히지 않았다. 김일성 통역비서(중국 전문통역)일을 한 것으로 추정했으나, 그는 통역이라고 말하지 않았다. 북한 언론기관 등지에서 오래 일했다고 말했다. 그는 또 북한관련 핵 내용을 잘 안다고 말했다.

그를 한국 재외언론행사에 초청해 '북한의 핵' 관련문제 등을 듣고자

했다. 그도 쾌히 승낙했다. 협회운영자인 박기병 이사장과 상의해 그의 초청 건이 성사됐다. 그러자 노인은 금세 다른 요구를 했다. 한국은 탈북자에게 위험하다며 그의 부인까지 함께 초청해 달라는 것이다.

서울 협회로 연락해 그의 뜻대로 해주기로 했다. 예산도 부족한 협회 상황에서 채씨 부부의 초청 건은 협회의 큰 성의였다. 두 노인의 항공권을 대신 구입한 뒤 토론토 출국을 며칠 남긴 시점이다. 저녁에 전화가 왔다.

"송 선생님! 아무래도 한국에 못 가겠어요"하고 말한다. 순간적으로 짜증이 났다.

"왜요? 갑자기."하고 물으니 " 아무래도 서울은 위험해서 안 되겠어요. 어제 토론토총영사관을 방문해 내 신변보호를 문의하니, 안전을 책임질 수 없다고 하네요."라고 말한다. "또 사실 한 달 전 서울에 있는 두 아들(탈북자)도 토론토에 다녀가 한국에 나갈 필요가 없어요."라고 말했다.

한심한 노인네였다. 누가 고령의 탈북자 노인을 국가에서 신변보호조치를 취한다는 말인가. 또 한국행을 단순히 자신의 개인나들이로 생각한 것 같다. 그와 더 이상 대화가 필요 없었다. 그의 초청을 시도한 내 경솔한 실수였다.

"알겠습니다. 그런데 항공권을 취소하면 페널티(위약금)를 냅니다. 1인당 3백 달러씩 모두 6백 달러(현재 1인당 4백 달러)가 될 거에요. 아무 여행사에서 위약금 관련해 알아보세요. 채 선생이 스스로 규정을 어겼으니 위약금은 내셔야 합니다."

"글쎄요. 내야겠지요."

"그럼 저는 곧 행사에 나가니 한국 다녀온 뒤 지불해 주세요." 하고 끝냈다.

나중 연락해 만나니 돈 준비가 1백 달러밖에 안 됐다는 것이다. 그 후 그와는 더 이상 상종하지 않았다. 한편 생각하니 팔순 넘은 탈북자노인을 탓하기보다 상대방을 제대로 파악 못 한 내 실수였다. 내 돈만 잃어버린 결과가 됐다.

노인과 인터뷰를 갖기 전이다. 토론토 교민신문에 채 노인부부의 한복 입은 팔순사진이 크게 실린 적이 있다. '캐나다 영주권을 취득한 탈북자부부의 팔순 넘은 생일잔치'라는 특별 기사였다. 그런 2주 후에 채 노인은 북한 심양(선양)총영사관으로부터 두 번 협박성 전화를 받았다고 내게 밝혔다.

그 때문에 채 노인은 급히 전화번호도 바꾸고, 인터넷검색에서 해당 내용을 삭제했다고 한다. 이후 한때 그와 연락이 쉽지 않았다. 소통이 잘 안 되니 그와 만남도 늦어졌다.

여하튼 무서운 세상이었다. 아직도 토론토에는 영주권 없는 탈북자들이 수백 명이 살고 있다. 누가 누군지도 모르고, 친북스파이는 어디든 스며있는 듯했다.

채 노인을 만났을 때 그에게 조언한 적이 있다. 그는 가끔 교포신문에 북한 관련해 북한비난 글을 쓰고 있었기 때문이다.

"채 선생! 이젠 캐나다 영주권도 가졌고, 매달 연금으로 저축도 좀 가능하시지요? 두 분 건강도 좋으니, 교회나 열심히 나가시고, 남들 노인처럼 어디 해외관광으로 다니며 사세요. 자녀들도 탈북 해 서울에서 잘 살고 있다니 얼마나 다행입니까? 이제는 정치적으로 어디를 비난하는 일은 그만두세요."라고 조언했다.

그는 집에서 할 일은 없고, 바깥세계와는 언어가 안 통하니 북한 비난 글을 계속 쓰는 것 같았다. 그렇다면 일반이 이미 아는 구태의연한 얘기

말고, 다른 북한의 의미 있는 정보라도 전하든가 하는 게 아니었다. 오히려 북한의 주요 핵심은 피하는 듯싶은 인상을 주었다.

채씨와 인터뷰 때도 그랬다. "그 내용을 쓰면 곤란해요. 안됩니다."하고 말하는 식이다. 나이가 90인 노인인데도 무엇이 두려운지 겁이 엄청 많았다.

1961년 김일성 통역비서 등 다채로운 경력

채 노인이 밝힌 그의 경력은 다채롭다. 그는 북한 언론계에도 50여년 근무했다고 한다. 조선중앙통신 국제부국장과 당대변인, 정부대변인, 기자2급 (등급은 8급까지이며, 2급이 최고 급수)으로 활동했다고 한다.

만수대 창작사 초급당비서, 출판검열 국 책임지도(초급당비서), 조선미술출판사 부사장, 당 중앙위원회 선전선동 부 내부담당부장 등을 역임했다고 한다. 조선미술 출판사경우 표면상으로는 조선미술사이름을 내걸었지만, 실상은 은밀한 정치조직이라고 한다.

채 노인에 따르면 그는 중국태생이다. 훈춘 땅에서 조선광복군의 유복자로 태어났다고 말했다. 훈춘지역은 중국 연변조선족 자치주에 속한다. 중국-러시아-북한의 3개국 국경이 맞닿는 지대이다.

그는 모친도 일찍 여의면서 한 부유한 중국인 가정에 입양됐다. 그의 선친과 가까웠던 중국광복군출신 가정이다. 중국인은 그가 어릴 때부터 "너는 조선인이지만, 내 친아들이나 다름없다."며 아껴줬다. 공부도 중국에서 최고학부라는 베이징대학에서 배우게 했다.

중국교포(조선족)와 관련해 하나 참고할 점이다. 나도 처음에는 미처 몰랐다. 그것은 대부분의 중국교포(조선족)들이 한문을 잘 모른다는 사실이다. 그들이 태어난 연변지구 조선족 자치구에서는 조선말만 우선적으로 배웠기 때문이다. 다만 중국 조선족은 중국어와 한국어의 이중국어 대화는 별 문제가 없다.

그것은 중국정부의 소수민족 지역구분정책에 따라, 연변의 조선족은 조선어학교만 다녔기 때문이다. 미국, 캐나다, 일본, 러시아 등 해외태생의 교포자녀들은 현지 국가언어가 모국어처럼 돼 있다. 해외에서 태어난 한국인 2세는 한글을 모르니, 현지 한글학교 등을 다니면서 따로 한글을 배운다. 이 점이 중국교포 자녀와는 근본적으로 구별되는 점이다.

채노인은 베이징대학에서 정치-경제학부를 공부했다. 그는 어느 날 여름방학을 맞아 심양에서 북한관광을 갔을 때였다. 북한당국은 관광 후에 그를 출국시키지 않고 강제로 평양에 머물게 했다. 그때가 1961년이다. 중국 베이징에는 북한유학생이라곤 거의 없을 때였다.

북한은 당시 채씨(베이징대학생)에 관해 신원조회를 해보니, 그는 조선인 뿌리로 성분도 좋고, 북한이 필요로 했던 유망한 청년으로 판단했다. 그로인해 채 학생을 붙잡고 중국으로 다시 내보내지 않았다는 것이다.

"당시 북한에는 김일성 주석을 돕는 중국통역(비서)이 있었는데 가끔 내부적인 비밀이 샌다고 해요. 내 경우는 혈혈단신으로 아무 가족도 없으니, 보안문제 상 김일성 주석의 통역으로 적합한 인물로 여긴 것 같아요. 내 중국여권을 압수하고는 다시는 중국 땅으로 못 나가게 했습니다."

그때부터 그는 기나긴 세월을 평양에서 지내야 했다. 평양 국제관계대학 외교관 학부를 졸업하고, 김일성 주석 옆에서 북한 언론계 고위간부로도 50여 년 간 근무했다.

기자로는 최고등급인 2급 기자(최저8급)로 사실상 조선중앙통신 책임자였다고 말했다.

1994년 묘향산 특각 김 주석 사망 현장에도

수십 년 후 1994년 8월 김일성 주석은 묘향산 특각(초대소-나중 김 정일 위원장이 폐쇄시킴)에서 갑자기 심장질환으로 사망했다. 이때 채 노인도 현장에 있었다고 한다. 공교롭게도 당시 김정일 위원장이나 평소엔 늘 대기상태였던 김일성 주치의도 묘향산에 없었을 때다.

단지 묘향산에는 남쪽과 정상회담준비를 위한 북한경제 일꾼들 몇 명 뿐이었다고 한다. 그때 김 주석은 "북 주민들 중에서 배급이 끊겨 굶어 죽는 사람이 생겼다"는 사실을 처음 알게 됐다는 것이다.

이러한 '주민 아사자' 사실을 전혀 몰랐던 김일성은 크게 노발대발했고, 결국 심장병으로 인한 사망에 이르게 됐다는 것이다. 이는 당시 현장에 있었던 채 노인의 설명이다. 진작 김일성의 지병인 심장병은 측근들에겐 이미 잘 알려진 사실이었다.

당시 김정일은 김일성 주석이 이동 시에는 주치의를 늘 합류시켜 함께 움직이도록 해 왔다. 그런데 하필 묘향산 경우 처음으로 주치의가 빠지고 이때 김일성이 사망함으로, 김정일이 고의로 부친을 죽였다는 소문과 오해를 받게 됐다는 것이다.

다시 채씨 노인얘기로 돌아간다. 김일성이 죽고 나서 약 한 달 후다. 김정일은 평양 양각도 특급호텔에서 비밀회의를 열었다. 이때 고위급 북한간부 20명 가운데 채 노인도 끼게 됐다고 한다.

그는 묘향산에서 김일성 사망 시 함께 있었고, 북한 언론계의 책임자로 합류케 됐다고 말했다. 채 노인은 그때 누가 모였는지 참석자 이름을 밝히기 꺼려했다. 강석주 이름 한 명만 언급했다. 당시 강석주는 북에서 가장 영어가 능통한 외교관으로 자타가 공인하던 인물이다. 해외에서도 잘 알려져 있었다.

채 노인은 "그날 김정일 주재로 양각도 호텔에서 북한 앞날에 관한 의견을 나누었지요. 무력부장은 누가 좋겠는가, 무역장관은 누구로 할 것인가 등등. 미래정권을 위해 어떻게 할 것인가를 두고, 참석자가 한마디씩 의견을 말할 때였어요."

그때 채 노인은 "이제부터는 새로운 각오로 일하기 위해 고급간부들은 특히 술과 여자를 멀리하자."고 말했다고 한다. 그때는 조용한 분위기로 아무 일 없이 그대로 넘어갔다고 한다.

그러나 다음날 저녁 집에서다. 어느 손님이 현관에서 기다린다고 해 나갔더니, 그를 차에 태워 어디론가 데리고 갔다. 감옥소였다. 알고 보니 '수령모독죄'로 체포된 것이다. 허구한 날 술과 여자로 이골이 난 김정일 위원장을 겨누어 '야유했다'는 죄목이었다.

그로써 김일성 측근이라는 과거의 황금전성기는 하루아침에 끝이 났다. 6개월 감옥살이 뒤에는, 그는 가족들 7명과 함께 함경도 '통제구역'으로 추방됐다. '천을'이라는 곳이다. 천을은 하늘 아래 첫 마을이라는 고지대였다.

마을은 80가구 3백여 명으로 각종 죄를 지은 주민들이 옹기종기 모여 살았다. 국가에선 집도 주지 않았다. 맨땅에 허술하게 오막살이를 짓고 살았다. 그의 고생길이 펼쳐지기 시작한 것이다.

채 노인이 북한 땅에 들어와 김일성 중국통역(비서)일을 처음 맡았을 때, 북한당국 추천자는 "당신은 아주 행운이 있는 사람"이라며, "절대 무슨 일 내용이든 남에게 전하지 않는다는 철칙만 지키면 된다."고 일러줬다고 한다.

그때가 그의 나이 20대 후반으로 베이징대학을 떠나 북한 땅에 비로소 뿌리를 내리게 된 시점이다. 그 후 평양에서만 60여년을 살다 김일성 사후 밉보여 지방(함경도) '통제구역'으로 추방된 것이다.

채 노인이 들려 준 '김일성 후계자' 숨은 이야기

채 노인은 김일성 주석 등 과거의 북한고위인사들 내막을 소상히 아는듯했다. 그의 지난 김일성 후계자와 관련된 얘기다.

북한내부에서는 김일성 후계자의 은밀한 편싸움이 한창일 때 대부분의 김일성 측근은 후계자로 김정일(첫째부인 김정숙 아들)보다 김평일(둘째부인 김성애 아들)이 정권을 맡기를 원했다고 한다. 당시 김정일은 키도 작고 여자에게만 관심을 두고 있었기 때문이다.

그때 국가원로 격인 최현과 최용건 두 최씨가 갈라져 각기 다른 후계자를 추대했다. 둘 다 일제강점기 김일성과 함께 투쟁한 항일 유격대원들이다. 이들은 사망 후 대성산 혁명열사릉에 묻혔다. 혁명열사릉은 애국열사릉보다 한 등급 높은 국가열사 묘소다. 혁명열사는 장례행진을 하고 길 연도에 주민들을 동원해 고인을 추모한다.

채 노인은 "당시 최현(조선인민군 총사령관, 최룡해 부친)은 김정일을 전폭적으로 지지했고, 최용건(북 인민위원회 상임위원장)은 김평일을 적극 밀었어요. 최현은 일자무식(문맹)으로 전혀 글도 모르는, 완전 독고다이(독불장군 의미)에요. 최용건은 '국가지도자는 키도 커야 한다.'고 주장했고. 나는 최용건 아들과 친했기 때문에 사실 김평일이 정권을 잡기 바랐지요."라고 말했다.

그러나 결국 김일성은 김정일을 택함으로서 최용건은 큰 실망을 했다. 차츰 최용건은 김일성 부자 사이에서도 틈이 생겼다고 한다. 최용건이 사망했을 때는 김일성 부자와 사이가 꽤 벌어져 있었다.

김 부자는 장례 추모로 연도에 늘어선 주민들에게 슬프다는 눈물도 못 흘리게 지시했다고 한다. 중국인 왕씨인 최용건 부인은 남편 사망 후엔 중국으로 돌아갔다.

채씨 말에 따르면 김일성은 1960년대부터 늘 "총대 끝에 핵을!!"하고 외치며, 핵을 경제문제보다 더 관심을 쏟았다. 당시 핵실험장소로 정한 함경북도 길주군 풍계리 지하에는 채 노인도 함께 다녀왔다고 한다. 처음 핵 연구팀에는 비날론(합성섬유)을 발명한 월북인사 이승기 박사가 중심이 됐었다.

김일성은 진작부터 나이 20세 미만의 인재들만 멤버로 뽑았다. 북한은 핵 관련해서는 몇몇 측근만이 알고 있었다. 김정일은 1974년부터 국가권력은 맡았지만, 실상 핵 관련 내용은 잘 몰랐다는 것이다.

김일성은 채씨에게 "이건 내 아들도 몰라."하며 비밀에 부쳤다. 1994년 김일성이 묘향산에서 갑자기 사망했을 때 김정일에게 제대로 인계 못한 부문이 핵 관련 사항이라 한다. 그러나 기존의 북한시스템을 통해 지속적으로 핵 관련해 '원자재가 필요하다'는 등의 제의서와 보고서가 들어와, 김정일은 비로소 돌아가는 상황을 파악할 수 있었다는 것이다.

채씨는 "북한의 핵 문제는 손자인 김정은 시대에 들어와 할아버지 김일성의 유훈정치에 따라 '핵과 경제'를 계승하고 있는 셈"이라고 말했다.

채씨 말로는 '1960년대의 김정일은 여자와 영화밖에 몰랐다'고 한다. 김정일은 당시 일본(조)총련에서 선물한 오토바이를 타고 매일 평양거리를 누볐다. 북한에 오토바이가 거의 없을 때였다. 그러다 눈에 드는 여자가 눈에 띠면 누구든 추적하곤 했다.

이 같은 소문이 퍼지면서 김일성은 "너는 왜 여자들만 따라다니느냐"고 꾸중했을 정도다. 한편 김정일은 영화, 연극 등 예술 부문에도 심취해 '5대 가극'을 만들어 재능을 보였다고한다. *피바다 *꽃 파는 소녀 *한 자위단원의 운명 *금강산의 노래 *밀림아 이야기하라 등 5대 가극을 선보였다.

김일성도 아들의 예술능력을 인정했다. 김일성 주석이 처음에는 김평일(김성애 아들)을 생각했다가, 차츰 김정일(김정숙 아들)로 마음을 굳히게 된 것도 김정일의 예술적 자질을 높이 평가한 까닭도 있다고 한다.

그즈음 김정일은 영화배우인 성혜림에게 빠져있었다. 김정일은 성혜림이 딸 하나를 둔 유부녀로 남편은 두만강을 쓴 작가 이기영의 장남 이평 이다. 김정일은 김일성 몰래 성혜림을 자신의 관저에 데려다 살았다.

한편 성혜림과 평양예술학교 동기생인 김영순(탈북무용가)은 1937년생으로 성혜림과 같은 나이였다. 그때 김영순은 "내 가까운 동무가 성혜림"이라고 외부에 발설한 탓에 요덕정치범수용소에 9년간 잡혀있었다고 내게 말했다. 그 후 탈북 해 한국으로 왔다.

성혜림 얘기를 덧붙인다. 그녀의 집안은 경남 창녕군이다. 대대로 대지주인 만석꾼 집안이다. 명문가로서 3대독자 부친 성유경과 모친 김원주(일제강점기 '개벽'잡지 여기자)사이에 서울 종로구 계동에서 태어났다. 성혜림이 서울사대부속초등학교를 나와 풍문여중을 다니던 1950년 집안전체가 월북했다.

현재 성기학 노스페이스(The North Face-영원무역) 기업회장이 가까운 집안이다. 성 회장 역시 창녕이 본향이다. 서울사대부고와 서울대 상대를 나와 노스페이스 아웃도어 의류사업을 크게 일구었다.

성혜림 부모는 해방 후 좌파활동에 적극 나섰다. 남쪽의 대지주환경을 팽개치고 자진 월북했으나, 결국은 몰락한 신세가 돼 버렸다. 성혜림 오빠인 성일기(1933년생-4대독자) 경우만 6.25전쟁 후 전향해 서울에서 살았다.

성혜림의 조카 이한영 (본명 이일남)은 1980년대 한국으로 망명 후 서울근교 그의 아파트 앞에서 북한공작원에 피살당했다. 성혜림 장남 김정남은 모스크바를 거쳐 스위스 유학까지 했으나, 김정은에게 밀려난 뒤 지난 2017년 말레이시아공항에서 독극물로 암살당했다. 이미 전부 밝혀진 사실이다.

성혜림은 김정일과 6년간 동거한 후 반강제로 모스크바로 쫓겨났다. 그 후 오랜 세월 모스크바에 머물다가 지난 2002년 65세로 사망했다. 현재 모스크바 남서쪽 국립공동묘지 러시아 유명인사 묘소 내에 묻혀 있다. 언니 성혜랑(1936년생) 역시 한때 성혜림과 모스크바에 함께 거주하다 1996년 미국으로 망명했다. 그러나 다시 프랑스로 와서 딸과 함께 거주하는 것으로 전해졌었다.

말 한마디로 함남 '천을' 추방, 중국-한국-캐나다로

채 노인 얘기로 돌아간다.

채 노인이 평양감옥에서 6개월간 심문을 당할 때였다. "동무는 누구와 손잡았느냐, 어느 조직에 속하느냐"는 등 같은 질문이 반복됐다고 한다. 하지만 끝내 별다른 혐의를 찾지 못하자 결국 풀어줬다고 한다.

그는 평양감옥에서 나오는 그날 밤 식구들 6명과 함남 '천을(天乙)' 지역으로 추방됐다. 그러나 현지에는 주거지와 식량이 전혀 마련돼 있지 않았다. 살림 집 등 모든 생활여건은 자체적으로 해결해야 했다. 국가에서 죄인으로 낙인찍혀 시골로 추방된 신세이니 어찌할 수 없었다.

"나는 감옥에서 풀려날 때 집으로 가는 줄 알았어요. 한 밤중인데 나를 데리고 평양역전으로 가더라고요. 역에는 이미 처와 아들 2명 등 식구 6명이 전부 짐을 싸들고 모여 있었어요. 새벽 2시경에 함경도 산골로 추방된 겁니다."라고 말했다.

귀양지 천을 땅에 닿자 무엇보다 숙식문제가 컸다. 옥수수 짚 등으로 대충 집을 꾸미고 매일 산나물 등을 겨우 캐서 굶주림을 이겨냈다. 그나마 정치범으로 몰리지 않은 게 천만다행이었다.

천을 지역에서 80리 거리에는 요덕정치범수용소가 있었다. 북한에서 최고로 악명 높은 정치범수용소다. 차츰 통제구역 동네사람들과 지역 사정에 익숙해져 갔다. 마을 내 주민들은 대부분 경제범에 속했다. 평양 백화점 등지에서 도둑질하거나, 트롤리버스 동선을 훔쳐 팔다 걸린 사람 등등이다. 가정풍속사범도 있었다.

3개월이 지나서야 겨우 엉성하지만 천막을 치고 집 모습을 갖추었다. 채 노인은 평양에서 김일성과 함께 찍은 단체사진을 방 한가운데 걸어 놓았다. 채 노인이 김일성 바로 오른쪽 옆에 앉은 액자라고 한다.

이 사진은 이 산골마을에서 엄청난 위력을 나타냈다. 마을 감독자인 당 비서(대표)나 행정일꾼이 채 노인을 완전히 달리 보게 된 것이다.

북한은 고위급 인사들이 일시징계 등으로 시골로 보내지는 경우가 비일비재하다. "이곳 간부들은 내가 정치범이 아니니 조만간 평양으로 돌아간다고 믿은 것 같아요. 그런 경우가 많기 때문이지요. 마을 행정책임자는 내게 잘 보이려고 여러모로 도움을 줬어요. 새끼돼지도 갖다 주고, 개도 한 마리씩, 3마리나 가져다 줬습니다."라고 말했다.

약 4년간 그는 천을 땅에서 머물렀다. 처음 집안이 내려왔을 땐 굶주림에 못 이겨 산나물도 뜯고, 길가 소똥에 섞인 강냉이 알갱이를 발견해 그것도 먹은 적이 있었다고 토로한다. 그런 절박했던 일상의 사정이 크게 달라진 것이다.

한번은 채 노인이 평양을 다녀오겠다고 하니, 마을 책임비서는 통행증도 쉽게 끊어주는 등 크고 작은 배려를 아끼지 않았다. 그때부터 주로 평양에서 시일을 보내는 경우가 오히려 많았다는 것이다.

"실지로 시골 통제구역보다 평양에 머무는 시간이 훨씬 더 많았어요. 평양 체류시일을 전체로 따져보면 아마 80% 정도 될 겁니다. 평양에서 출가한 딸네도 만났고, 무엇보다 친구들이 많았어요. 일일이 평양에 사는 친구명단을 적어보니 한 1백여 명 남짓 되더군요."하고 말했다.

채 노인에 따르면 그가 반세기 이상 평양에 살면서 언론기관 등 여러 직종을 가졌을 때, 남에게 도움을 많이 주었다고 주장했다. 이 때문에 평양에 가면 옛 신세졌던 친구들이 돌아가며 도와줘 '동가숙서가식'하며 지냈다는 것이다.

그의 지인들은 채 노인이 정치범이 아니니, 묻지도 않고 별 부담을 느끼지 않았다고 한다. 통제지역인 천을에서는 그가 하도 자주 평양에 가서 오랜 시일 머무르니 제때에 통행증을 안 끊어주는 경우도 있었다.

"그럴 때는 옥신각신해서 받아 내거나, 아예 통행증 없이 다닐 때도 있었어요. 사실 북에선 통행증 없이 다니는 시골주민들이 많습니다. 신청이 까다롭고, 승인시간이 걸리니까요. 중간에 검문에 걸리면 사정을 얘기하고 적당히 뒷돈을 줘서 넘기지요. 특히 시골경우는 그래요."

함경도에서 평양까지는 무척 시간이 걸렸다. 쉽게 갈 수 있는 환경이 아니기 때문이다. 일단 10시간 걸리는 단선기차를 탔다가 내려, 그 후부터 평양을 향해 걸어야 한다. 그는 평양에 오래 살아 평양주변과 길 사정을 환히 꿰뚫고 있었다.

평양 어느 곳에 검문소 보초가 있는 것을 알고, 그 도로를 피해 다녔다. 단 한 번도 검문에 걸린 적이 없다. 평양에 입성하면 딸집이나 친구들이 있으니 몇 주씩 묵다가 다시 추방된 시골로 되돌아가곤 했다.

채 노인은 평양에 살 때는 '탈북자'란 말 자체를 몰랐다. 추방 뒤 현지에서 처음 '탈북자'라는 얘기를 들었다고 한다. 평양에 산다고 해서 북한시골 사정을 다 아는 게 아니다. 지방인 시골에서 평양상황을 모르는 것과 마찬가지다.

평양에 살면서도 평양 내 돌아가는 형편을 잘 모를 때가 있는데, 지방사정을 어떻게 잘 알겠는가. 북한은 경직돼 있는 사회 환경이라, 같은 직장

평양 출근길 여성들

이라도 타부서 일은 일체 모르고 자신에게 주어진 일만 한다.

채 노인은 "평양에 살 때는 주변에서 탈북자라는 말 자체를 한 번도 못 들어 봤어요. 함경도로 추방된 뒤에야 현지에서 비로소 탈북자 존재를 듣고, 알게 됐지요. 그때부터 '탈북' 일을 염두에 두었어요."라고 말했다.

중국에서 출생해 명문 베이징대학에서 공부한 그에겐, 남들과 달리 중국 곳곳에 연고가 많아 탈북자생활이 수월했다고 한다.

지금도 평양에 사는 시민에게 탈북자 운운하면 그들은 이해를 잘 못한다. 그들에게는 탈북자라는 단어나 개념은 국가에서 무슨 잘못을 저지른 100% 범죄자로 인식하고 있다.

평양시민에겐 탈북자란 명칭이 생소하고, 관심 밖이다. 실상 북한주민들에겐 말이 탈북이지, 자신이 평생 살던 고향을 등지고 다른 미지의

세계로 막연히 떠난다는 행위자체가 얼마나 불안한 발상인가.

하지만 결국 채 노인은 북한 땅을 떠나기로 결심한다. 시간을 두고 치밀하게 식구들과 탈북계획을 세워 마침내 실천에 옮겼다.

평양골프장에서 미주3명 교포와 북한 여자 캐디

"1999년 어느 날 새벽, 가족과 함께 국경을 건넜어요. 미리 국경대원들에게 뇌물을 주고 가까스로 통과했지요. 중국에만 가면 나는 문제없어요. 중국친구들이 많으니 그들이 뭐든 도와줍니다. 기족들 중 나와 아내만 중국에 남고, 두 아들 식구들은 그때 모두 한국으로 갔습니다."라고 말했다.

채 노인부부는 9년간 중국에 머물렀다. 한국으로 가면 고문이나 다른 고난을 당하지 않을까 염려했기 때문이다. 그러나 먼저 한국에 입국한 아들이 "남한은 그런

대동강 연유 판매소

나라가 아니다"라는 확신을 주게 돼, 비로소 한국행을 결정했다.

한국에 가자 곧 부인이 사망했다. 그는 다른 탈북자 여성과 재혼해 토론토 행으로 방향을 정했다. 그것은 한국에 체류할 때 "한 대형교회를 나가니 매달 20만원씩 보조금을 지원받았다."고 한다. 그 돈을 수령하

기위해 탈북자들이 모여 들였고, 그때 일부 수상한 탈북자로부터 위험한 낌새를 느껴 최종 토론토로 오게 됐다는 것이다.

한국이나 북미 주 교포사회에서는 탈북자를 만나면 무조건 환영해 준다. 대표적인 곳이 교회 등 종교단체이다. 채 노인도 토론토에 와서 교회생활에 익숙해져 있다.

탈북자들 일부는 교회를 다니면서 하는 얘기가 있다. 성경책 구절이 북한구조와 흡사하다고 말한다. 기독교에서 말하는 삼위일체인 성부, 성자, 성령이란 말이, 북한의 수령, 당, 후계자 등의 세 가지 형식과 같아 놀랐다는 것이다.

기독교의 10계명도 노동당의 절대적인 10대원칙과 같이 구별돼 있다. 그렇다고 일부 탈북자 지적처럼 북한의 10대원칙이 성경의 10계명과 일맥상통한다는 주장은 넌 센스에 불과하다.

러시아에서 탈북자 돕다 살해된 선교사 부부

1995년 하바롭스크의 봄은 늦게 왔다. 계절은 3월 하순이건만 차디찬 기운은 겨울 그대로였다. 분위기는 늘 무겁고 암울했다. 도시에는 어두운 색깔의 드넓은 아무르 강이 흐른다.

하바롭스크 아무르 강

이 강줄기는 중국 하얼빈까지 뻗친다. 중국에선 이 강을 흑룡강이라 불렀다. 모스크바 특파원시절 이 하바롭스크를 2번 방문했다. 러시아지역 일제관동군에 징병된 조선인의 발자취 추적을 위해, 한 번은 탈북벌목공 관련 취재 때문이었다.

하바롭스크는 시베리아 관문이다. 시베리아 횡단철도의 중요한 거점이기도 하다. 북한은 지난 1960년대부터 오랜 기간 구소련(러시아)과 삼림벌목계약을 맺었다. 이 때문에 하바롭스크에는 시베리아로 파견된 수천 명의 북한벌목공이 늘 들락거렸다.

한때 벌목공들은 약 2만 여명에 달했다. 이 시베리아 벌목작업 활성화를 위해 하바롭스크 시에는 오래전부터 북한임업대표부와 경제대표부 두 건물이 존재했다. 1990년대 구소련 붕괴 후 하바롭스크에 진출한 한국정부로선 어느 한국소속 기관 하나 없었을 때다.

심장 내과의 이주헌 선교사 부부, 1993년 부임

　지난 1993년 6월이다. 이 스산한 하바롭스크 땅에 미 버지니아에서 한 한국계 의료선교사 부부가 부임했다. 미 시민권자인 이주헌 심장의 (당시 60세) 박사부부였다. 그들은 연세대를 나왔고, 부인 이계월 씨는 간호사출신이다.

　구 소련붕괴 후 한국과 외국종교기관들이 러시아전역에 쏟아져 들어올 시기다. 하바롭스크 등 극동지역에도 무려 17개나 되는 한국계 종교기관이 극동에 각각 종교를 등록 후 선교활동을 적극 펼치고 있었다.

　이주헌 선교사는 1972년부터 20년간 미 버지니아에서 개인병원을 개업해 심장 내과전문의로 일해 왔다. 그들 부부는 독실한 개신교인으로 미 동부 버지니아의 한 교회창립멤버로서 한인침례교회(Tidewater Korean Baptist Church)를 세웠다.

　그러던 중 미 의료생활을 접고, 1993년 6월 미국 남 침례교단으로부터 의료선교사 자격으로 러시아현지에 파송된 것이다. 하바롭스크 의과대학(Khabarovsk Medical Institute)의 방문 초빙교수도 겸직했다.

러시아 의료 선교사 자료집

　러시아 하바롭스크에서 이주헌 선교사(심장의)의 선교봉사는 어느 다른 한인목사들보다 단연 돋보였다. 개인재력과 의술로서 당시 곤경에 처한 현지주민들을 물심양면으로 도왔기 때문이다. 곧 의인으로 그 지역에 소문이 났다. 그가 현지에 침례교회를 세우자 환자와 러시아 교민이 몰려들었다.

그는 하바롭스크 의과대학에서 심장 학을 가르치며, 틈틈이 연구생활도 했다. 한편으로는 교회선교를 통해 인근의 탈북벌목공들도 은밀히 도왔다. 어느 틈에 인근에는 '탈북자 대부', 또는 '탈북자의 아버지'라는 소문이 퍼졌다. 내 친척도 당시 하바롭스크에 선교사로 체류해 있어, 현지 내용을 알게 된 사실이다.

그런데 어느 날 이 선교사 부부가 갑작스레 집에서 살해된 채 발견됐다. 피의자인 위장탈북자 송창근은 며칠 후 곧 체포됐다. 송은 가짜 탈북벌목공으로, 이주현 선교사집에서 6개월 이상 따로 성경 가르침을 받고 있던 교인이었다.

탈북자 돕다 살해된 미 버지니아 선교사 부부

이주현 선교사는 그에게 매달 생활비로 30만 루불(러시아지폐)과 옷가지 등도 챙겨주었다. 러시아경찰은 "송창근은 사건 후 살인현장을 배회하다가 불심검문으로 체포됐으며, 심문결과 자신이 살인범임을 자백했다"고 밝혔다.

현지에선 송창근이 '이중 스파이였다.'고 주장하는 고려인(러시아 한인)들도 나타났다.

범인은 러시아 경찰이 북송

러시아경찰 조사로는 송창근이 "이주헌 선교사가 자신(송)을 한국에 보내준다고 약속했는데, 이를 어겨 실망 끝에 청부 살인케 했다."고 실토했다고 했다. 중국조선족 2명을 고용해 1백 달러씩 줘서 살해했다."는 것이다.

송창근의 자백내용이 러시아 현지신문에도 공개됐다. 당시 러시아의 극빈자 환경은 소액으로도 청부살인이 가능하다고 소문이 났었다.

범인이 송창근 임이 밝혀지자 교회주변에선 "어찌 인간의 탈을 쓰고 자신을 돌봐주던 은인을 살해할 수 있느냐?"고 경악했다. 그러나 일부 고려인 교인들은 "송은 처음부터 탈북벌목공이 아니었다."며 "송은 북한 프락치(스파이-공작원)로서, 북측은 그를 이용해 계획적이고 치밀한 청부살인을 도모케 한 것"이라는 견해였다.

러시아 경찰 역시 "북한이 제출한 탈북자 70여명의 수배자 명단 속에 송창근 이름이 없다는 점, 송이 러시아어를 잘하고 탈북도주자라면서 전혀 두려움 없이 돌아다니며, 블라디보스토크 등 러시아 타 지역을 자유로이 오가는 점"등을 지적하며 북한공작원으로서 정체성을 의심했다.

또 러시아경찰은 살해현장(선교사부부 아파트)에 상당액의 미화(17,000달러)와 귀중품(보석류 등), 신용카드와 여권 등이 그대로 남아 있고, 집안집기 등이 정돈된 채 그대로 있는 점으로 미루어 원한에 의한 살인사건으로 단정했다.

미국정부는 미 국적 시민이 러시아에서 첫 피살된 사건이라 수사관계자를 하바롭스크에 보내는 등 무척 민감한 반응을 보였다. 미 언론은 이 사건이 북한 특수부의 테러공격으로 간주했으나, 뚜렷한 증거가 없었다.

주 러시아 미 대사관의 진상규명 요구로 러시아 측은 '특별조사팀'을 구성해 북한 피의자를 어렵지 않게 잡았으나, 그 피의자를 곧 북측에 인계함으로 사건이 미궁에 빠진 것이다.

이 때문에 러시아 유력 일간지 등 당시 러 언론에서는 '북한인 살인범 석방'이라는 제호아래 사건담당이던 하바롭스크 검찰청 강력계 여반장인 리디아 지야코노바 처사를 비난한 기사를 읽은 적이 있다.

반면 북측은 송을 인계받자 '송창근이 곧 자살해 시체를 아연관에 실어 평양으로 송환했다.'고 러시아 측에 통고했고, 러시아는 이 사건을 종결시켰다. 당시 북한과 러시아 간에는 시체송환 때도 법의학적 심사나 세관검사 없이 자유로이 왕래하는 게 관례로 돼 있었다.

또 시베리아 북한벌목장은 오랫동안 '인권사각지대'로서 러시아경찰도 손을 못 대는 북한관할의 '치외법권' 권한지역으로 인정돼 왔다.

이주헌 선교사의 피살사건으로 하바롭스크 지역 내 한국 개신교회들의 탈북자 접촉과 지원활동이 크게 위축됐다. 러시아 한인 선교사측 역시 탈북자를 돕는 선교활동이 중지됐다.

이주헌 선교사 부부가 거주했던 미 버지니아(버지니안 파일럿) 신문에선 이 피살사건을 대서특필하고, 당국에 강력한 진상규명을 촉구했으나 별 성과가 없었다. 미 버지니아 한인침례교회에서는 이주헌 선교사 피살 직후 담임목사가 하바롭스크를 방문했다.

그때 담임목사는 내게 현지 러시아의 한 정보기관원으로부터 '현재 송창근이 북한에 들어가 훈장을 받았다'는 소식을 들었다고 말했다. 그러나 모두가 추정일 뿐, 확실한 증거가 없는 소문만이 난무했다.

한편 피살 당한 이주헌 선교사 부부사이엔 슬하에 자녀가 없었다. 미 버지니아에 남겨둔 자택 등 사후재산 40만 달러는 이 선교사부부가 다녔던 한인침례교회에 전부 기부됐다.

'카추샤' 노파의 증언

살해사건 후 나는 하바롭스크를 방문해 예카테리나(일명 카추샤)라는 84세의 고려인 여성노인을 만났다. 현지에서 같은 80대의 남봉식(고려인)노인을 만나자 그는 "우리도 이주헌 선교사와 같은 침례교인"이라며 그 카추샤 노인을 소개했다.

남봉식 노인은 해방 후 소련군을 따라 북한 기술자로 들어갔다가 1958년 김일성의 소련파숙청 때 병을 핑계대고 하바롭스크로 나와 정착한 고려인이었다.

카추샤 노인은 내가 그녀 집을 방문하자 "한국기자는 당신이 처음"이라며 "나는 이주헌 선교사로 인해 침례교인이 됐고, 송창근에 관련한 내용을 잘 안다"고 말했다. 그녀는 "송창근이 탈북자라고 말해 처음엔 그를 불쌍히 여겨, 내 집에 6개월간을 몰래 숨겨주다 내보낸 적이 있다."고 말했다.

그녀 말에 따르면 "송은 아주 성격이 포악하고, 자신이 탈북자라면서 전혀 겁 없이 늘 밖으로 쏘다니고, 다른 탈북자얘기가 들리면 '그놈들은 다 잡아 죽여야 한다.'고 입버릇처럼 말했다"고 밝혀주었다.

또 "이주헌 피살사건 관련해 더 얘기도 들려주겠다."며 또 다른 탈북자 관련한 스토리를 털어놓았다.

내가 새삼 지난날의 '이주헌 피살사건'을 거론하는 것은 이 비극적 사건이 미궁 속에 유야무야 종결돼 버린 아쉬움 때문이다. 또 당시 카추샤 노인이 말한 내용이 완전히 묻혀 버린 이유도 있다. 당시 그녀가 탈북자 관련해 실지로 겪은 일과 현지에서 벌어졌던 내용을 간단히 밝힌다.

이 피살 건을 다루며 문득 머릿속에 떠오르는 다른 사건이 있다. 옛 김형욱 중정부장 실종사건이다. 김형욱은 박정희 정권 시절 6년간 '나는 새도 떨어뜨린다.'는 무소불위의 권력을 휘두르던 중앙정보부장이었다. 그는 1973년 미국으로 망명해 미 하원청문회에서 박통에 불리한 증인으로 출석하는 등, 당시 박 정권의 눈엣가시였다.

미 한인사회에서 김형욱의 평판은 무척 나빴다. 늘 할일 없이 카지노 도박장이나 드나들며 숨겨 갖고 나온 엄청난 돈만 낭비하며 산다는 소문 때문이었다. 해외에서 이민생활로 힘들게 살고 있는 교포사회에 좋은 영향을 줄 리가 만무했다.

그러던 어느날 그는 프랑스대사관의 '이상열' 정보공사로부터 '며칠 놀러오라'는 카지노 초대를 받고 파리에 갔다가 실종된 것이다. 지난날 일반 대중이 이미 아는 미스터리 사건이다.

이상열은 김형욱의 둘도 없는 심복이었다. 그 때문에 김형욱은 그를 완전히 믿었다가 함정에 빠진 것이다. 김형욱의 실종열쇠는 이상열이 전부 갖고 있었다. 그러나 이상열은 마지막 죽는 순간까지 진실을 함구함으로, 김형욱 실종사건은 끝내 미해결의 장으로 남게 됐다.

나는 지난 1987년 여름 미 뉴저지를 방문 중 우연히 그 사건내막을 듣게 됐다. 박통 당시 중정에서 대공수사국장을 지낸 S씨로부터였다. 그의 설명에 따르면 박통시절 세계 곳곳의 주요 항구에는 '중앙정보부(약자 중정)선박이 상선으로 가장해 정박해 있다.'는 것이다.

좋은 예로 '김대중이 일본에서 납치됐을 때 끌려간 곳이 역시 항구에 상선으로 가장한 중정소속 배였다.'고 말했다. 그는 당시 가까운 고교동기생과 술자리에서 무심히 밝혔는데, 그 자리에 나도 함께 있어 그 사실을 알게 된 것이다.

그러한 환경 아래 김형욱 역시 납치된 후 파리 센(Seine)강변에 정박한 중정선박으로 끌려갔다는 것이다. 선박으로 납치된 후에 발생한 일은 이상열 공사만이 상세한 내용을 알 것이나, 그는 살아생전 결코 입을 열지 않았다.

아마 그때 김형욱이 선박에서 살해당해 버려졌는지, 또는 한국으로 압송돼 갔는지는 누구도 확인이 가능하지 않았다.

어쨌든 이상열 공사의 경우 비록 김형욱이 악명 높은 존재이긴 했으나, 자신을 굳게 믿고 찾아온 옛 상관을 모함에 빠뜨려 죽게 만들었으니 아마 죽는 날까지 마음이 편치 않았으리라.

하바롭스크에서 피살된 이주헌 선교사 부부 사건도 위장탈북자인 송창근이 진실의 열쇠를 쥐고 있었다. 그러나 러시아검찰이 북한 측에 일찍 그를 인계한 탓에 피살사건 실마리를 풀 수 없게 된 것이다.

러시아 경찰은 북한 측이 그들의 정보원인 송창근을 앞세워 송창근으로 하여금 조선족 2명(살인청부업자)과 함께 선교사집에 찾아가 살인청부로 부부를 살해했다고 밝혔다. 그러나 이는 어디까지나 추정일 뿐 명백한 증거가 없었다.

그날 이주헌 부부가 살해당할 때, 송창근은 문만 열게 만들고는 그대로 사라졌다는 것이다. 며칠 후 송은 그날의 뒷 소식이 궁금해선지 이주헌 선교사집 근처를 배회하다가 잠복근무 중인 러시아경찰에게 잡혔다는 게 송창근이 체포당한 과정이다.

카츄샤 노인에 따르면 평소 송창근은 자신의 이중적 행위 때문인지 북에서 처벌당할 것을 각오하는 말을 자주 했다고 한다. 송창근은 그녀에게 "아무래도 나 같은 처지는 러시아감방이 가장 안전할 것"이라고 말하곤 했다는 것이다.

카츄샤 노인(고려인)은 백치인 외아들과 함께 살고 있었다. 외아들은 천재에 가깝게 똑똑했는데, 대학시절 뇌수술을 잘못 받아, 백치상태가 됐다

한다. 그 아들은 집안에서도 송창근을 볼 때마다 무서워하고 벌벌 떨어, 어느 날 아들 옷을 벗겨 봤더니 온몸이 멍투성이여서 깜짝 놀랐다고 한다.

송창근이 폭행해 그렇게 만든 것이다. 그러잖아도 성격이 포악하고 건뜻 하면 '탈북자 놈들을 죽여 버리겠다.'고 말해 그가 진정 탈북자인지 의심하고 있던 차에 그런 불상사가 생겨 "당장 나가라"고 그날로 쫓아냈다는 것이다.

그리고 얼마 안 돼 고려인인 남 노인이 데려온 탈북자 H가 벌목공 의사였다. 탈북자인 H는 김일성 주치의(외과의) 중 한명이었다고 한다. 주치의란 주장은 신뢰하기 힘들었지만, 그는 벌목공 의사로 뽑힌 후 러시아에서 탈북자가 됐다.

H는 이미 두 번이나 벌목장 탈출을 시도했다가 체포됐다. 두 번째 잡혔을 때는 북한으로 압송돼가는 도중 북송열차 화장실 창문을 깨고 달아났다.

H는 다행히 고려인인 남 노인을 만나 피신처를 요청했고, 마침 송창근을 내 보낸 터라 카츄사는 대신 H에게 은신처를 제공한 것이다. 그러나 한 달 후 송창근이 우연히 카츄사 노인 집에 들렀다가 H를 발견하자 즉각 북한 측에 신고함으로 H는 3번째로 전격 체포당한 것이다.

북한 측은 H를 체포 후 북송열차를 기다리는 기간에 H를 이용하려고 했다. H의 지인인 다른 탈북 벌목공 G를 잡기위해서다. H를 앞세우고 G집 문을 열게 만든 뒤, 여러 명이 덮치는 계획이었다. 체포 조 5명이 동원돼 G를 잡으려 했으나, G의 필사적인 저항에 부딪쳤다.

북측 체포 조 2명이 오히려 G의 칼에 맞아 중상을 입었다. 이때 체포 조가 부상당한 동료를 돌보는 사이 H와 G는 서로 다른 방향으로 도주해 버렸다. 그 이후 H는 영영 어디론가 잠적해 버렸다고 한다.

카츄샤 노인은 "나는 H와 함께 약 한 달간 지냈지만, 그는 송창근과는 완전히 다른 선량한 사람이었다."며 "H를 정말 친자식처럼 생각했다."고 말했다.

그런데 문제는 송창근이 "이주헌 선교사가 H를 몰래 돕고 있다."고 북측에 발설하고 다닌 점이다. 그래서 카츄샤 노인은 송에게 '거짓말을 하지 말라'고 욕설까지 했다고 한다. 그녀는 "이주헌 심장의(선교사)가 내 심장병 진찰을 위해 집에 들렀을 때 꼭 한번 H와 마주쳐 대화를 나눈 적은 있어요. 그것뿐이에요."라고 말했다.

그때 이주헌 심장의는 H의 의사능력을 높이 평가하며 한의까지 잘 안다며 칭찬했다고 한다. 그러나 송창근이 북측에 "이주헌 침례교회(선교사)가 H의 후원자"라고 줄곧 주장하니, 평소 눈에 거슬리던 이 선교사 부부의 제거작업을 단행케 된 것 같다고 전했다.

더구나 3번째 겨우 잡은 H도 놓치고, 체포조인 동료 2명까지 크게 다치니, 북측은 결국 송을 이용한 청부 살인업자를 앞세워 선교사 부부를 살해한 것으로 추정했다.

2014년 국가인권 상 표창

훗날 나는 고 이주헌 부부의 선교활동을 모은 '러시아 땅에 떨어진 두 밀알'이라는 자료집을 손에 쥐었다. 그때 국가인권위원회에 그들을 제66회 인권상 표창 후보신청을 했다. 2014년이다.

나는 이주헌 선교사를 만난 일도, 대화 한번 나눈 적이 없지만 그는 주변에서 자타가 공인하는 헌신적인 의료선교사요, 순교자였다.

마침내 그해 가을 고 이주헌 부부는 대한민국 인권상 표창 수상자 중 한명으로 뽑혔다. 그가 하늘나라로 간 지 만20년 만의 일이었다.

토론토에 등장한 첫 번째 탈북자 가족

캐나다는 세계 각지로부터 난민들을 받아들이는 대표적인 인권국가다. 지속적으로 난민을 받아들이고, 한쪽에선 심사를 진행한다. 그에 편승해 대한민국거주 탈북자들도 대거 토론토로 몰려들었다.

실상 난민이라고 할 수 없는, 일단 한국에 정착했던 탈북자들이다. 그들은 이번엔 '탈남'으로 다시 보따리를 싸들고 캐나다 난민창구를 찾는 것이다.

'탈북'에서 '탈남'으로

북녘고향을 등지고 대한민국 땅에 왔다가, 다시 언어와 문화가 안 통하는 서방세계로 무작정 향하는 이유는 무엇일까. 한국정부의 정착금이 부족해서인가. 한국은 캐나다와 비교해 이젠 결코 여러 면에서 뒤떨어진 나라가 아니다.

더구나 탈북자는 한국에서 도피생활로 캐나다 당국에 진실이 아닌, 허위로 난민신청을 해야 하니 모양새도 좋지 않다. 거의전부 가짜 이름, 거짓으로 생년월일을 작성한다.

토론토 교민사회는 탈북자라면 무조건 구명운동에 발 벗고 나선다. 곤란한 처지의 동족을 돕자는데 누구도 반대할 이유가 없다. 하지만 탈

북자 중엔 심각한 범죄자가 포함돼 있다. 그들을 구별하고 찾아 낼 방도
가 없다.

어쨌든 그간 한인기독교계와 한인정계인사가 앞장서 캐나다 정부에
탈북자 구제를 위한 탄원서와 추방방지 서명운동을 벌여 그들에게 도
움을 줬다. 그 결과 추방직전의 일부 탈북자들이 구제됐고, 상당수가 최
종영주권까지 받았다.

1990년대 초반 나는 첫 탈북자를 러시아에서 접했다. 모스크바에 특
파원으로 상주하던 시절이다. 그때 탈북자라면 모두 기아선상에서 헤
매는 헐벗은 동족으로만 여겼다. 사실 어느 측면에선 그랬지만 다른 경
우도 경험했다.

탈북자는 일반적으로 서너 경우가 있다. 보통은 북 지방에 거주하다
굶게 된 경우의 주민에 관련됐고, 평양시민이나 고위급 탈북자 경우는
달랐다. 또 하나는 북에서 범죄를 일으킨 경우다. 이판사판이므로 북을
등진다. 극히 드문 경우이긴 하나 본의 아니게 한국으로 온 경우도 있다.

캐나다 탈북자 제1호 리성대 서기관

이번에 소개하는 인물은 평양에 거주했던 외화벌이 탈북자 리성대에
관한 얘기다. 캐나다에 상륙한 첫 탈북자인 제1호 리성대 스토리다. 그
는 베이징주재 북한대사관 경제(무역)담당 서기관이었다. 지난 2001년
8월 토론토에 탈북자 가족(3명)으로 한인사회에 불쑥 나타났다. 중국에
서 위조여권을 이용해 토론토에 입국한 것이다.

리성대(1966년생-당시 35세)는 11살 연상인 부인 오순애(1955년
생), 그리고 5살 된 아들 창일 군과 함께였다. 리성대 부부는 둘 다 재일

교포 출신이다. 하지만 부인은 토론토 입국 3개월 후 다시 대만을 거쳐 평양으로 돌아갔다.

결국 토론토에는 30대 리성대와 어린 아들만 남아 캐나다교포사회 최초의 탈북자 신분이 된 것이다.

외아들로 태어난 리성대(Ree, Song Dae)는 부모와 일본에서 북송선 (만경봉호)을 타고 평양에서 살았다. 아버지는 평양사회과학원 간부였 다. 리성대는 나를 만나자 "나는 1990년 1월 김정일 위원장 지시로 평 양의 젊은 층에서 첫 간부를 기용할 때 먼저 뽑힌 청년세대의 1기생 선 발주자였다."며 자신을 소개했다.

그는 베이징소재 북한대사관에서 경제담당 관리로 일하면서, 중국을 발판으로 일본과 러시아 등을 상대로 11년간 무역업(외화벌이)에 종사 해 왔다고 밝혔다.

처음 그를 만났을 때 그의 손에는 무전기처럼 생긴 두터운 2대의 휴 대전화를 지니고 있었다. 국내와 국제용 전화기라고 말했다. 보통 북한 은 외국에 거주할 때 가족이 분리되는 경우가 많다.

그러나 리성대 경우는 해외 장기체류자라도 식구들이 함께였다. 그만 큼 당국에 신뢰가 깊었는지 모른다. 중국에서 10년 이상 외화벌이로 잘 나가던 그가 탈북을 결행케 된 것은 극히 사소한 사건 때문이었다.

어느 날 베이징대사관에서 중국과 한국과의 축구시합 TV방영을 여 러 동료와 함께 볼 때였다. 경기 중 한국 팀이 먼저 한 골을 넣자 저절로 소리를 치며 박수를 쳤다. 그게 발단이었다. '북한간부가 적성국 한국을 위해 환호성을 올렸다'며 누군가가 그 행위자체를 '자질상의 문제'로 삼 은 것이다.

그는 당시 그러한 사실을 몰랐으나, 나중 그러한 내용을 측근정보를 통해 알게 됐다. 주위에는 늘 그도 모르게 은밀히 감시하는 눈길이 있었다. 그동안 여러 잘못들이 쌓여 당국에 최종 보고됐던 것이다. 그는 언제 평양으로 송환될지 모르는 불안감과 어려운 상황에 처해졌다.

그(리성대)가 밝힌 얘기 그대로를 옮긴다.

「나(리성대)는 일본에서 태어나 북송선을 타고 평양에서 살았다. 청년세대 1기생 간부로 선발돼 해외(중국)에서 11년간 살다 보니, 정신무장이 느슨해진 것은 사실이다. 그간 내 여러 실수가 보고됐음을 알았고, '평양송환'은 시간문제였다.

북한으로 돌아가기 싫었다. 그래서 아내와 의논 끝에 탈북을 결심했다. 무역업을 했기 때문에 수중엔 돈 여유가 있었다. 캐나다는 한국과 무비자협정이 체결돼 있는 선진사회라 내겐 만만해 보였다. 그동안 중국에서는 연변출신 조선족으로 행세해 주변에 한국친구도 있었다.

한국 위조여권을 입수했다. 토론토에 닿자마자 곧 한국총영사관을 찾아갔다. 한국영사는 나를 근처의 한 호텔로 안내해 주며, 내 여권부터 뺏으려 했다. 나를 진정 생각해 주는 것 같지 않았다. 몰래 호텔을 도망쳐 나와 교포지 광고에서 한국인 하숙집을 찾았다.

그런데 하숙집 여주인은 즉각 교포신문사로 달려가 탈북자가 나타났다고 알렸다. 신문사에서는 대서특필해 '북한사람이 등장했다'고 내 존재를 교포사회에 알렸다. 이후 계속 거처를 옮겨 다니며 중국 조선족인 양 행세했다.

토론토에 아는 사람이라곤 아무도 없었다. 하루는 아내가 일본에 사는 부모에게 전화하니 부친은 펄펄 뛰고 속히 평양으로 돌아가라고 난리를 쳤다. 아내부친은 일본 (조)총련의 고위간부로 북한충성의 골수파

인물이다.

　결국 아내는 3개월 후 나와 어린 아들을 남겨둔 채 홀로 평양으로 되돌아갔다. 이러한 토론토생활이 삭막하다고 여긴 것 같다. 토론토공항에서 헤어지며 "잘 사시오!"하고 울며 뛰어가던 모습이 지금도 눈에 삼삼하다.

　나는 운이 없었다. 처음부터 한국인 하숙집이나 한인이민업자를 잘못 만났다. 한인이민업자에게 달라는 대로 5천 달러 수수료를 주고 난민신청을 부탁했다. 그런데 6개월이 지나도록 난민신청조차 안 해 놓은 상태였다. 아까운 돈과 시간만 날리고 허송세월로 보낸 셈이다.

　나중 알고 보니 별 비용 없이도 난민신청서에 써내면 되는, 어려운 일이 아니었다. 내게서 적지 않은 돈을 받고도 전혀 일하지 않은 한인이민업자를 정말 이해하기 힘들었다. 난민변호사로 바꾸고 나서야 비로소 난민신청이 등록됐다.

　주위에 친구 한 명 없으니 너무나 외로웠다. 이삿짐을 도와주는 비슷한 또래 한인을 알게 됐다. 둘이 술을 할 때 처음으로 내가 탈북자임을 밝혔다. 그는 깜짝 놀라더니 '자신이 한국 고위층을 잘 안다'며, '나를 한국으로 안내하겠다.'고 고집했다. 대신 '한국에서 정착금이 나오면 절반을 달라'는 것이다.

　그에게 탈북자라고 고백한 자신을 후회했으나 이미 쏟아진 물이었다. 그래도 외로움에 젖어 그와 자주 만났다. 그는 일정한 직업도 없는 듯 보였다. 하루는 말다툼 끝에 그를 때렸다. 나는 체격이 말랐지만 예전에 권투를 해서 싸움에는 어느 정도 자신이 있었다. 당초 그에게 내 탈북신분을 밝힌 건 내 실수였다. 다시는 그를 만나지 않았다.

　나는 계속 거처를 바꿔 다녔다. 일요일마다 한인교회를 전전했다. 어느 교회든 전부 따뜻이 맞아줬다. 교회에는 '연변에서 온 조선족'이라고 말했다. 나는 5살 어린애를 돌보느라 일을 제대로 할 수 없었다. 하루는 중국에 있는 가까웠던 북한동무에게 전화를 했다.

그는 "중국 인민일보에 북한에서 리성대 찾는 광고가 며칠째 실렸었다."며 "왜 '소리'를 내며 사느냐?"고 조용히 살라고 충고를 했다. 나는 정말 캐나다 땅에 와서 죽은 듯이 살고 싶었다. 그러나 내 의지와는 달랐다. 처음부터 사람들을 잘못 만나 일이 계속 꼬이고 있었다.」

그의 존재는 토론토 한인사회에 차츰 알려지기 시작했다. 2001년 당시는 토론토에 탈북자가 없었던 시기였기 때문이다.

그러나 리성대는 자신의 처해진 환경 탓인지, 의심으로 똘똘 뭉쳐있어 해결이 쉽지 않아 보였다. 왜 그런지 한국정부나 캐나다정부 관리들을 계속 피하는 눈치였다. 오히려 그들에게 자신의 입장과 희망을 솔직히 털어놓고 도움을 청하는 게 좋았을 것이다.

그런 측면에서 보면 그의 고생은 자업자득인 셈이다. 더구나 성격도 조변석개로 변해 믿음이 가지 않았다. 일본에서 북한으로, 다시 중국에서 생활한 그의 특수 환경 탓인지 말과 행동이 달라 신뢰하기 힘들었다.

하루는 우리 집에서 대화를 나누었을 때, 거실에 세워둔 최홍희 총재가 내게 써준 '태권도' 액자를 보더니 깜짝 놀란다.

"아니 어떻게 최홍희 태권도총재를 아십니까."

"최 총재야 캐나다시민이니 잘 알지. 오래전부터 토론토에 살아요. 태권도 뿐 아니라 서예가로 유명하오."라고 전했다. "저 액자는 1989년4월 내게 써 준 '태권도' 한글글씨요. 보통 한문으로 많이 쓰시는데 한글은 드물지."라고 말해줬다.

그는 "저는 최 총재를 두 번 베이징(북한)대사관에서 만난 적이 있어요. 최 총재는 북에서는 최고위급 인물로 대우받는데, 토론토에 사시는 줄은 정말 몰랐네요."라고 놀라워했다.

리성대는 자신이 경험한 북한의 주민생활실상을 소상히 알려줬다. 그는 "한마디로 북한사람은 돈이 없어요."라고 강조했다. 내화(인민화)고, 외화 바꾼표이고 북한돈은 전부 화교(중국인)가 전부 끌어간다는 것이다. 북한 어느 장마당이나 물주는 중국인이고, 암시장도 중국인이 쥐고 있다고 했다.

북한주민들은 '중국인으로부터 단순히 물건을 건네받아 장사를 한다.'며 큰돈은 중국인이 전부 긁어간다고 주장했다. '재주는 곰이 넘고 돈은 되놈이 번다.'는 말 그대로다.

북한 우표 (2000년 김대중-김정일 평양 상봉)

이런 이유 때문에서라도 북한 정부는 얼마 전 화폐개혁을 통해 중국이 보유한 엄청난 액수의 북한 돈을 전부 휴지화시켜 버렸다고 주장했다.

또 평양 북새동아파트는 한 동에 거의 중국인들이 거주한다며, 평양시내 운행되는 자가용도 중국인 소유가 무척 많다고 밝혀줬다. 그리고 "북한주민들은 호텔이든 장마당이든 예전과는 달리 미화보다 중국 돈을 선호한다."고 말했다.

코로나19 이전까지 자주 북한을 다녔던 해외교포들도 "주민들이 미국달러보다 중국 돈을 더 원해요. 북한에서 사용하기도 편리하고 더 '힘'이 있어요."라고 전했다.

한편 리성대는 북한 연좌(Collective punishment)제에 대해 깊은 우려를 표했다. 자신이 잠적한 후 평양과학원에 있는 홀아버지에게 미칠 영향 때문이었다.

"황장엽 경우는 가깝거나 먼 친척들을 모두 뒤져 근 1만 명이나 잡아들이고, 뿌리를 뽑았다는 얘기를 들었어요."라고 말했다.

그는 또 "2000년 6.15 남북정상회담(김대중과 김정일)직후 베이징 북한대사관에 북한정부시책이 은밀히 조달된 적이 있어요."라며 "그런데 그 공문이 완전히 남쪽을 타도해야 한다는 우호적이 아닌 완전 상반적인 내용이었어요."라고 밝혔다.

리성대는 "한국은 김정일의 기만정책에 완전 말려들은 거예요."하고 주장했다. 그러면서 "북한은 절대로 변한 게 없고, 앞으로도 변하지 않을 겁니다."라고 장담했다. 그는 "그 당시 한국정부가 혹시나 하고 기대했던 김정일의 남쪽방문 얘기는 김대중의 허황된 꿈"일 뿐이라고 허탈한 표정을 지었다.

나는 2002년 그의 말을 인용해 '김정일 위원장은 남한 답방을 않을 것.'이라는 인터뷰기사를 강원도민일보에 게재한바 있다.

리성대의 난민심사 때였다. 캐나다이민(난민)심사위원회는 리성대의 어린 아들 경우는 난민인정이 통과돼, 영주권문제가 쉽게 해결됐다. 하지만 정작 리성대 경우는 거부 판정이 났다. 그는 재심을 청구했으나 두 번째도 기각됐다.

이유는 "리씨의 난민자격은 통과됐지만, 북한 고위공무원으로 반인류적 범죄를 범한 북한정부에 공모했다(complicity with a government guilty of crimes against humanity)"고 판결났기 때문이다.

다행히 그는 5세의 아들보호자로서 '정상참작'이 인정돼 추방명령은

내리지 않았다. 한 이민전문변호사
는 이러한 경우 '아들보호자 구실로
나중 '정상참작'의 인도적 이민신청
으로 영주권을 받을 수 있다'고 조
언했다. 그가 다시 재심청구 허가요
청서를 제출한 상태에서 나는 그와
만남을 그쳤다. 나중 그가 캐나다영
주권을 받았다는 소문이 돌았으나
재확인하지 않았다.

유엔 난민국 탈북자 첫 등록 (모스크바)

지난 2021년은 리성대 베이징 대
사관서기관(외화벌이)이 첫 탈북자
로 캐나다에 등장한 지 만 20년이 되는 해다. 그의 나이도 30대에서 50
대 중반으로, 아들 리창일 어린이는 캐나다영주권을 받은 지 20년이 됐
으니, 금년 만 25살의 청년이 됐겠다.

그들 부자(父子)가 복지국가인 캐나다 땅에서, 또는 어느 곳에서든 행
복한 삶을 만끽하고 살기를 바랄 뿐이다.

한편 토론토를 떠난 리성대 부인은 북한으로 귀국 후 평양의 한 아파
트에 살고 있다는 소식을 우연히 접했다. 하필이면 거주지가 해외이산
가족인 내 지인과 같은 아파트였다. 나는 내심 그녀문제가 궁금했는데,
시골로 축출당하지 않고, 평양에 거처하게 돼 다행으로 생각했다.

세상이 좁다고는 하지만 그러한 남의 일을 공교롭게 내가 경험하게
되는지 신기할 정도였다. 언젠가는 장성한 아들 리창일 군이 북한의 어
머니(오성애)를 만나 오랜 회포를 풀 날이 있으리라. 실상 지금도 북녘
땅을 떠난 수많은 탈북자들로 인해 현대판 이산가족은 끊임없이 생겨

나고 있지 않는가.

같은 탈북자라 해도 김일성의 측근이었다는 채씨 노인이나 리성대 서기관, 황장엽 비서 등 북녘에서도 양지쪽에 살던 인물들은 한국이든, 해외든 잘 풀린다는 사실이다. 그러나 다른 한 면으론 리성대의 탈북경우, 북한정부로는 그가 국가공금을 횡령해 도주했으니, 범죄자임에는 틀림이 없다.

황장엽 역시 북한에 전달하라는 상당액의 후원금을, 베이징에서 한국으로 망명해 갖고 들어가 그 돈으로 뒷말을 들었던 일이 기억난다. 사실이 아닌 일종의 모략인지도 모른다.

반면 북한에서 늘 음지쪽에 살던 일반서민들은 자유세계에 와도 대부분 어려운 지경에서 못 벗어남을 목격하니 측은한 마음이 든다.

또 다른 탈북자 얘기를 전한다.

어느 벌목공 탈북자의 외길인생

수년 전 어느 해 12월이다. 한국에 거주하는 한 탈북자로부터 소식이 왔다. 오랜만의 반가운 연락이었다. 그는 1994년 봄 러시아 UN난민창구에 첫 등록해 다음해 초 한국으로 온 J씨였다. 그는 당시 모스크바에 개설된 유엔난민기구(HCR)를 통해 자유 대한민국으로 직행한 제1호 러시아벌목공 출신 탈북자였다.

1994년은 내가 모스크바특파원으로 상주하던 시기다. 그때 러시아 땅을 배회하던 2명의 탈북자를 우연히 만나 모스크바 UN난민기구에 첫 난민등록을 도운 적이 있다. 어찌 보면 그들에겐 행운이었다고 볼 수 있었다.

그것은 모스크바에 유엔난민(HCR)기구가 개설된 지 얼마 안 된 때였고, 탈북자로서는 그들이 첫 개시로 유엔난민기구를 통해 대한민국 땅을 밟은 선구자 역할을 했기 때문이다.

　그해(1994년) 4월 어느 날 오전7시. 월 스트리트 저널 클라우디아 로젯 특파원과 함께 미리 시간약속 없이 한 탈북자를 데리고 유엔 난민기구(HCR)를 찾았다. 그때 탈북자와 나만 탈북자의 통역으로 입장이 허용됐다. 그날부터 이틀간 꼬박 유엔사무실에서 등록 등 수속 일로 탈북자를 도왔다.

　다음해 1월 그들은 유엔창구를 통해 제1착 순으로 대한민국에 직행했다. 그때 나는 그들이 한국으로 떠나는 줄 알지 못했다. 이러한 과정은 모든 진행이 국가 내부적으로 은밀히 이루어진 까닭일 것이다.

　그때 이후 탈북자들은 지속적으로 모스크바 유엔난민기구를 통해 한국에 보내졌다고 한다. 나는 그들 J 등 첫 2명의 탈북자 UN등록 건은 까맣게 잊고 있었다.

　10여년 세월이 흐른 뒤 모스크바의 유엔통로로 한국에 입국한 한 의사출신 탈북자가 그 사실을 전해줬다. 졸지에 나는 그들 일부에게서 은인처럼 돼 있었다. 심지어 오늘에도 일부 러시아거주 탈북자들이 그 UN난민창구를 이용한다고 한다.

　코로나19 발생 전에도 한 탈북자가 한국행을 위해 러시아에서 대기 중이라는 소식을 들은 적이 있다.

　탈북자들은 러시아와 중앙아시아 등지의 드넓은 대륙을 돌아다니다가 현지에 안주(安住)하지 못하면, 결국은 모스크바소재 UN난민기구를 찾는 듯싶다. 러시아를 포함해 중국이나 동남아 등 제3국 등을 통해 대한민국으로 입국한 탈북자 수는 진작 3만여 명이 넘어선 것으로 밝혀져 있다.

1990년대 러시아에서 한국으로 간 벌목공 J는 여느 탈북자와는 달랐
다. 당시 대부분의 탈북자들이 입국 후 북한성토나 반공강연, 대북 풍
선 날리기 등의 정치적 행사일이나 개인사업 등에 몰두할 때, J는 오랜
세월 한 직장에만 근무했다. 한 기업체에서 만27년 간 근무하다가 얼마
전 은퇴했다.

J는 탈북자로서는 꽤 보기 드문 케이스였다. 그는 한 기업체에서만 장
기간 근무하다 정년퇴직한 몇 안 되는 탈북자 중 한 명일 것이다. 한국
입국 후 단란한 가정을 이루고, 성실한 직장인으로 살았다. 어느새 두
딸도 모두 학업을 마치고 사회일꾼이 됐다.

사실 그와의 만남은 쉽지 않았
다. 한번은 방한 중일 때 나를 어
느 큰 레스토랑으로 초대해 정성
껏 자리를 마련해 줬다. 그간 J와
는 근 30년 세월을 한 식구처럼
간간이 소식을 전하며 끈끈한 정
으로 이어져 왔다.

자유 대한민국에 정착해 새롭
게 소박한 꿈을 이룬 그의 모습
이 대견하고 아름다워 보였다. 지
난날 그를 UN난민기구에 소개하

만27년 정년퇴임 가족축하 사진

고, 등록시킨 일에 새삼 보람을 느꼈다.

토론토는 탈북자 천국, 탈북(脫北)-탈남(脫南)-난민

북한에는 수도 평양을 한 번도 못 가 본 지방주민이 적지 않다. 북한은 주거이전의 자유가 없고 특별히 평양에 가야할 경우가 아니면 자신의 주거지를 떠나지 않기 때문이다. 그들은 자신의 고향 한 군데에만 살다시피 한다.

주변의 명승지나 온천 등도 제대로 구경 못 한 주민들이 허다하다.

평양에도 의외로 백두산이나 금강산 등 명승지를 관광 한번 못 한 시민이 있어 놀란 적이 있다. 무슨 공식적인 기회가 없으면 자의적으로 관광은 용납 안 되는 사회인 까닭이다. 어디로 이동해도 통행증(허가)이 필요하고, 주민들끼리도 여러 명이 자유롭게 모여 대화를 나눌 수가 없다.

북한사회에서 개인의 움직임은 상대방에게 노출될 수밖에 없다. 지방주민들은 그러한 시스템 속 타성에 젖어 있다가, 90년대 중반부터 극심한 기아선상에 처해지자 본격적인 탈북현상이 벌어진 것이다.

지방에 진작 배급이 끊기고 날로 아사자(餓死者)가 발생하면서, 일부 주민들은 무작정 중국 땅으로 건너갔다. 일단 굶주림에서 벗어나기 위함이다. 이 시기를 북한은 '고난의 행군'이라고 칭했다. 우리가 잘 알고 있는 내용이다. 그러나 그 즈음 누구든 먹고살기 위해 탈북을 한 것은 아니었다.

캐나다에 나타난 첫 탈북자는 2001년 여름, 한국을 거치지 않고 중국에서 곧장 토론토로 온 북한 외화벌이 공무원 가족이었다.

난민등록 쉽고 복지제도 좋은 토론토… 탈북자 정착 많아

외화벌이 공무원의 첫 캐나다 입국을 시작으로 매년 토론토에는 탈북자가 서서히 늘어났다. 한때는 기하급수적으로 증가해 2,200여명까지 달했다. 이 수치는 2010년경 토론토의 한 이민전문변호사가 밝힌 통계이다.

토론토에 탈북자들이 지속적으로 쏟아져 들어오자 캐나다 연방정부는 뒤늦게 난민신청자들의 지문검사를 한국정부에 의뢰했다. 이후 한국공조로 인해 그간 탈북자들의 난민신청이 전부 거짓인 '탈남(脫南)'임이 드러나게 됐다.

탈북자들은 난민신청 시 한국에서 왔음에도 이를 숨기고, 이구동성으로 "중국이나 태국 등 동남아로부터 입국했다"고 캐나다 정부를 속였다. 한국여권은 숨기고, 이름과 나이 등도 제멋대로 만들어 사용했다.

캐나다정부가 비로소 가짜난민한인들을 적발하면서 상당수의 탈북자들이 캐나다를 떠났다. 그러나 현재도 400명 남짓의 탈북자가 토론토에 남아있다는 소식이다.

토론토는 캐나다 최대도시로서 한인인구는 15만 명 정도이다. 10여년 전부터 탈북자협회도 형성돼 있고, 그들끼리 상호정보교환과 가끔 모임을 갖고 있는 것으로 전해져 있다.

탈북자들에게 고무적인 소식 하나는 비록 추방명령을 받았더라도, 캐나다 한인교포로부터 돕는 편지서명이나 한인정치인의 구명운동 등을 통해 영주권을 획득한 탈북자들이 상당수 있다는 사실이다.

내가 아는 한 탈북자 역시 캐나다정부에서 추방령이 내렸음에도 거처를 옮기고, 숨어 살다 '인도적 차원' 판정으로 5년 만에 영주권을 받게 된 운 좋은 경우를 보았다. 그는 내게 "이젠 캐나다에서 떳떳이 생활하게 됐어요."하고 환희에 들뜬 목소리로 기뻐했다.

이를 보면 이민자 판정은 정말 요지경속 같다. 비록 잘못을 저질렀어도 국가명령에 응하지 않고 끝까지 버틴 사람이 살아남았기 때문이다. 그래선지 일부 탈북자는 최악의 경우에도 캐나다 정부 명령에 쉽게 포기하지 않는다.

한 탈북자의 자조적인 말이 생각난다. "송 기자님. 내가 함경도 고향에 있을 때 우리끼리는 이런 말을 자주 주고받았어요. 이제 우리 인민들은 '여우와 승냥이만이 살아남았다'고 말입니다. 배급이 끊긴 후에도 혹시나 정부대책을 믿고 기대했던 순진한 주민들은 그때 다 굶어 죽고, 악바리만 남았다고요."

한국에 입국한 일부 탈북자는 일단 대한민국 정부지원금을 받은 뒤 다시 보따리를 쌌다. 그들은 한국에서 바깥 외국정세를 살핀 후 처음엔 영국 런던 등지로 몰려갔다.

그러다 어느 순간 그곳의 길이 막히자 토론토로 방향을 바꾼 것이다. 캐나다는 인도적인 복지국가이고, 여느 나라보다 난민등록이 용이하다고 알려져 있기 때문이다.

일부 탈북자들은 한국에 입국 후 어느 정도 시일이 지나면 뉴욕관광객으로 가장해 미국으로 들어간다. 다음 육로(관광버스)로 캐나다 나이아가라 폭포관광 등의 명목으로 미국/캐나다 국경을 통과한 뒤, 근교의 대도시인 토론토에 최종 둥지를 트는 과정이다. 미 국경에서 토론토까지 차로 2시간 거리다.

이들을 위해 토론토의 200여 남짓한 한인교회들은 '불쌍한 극빈자의 탈북동포'라는 인식아래 물심양면으로 그들을 돌봐줬다. 탈북자를 위한 이민전문브로커도 생겼다. 토론토 곳곳에는 탈북자들이 모여 사는 일반아파트도 있다.

캐나다정부는 탈북자로부터 난민신청이 접수되면 임시주민번호증을 발급하고, 영주권자와 똑같은 국가혜택을 준다. 무료 병원치료 및 약품 제공, 자녀에겐 고교졸업까지 전액 무료수업실시다,

또 영주권심사(보통1~2년)때까지 매달 1인당 600달러 생활보조금을 지급한다. 한국보다 시간당 임금수당도 한때는 2배정도 높았다. 지금은 한국정부 또한 시간당 인건비를 대폭 올린 상태지만 아직 소득에는 차이를 보인다.

토론토에서 탈북자와의 만남은 어렵지 않다. 웬만한 한인교회에는 아직 약간 명씩 탈북자 신자를 보유하고 있다. 그러나 탈북자는 자신의 입지가 안정되면 거의 교회를 떠난다. 당초 신앙이 목적이 아닌 까닭에서다.

문제는 탈북자들 가운데 범죄자들이 끼여 있다는 점이다. 수년전 토론토 동포사회에서 발생한 사기사건(아파트보증금 탈취 건과 주택수리비 횡령 건)도 남녀탈북자가 일으킨 보기 드문 범죄사건이었다.

지난 2011년경 나는 토론토에서 K 라는 한 여성 탈북자를 만났다. 그녀는 시내 코리아타운 한 건물 2층에 탈북여성인권협회 사무실을 차리고 회장직함으로 일하고 있었다. 탈북자들을 위한 각종 무료 도우미 봉사 일이다.

나는 K가 최소 캐나다영주권을 받았거나, 안정된 처지인줄 알았다. 알고 보니 그녀는 캐나다 이민국에 난민등록 후 받은 접수증(임시 신분

증)이 전부였다.

"캐나다영주권도 없이 어떻게 사무실을 얻어 봉사 일부터 합니까? 천천히 봉사해도 좋을 텐데. 또 한인 타운에는 임대료도 적지 않을 텐데. 어느 돕는 기관이 따로 있나요?"하고 물었다.

"아니요. 옆에서 돕겠다는 사람들이 많아요. 잘 돼 나갈 거라고 믿어요."하고 자신했다. 나는 더 이상 사무실 관련얘기는 안했지만 '아, 문제가 생길 수 있겠구나.'하고 우려했다.

각박한 이민자생활에서 누가 생소한 탈북자에게 사무실경비 등을 돕는다는 말인지 이해가 안됐다. 더구나 K는 신분이 영주권도 없는 막연한 처지가 아닌가. 대화를 나눠보니 정말 특이한 경우의 탈북자였다.

K는 토론토 교포일간지와 미 자유아시아방송 등 다른 매체에 인터뷰로 자신의 그간 사정을 밝혔다. 나 역시 K와 긴 대화를 나누었지만 K가 털어놓은 내용은 보통 탈북자와는 근본적으로 달랐다. 황당하고 어이없기까지 했다.

잠깐 그녀가 지내 온 북한의 상류생활을 엿보기로 한다.

K의 고향은 함북 청진이다. 집안은 상류층(아버지는 외화벌이 무역선선장, 어머니는 청진구두공장 공장장/평양에선 인민대의원)으로 나중에는 평양에서 살았다. 13세(중3)때 〈중앙당5과〉에 합격했다.

〈중앙당5과〉는 북한의 모든 청소년들이 선망하는 자리이다. 북한 전국의 중고교학생들이 졸업할 때, 그들 중 뛰어난 용모를 지닌 학생을 선발한다. 중앙5과에 합격하려면 현지에서 선발된 학생들 가운데 다시 10번에 걸친 극심한 경쟁을 거쳐야하고, 통과되면 비로소 평양으로 보내진다는 것이다.

중앙단 5과에서 최종으로 통과되면 기쁨조도 뽑는다. K는 경쟁을 통과해 평양으로 갔고, 기쁨조 대신 평양민속예술단의 무용수로 선발됐다. 89년 평양축전 때 무용수로 대성산 유원지에서 민속무용공연을 할 때 임수경을 만난 적도 있다고 말했다.

K는 당에서 소개한 성분 좋은 무용수와 결혼을 했다. 미남자인 남편은 조총련(일본)출신으로 남편집안은 일본에서 재력이 있었다. K의 인생길은 순조롭게 풀리고 있었다. 하지만 90년대 들어오면서 환경변화가 있었다.

K남편은 국가보위부와 함께 일본에서의 중고자동차(혼다) 밀수사업에 손을 댔다. "94년부터 97년까지 처음엔 사업이 아주 잘됐어요. 지방 국가보위부사람들과 손잡고 일했지요. 무산군보위부와 회령군보위부 등등 곳곳 보위부가 전부 연결돼 있었어요."

1차는 남포에 100대, 2차 원산에 200대, 3차는 청진으로 보냈다. 수익은 보위부와 50%씩 가르기로 했다. 사업은 번창했으나 문제는 다른 엉뚱한데서 발생했다. 국가보위부 간부들 간에 큰 알력다툼이 생긴 것이다.

"그동안 그들은 뒤에서 은밀히 잘들 해먹다, 결국 남편을 희생양으로 삼은 거예요. 갑자기 붙잡아 함흥 오로군 22호 교화소(노동단련훈련소)로 보냈어요."라고 말했다. 사업은 일체 몰수되고 K남편은 감옥에서 2개월 만에 사망했다.

"그때는 고난의 행군 시기라 교화소 사람들은 개돼지 취급받고 거의 먹지도 못한 채 중노동만 했어요. 아주 잔인했습니다. 배낭에 30kg되는 젖은 모래를 담아 거의 굶다시피 매일 노동만 시켰으니 오래 버틸 수가 없었지요."

얼마 후 미숫가루를 들고 면회를 가니 남편은 이미 죽었다고 했다. 그것도 뇌물을 써서 겨우 알아보니, 남편은 영양실조와 파라티푸스 병에 걸려 그곳에서 화장돼 시체도 찾을 수 없었다.

그녀는 살아남기 위해 동분서주했다. 그녀에겐 다른 기회가 있었다. 평양 창광거리에서 살던 아파트는 뺏기지 않고 남아있었다는 것이다.

"그 아파트를 고위층에게 팔았어요. 제가 인맥은 많아요. 당시 50만 원(2,500달러)을 받았지요. 그 돈으로 평양과 함북 나진선봉으로 오가 며 보따리장사를 했어요. 주로 화장품과 여자 속옷 등을 팔아 3년 만에 1만 달러를 만들었지요."라고 말했다.

하지만 K는 번 돈을 평양의 한 고위층에게 주었다가 하루아침에 알거 지가 됐다. 그 고위층은 "평양 만수대창작사에 있는 골동품(백제 도자 기)이 있는데, 이를 갖다 팔면 완전 팔자를 고친다."고 K를 꼬드기는 말 에 넘어간 것이다.

자신의 전 재산을 투자했다가 다시 빈 털털이가 된 것이다, 공동품은 가짜로 감정됐고, 그는 다시 비참한 신세가 됐으나 그대로 주저앉을 수 가 없었다.

K의 과거생활을 모르는 어머니(전 최고인민위원회 대의원)를 찾아가 사정한 끝에 5천원을 빌려 두만강을 건넜다. K는 "북한경비병에게 2천 원을 주고 중국의 한 조선족 브로커에게 인계됐다."면서 "그 후 운 좋게 한국선교사를 만나 한국을 거쳐 캐나다까지 오게 됐다."고 말했다.

K는 캐나다에 온 후 난민신청등록 때 받은 캐나다임시주민카드를 1 차 영주권같이 생각한 것이고, 다음 단계에 영주권이 자동적으로 나올 것으로 오판한 것이다. K뿐이 아니다. 많은 탈북자들이 그렇게 생각했 다가 낭패를 겪었다.

그건 한때 캐나다정부에서 한국정부에 지문검사를 의뢰하지 않았을 때의 경우다. 비교적 일찍 토론토에 난민신청을 한 탈북자들은 대부분 영주권을 받았기 때문이다.

보통 경우는 난민신청 후 나중에 난민심사 때까지 형사(음주운전행위 등)건에 연루돼 있거나, 캐나다 법에 저촉된 일이 없는 신청자는 대개 영주권을 받는다. 그러나 서류 등에서 내용이 거짓으로 밝혀지면 일체 용서가 없다. 이러한 사실을 간과한 K는 최종 영주권부여 심사결과 탈락된 것이다.

자신인생의 중차대한 피난민등록을 진실이 아닌 거짓내용으로 캐나다정부에 신청해, 요행수로 통과를 바라던 탈북자에겐 할 말이 없다. 세상에서 "정직은 최선의 방책 (Honesty is the best policy.)"이라는 말은 어디에나 통하는 만고의 진리라는 것을 잊지 말아야한다.

어느 정도 지난 후 K의 전화를 받았다. 눈치가 꽤 심각한 처지에 놓인 듯싶었다. K는 다른 일상대화를 나누다 뜬금없이 "혹시 C 노인이라고 아세요?"하고 물었다. "이름만 알지요. 80년대 언제 북한고향을 다녀오신 팔순이 다된 분 같네요."하고 말했다.

"맞아요. 그분이 지금 혼자이신데 제 처지를 동정해 형식적이나마 결혼을 해 줄 수 있다고, 한번 생각해 보래요. 이젠 영주권 받을 가망이 없으니 마지막 수단인 혼인신고를 통해 도움을 주려는 것 같아요."라고 말했다. "아, 그 문제는 자신이 심사숙고해서 잘 결정해야 할 거요."라고 답했다.

K는 난민심사에서 떨어지고 그냥 있다가는 언제 캐나다에서 추방명령이 떨어질지는 시간문제였다. 참 딱했다. 북한 상류층에서 남들과는 달리 별 고생을 모르고 화려하게 생활한 왕년의 〈중앙당 5과 출신〉이다. 파란을 겪으며 토론토까지 왔다가 또 다른 장벽에 막힌 K를 무어라 위로할 말이 없었다.

K는 토론토에서 혼자가 아닌 초교6년인 딸과 함께 살았다. 자신의 힘든 와중인데도 내게 함경도 식해(생선요리)음식을 만들어 갖고 왔다. 성

의가 너무 고마웠다.

　그 후 K소식을 영 듣지 못했다. 그녀를 알고 지내던 한 탈북자에게 최근의 K소식을 물었다. 그는 "글쎄, 저도 소식이 끊긴지 오래됐어요. 언젠가 한번 안 좋은 소식을 들었어요."라고 전했다. K가 무슨 일인지 한국감옥에 있다는 소문을 들었다는 것이다. 사실이 아니기를 바랐다.

　탈북자 관련해선 여러 견해들이 있다. 한 토론토교포는 "탈북자는 같은 동족이지만 한국인과는 조금 정서적으로 달라요. 이기적이고, 솔직하지 않고 믿기가 참 힘들어요."라며 부정적인 시각이다. 탈북자라고해서 무조건 불쌍하다고 동정만 해야 하는지 사실 의문이라는 것이다.
　사선을 넘어 온 탈북자들은 그들 생존을 위한 보호차원에서, 어느 정도 자신을 포장할 수밖에 없는지 모른다. 여하튼 그들이 자유로운 서방세계로 나온 이상 어느 곳에서 생활하든 제2의 새로운 인생이 활짝 펼쳐졌으면 좋겠다.

북한유학생과 탈북녀 파이어족

여러 해 전이다. 토론토 한복판의 한 캐나다 영어학원에 '북한유학생 (남)이 나타났다'는 소식을 문득 접했다. 그 학원은 토론토에 많이 알려진 유명 캐나다 영어 학원이었다. 타 주의 밴쿠버, 빅토리아 대도시에도 같은 학교명이 있는 전문 어학원이었다. 그간 코로나 19로 인해 수업은 잠정 중단된 상태였으나, 현재는 학원이 재가동된 것으로 알고 있다.

토론토 영어학원에 나타난 '북한유학생'

나는 처음 북한유학생의 토론토 출현소식을 전해 듣고 "설마"하고 한 귀로 흘렸다. 하지만 제보자의 경험담을 들으니 꽤 믿음이 갔다. 북한유학생 문제를 두고, 유학 및 이민전문인 한 해외교포에게 조언을 구했다.

그는 "북한유학생 건은 충분히 가능한 일"이라고 말했다. 그 교포는 평양을 가끔 왕래하는 이산가족이요, 전문학자여서 북한 실정을 잘 꿰뚫고 있는 편이다. 그는 "특히 북한유학생은 최신 선진과학기술 도입을 위해서는 예전부터 세계 어느 서방국가에도 진출해 있다."고 주장했다. 코로나 19 발생 이후는 아직 방북길이 막혀, 재개통되기만 기다리고 있다한다.

나도 북한주민이 자녀를 중국, 러시아 등 공산국가로 유학시킨다는 얘기를 진작 듣고 있었다. 수년 전 코로나19 발생 전에도 한 해외주재

외화벌이 평양주민이 자녀 2명을 중국 베이징대학에 유학시킨 사실을 알고 있다. 베이징대학은 세계적으로 손꼽히는 유명대학이다. 매년 세계대학순위평가에서 늘 상위권을 차지한다.

내게 이 북한유학생 정보를 준 사람은 토론토학원에서 북한 유학생과 함께 영어회화를 배우던 한 탈북 여성이었다. Y라는 40대 초반인 그녀는 여느 탈북자와는 달리 특이한 이력의 소유자였다. 그녀는 탈북 후 비교적 늦은 나이에 한국에서 외국어대학을 졸업했다. 고향 함경도에선 꿈도 못 꾸던 4년제 정규대학을 서울에서 나와, 제2의 인생설계를 꿈꾸고 있다.

이 Y 탈북여성이 토론토학원에서 북한유학생을 만난 얘기부터 먼저 들어보자. 북한유학생 관련한 Y와의 일문일답 내용이다.

- 토론토에서 언제 어떻게 북한학생을 만나게 됐나.

"지난 2018년 나는 한국에서 고교생 외아들(당시 16세)과 함께 토론토에 왔다. 아들을 유학시키기 위해서였다. 아들은 학생비자를 얻어 토론토 고교(11학년)에 입학했고, 나는 따로 영어공부를 위해 토론토 중심지에 있는 캐나다 어학원을 다니다 우연히 북한유학생을 만난 것이다."

- 어떻게 북한학생이라고 단정할 수 있었나.

"영어학원 수업은 오전과 오후에 진행한다. 오후시간에 나는 회화반을 선택했는데 북한학생과 함께 공부하게 됐다. 한번 그와 대화를 나누니 말씨가 나와 똑 같은 고향 말투였다. 북한 말은 금세 드러난다.

더구나 반에 학생이라곤 그와 단 둘 뿐이었고, 자연히 대화하는 기회가 생겨 관심을 갖고, 눈여겨봤다. 그러나 그 학생도 내 북한 말투를 인식했는지, 가능한 나와 대화를 꺼리고 피했다. 사소한 일을 물어도 대답을 안 하는 경우가 많았다.

영어교사의 질문조차 회피하는 경우가 잦았다. 아예 답변하지 않고 묵묵히 앉아있는 것이다. 선생은 그가 없을 때 내게 '조이(학생이름)가 좀 이상하다'고 말할 정도였다.

그래도 나는 '그 학생이 북한에서 왔기에 그런 것 같다'는 얘기를 해줄 수 없었다. 그냥 모른 척하고 아무 말도 안 했다.

그가 북한 청년임을 결정적으로 알게 된 사실은 그가 입은 티셔츠 때문이다. 북한국기가 그려진 내의를 보여 주며 싱긋 웃었다. 그래서 그가 북한에서 온 학생임을 확신했다. 평소 그의 옷차림은 비싼 명품(고급)이 많고, 1천 달러(1백만 원) 이상 되는 캐나다 구스(Canada Goose) 로고가 있는 브랜드 패딩을 입고 다녔다. 북한 상류층 자녀라고 생각했다."

- 그의 나이나 환경은 어떻게 보였나. 얼마 동안 함께 공부했나?

"20세 정도로 보이는 보통 키의 청년이었다. 매달 학원비는 1,800달러이다. 약 3~4개월 공부하던 중 코로나19로 인해 수업이 중단됐다. 그 학생과 3개월 동안 매일 만난 셈이다. 나는 이제 이민관련 등 다른 일에 바빠 다시 영어학원에 다닐 생각이 없다."

- 북한유학생의 환경 등 더 알려 줄 내용은?

"이미 설명했듯 그는 내 북한 말투 때문인지, 또 나이도 많이 차이가 지니 내게 관심을 보이지 않았다. 무슨 얘기든 사적인 대화는 일체 꺼려해, 교류나 소통이 쉽지 않았다. 아마 그의 부모와는 따로 사는 듯싶었으나, 확실히는 모르겠다. 그는 혼자 생활하는 것처럼 보였다. 하여튼 남과 대화를 원치 않는 학생에게 자꾸 말을 시킬 수는 없지 않나. 특별한 일이 없으면 그에게 접근하지 않았다."

탈북녀 파이어족 스토리

다음은 Y가 한국에서 토론토에 온 사연을 소개한다. Y는 서울 어느 큰 회사에 근무하다 자립해, 이후 개인회사를 운영해 꽤 재산을 모았다 한다. 얼마나 돈을 벌었는지 액수는 모르지만, 최소 수십억으로 추정한다. 그녀가 자신의 자산규모에 넌지시 운을 뗐기 때문이다. 일단 Y의 말을 믿었다.

Y는 "외대 무역과를 졸업하고 직장생활 할 때예요. 회사에서 정밀기계를 수입해 조립 후 재수출했는데, 3억을 투자해 12억을 벌었어요. 제가 조금 외국어(영어, 중국, 러시아)가 가능하니 일에 도움이 됐고, 바이어(구입자)들과 거래를 잘했어요. 당시 봉급이 연봉 2,800만원이었지요. 회사에 월급인상을 요구했으나 안 올려줘 그만뒀어요. 후에 제가 농산물(포장, 유통)회사를 개업해서 돈을 꽤 벌었어요. 지난번 회사(기계조립수출판매) 때보다 훨씬 더 돈을 벌었지요."라고 말했다.

Y는 토론토에 오자마자 자동차를 구입하고, 한인 타운의 고급 콘도아파트를 렌트했다. 아들도 일반학교가 아닌 사립고교에 입학시켰다. 한인들보다 캐나다인을 더 많이 만나 교제하고 있다. 한인교포들을 거의 모른다고 한다.

그녀 말대로라면 그는 요즘 말하는 일종의 파이어(FIRE) 족에 속하는지 모르겠다. 내 개인적인 추측이다. (FIRE 약자는 Financial Independence Retire Early.) '파이어 족'이란 '40세를 기준해 이전에 부를 이루어 조기 은퇴한 젊은 층을 지칭하는 신조어다.

어쨌든 Y는 사업을 멈추고, 캐나다로 와야 할 이유가 있었다. 중국에서 낳은 아들이 한국에 사는 어머니인 Y를 찾아왔고, 결국은 모자의 거주지를 한국대신 캐나다 행으로 결정했기 때문이다.

중국에서 낳은 외아들은 현지에서 중학까지 마쳤다. 그리고 홀로 중국을 떠나 서울의 그녀(엄마)와 합류했으나, 한국의 학교생활에 적응하지 못했다. 아들은 한국보다 다른 나라로 이주하기를 원했다.

아들 혼자 세계 각 나라를 인터넷으로 탐색해 보더니, 중국인들도 밀집해 사는 토론토를 선호했다. Y 역시 캐나다를 긍정적으로 생각했다. 캐나다는 소수민족들이 잘 조화를 이루고 사는 복합민족국가라서, 캐나다가 더 편안한 삶의 터전이 될 것 같았기 때문이다.

Y는 내가 종전에 접했던 탈북자들과는 다른 특이한 경우의 여성이었다. 그녀는 한국에 입국하자 당국의 배려를 최대한 활용해 자신의 입지를 쌓았다. 어떠한 힘든 환경 아래에서도 어려움을 이겨내고 공부에 힘썼다.

함경도의 억척스러운 기질로 자신의 운명을 개척하며 부를 쌓은, 대표적인 탈북자의 표상으로 보인다. 그녀는 코로나19 발생 전, 한국에서 고교생 외아들(16세)과 함께 토론토로 왔다. 현재 Y의 궁극적인 목적은 캐나다 영주권을 따는 일이다. 투자이민이든, 무슨 조건의 이민이든 영주권 취득이 최우선이다.

당초 Y는 관광비자로 입국했기에 6개월마다 경신해야 하는 비자연장도 간단치 않았다. 캐나다는 인구가 혼잡한 온타리오 주 (수도 토론토)보다, 타 주가 비교적 영주권을 따기 쉽다고 평판이 나 있다. 이 때문에 Y는 상세한 이민 관련 정보를 위해 앨버타주 캘거리 시까지 다녀왔다.

직접 자신의 닛산자동차로 4박5일간 쉬지 않고 운전했다고 한다. 엄청나게 먼 도시(비행기로 4시간 거리)를 밤낮으로 달렸다. 며칠 동안 운전을 하며, 캐나다의 광활한 대륙을 몸소 체험했다. 웬만한 남자들도 꺼리는 장거리 여행을 홀로 극복했다.

대자연 속의 호수들, 태양과 저녁노을을 벗 삼아 로키산맥 국립공원

(밴프)까지 관광했다. 일단 자신의 목표를 정하면, 지칠 줄 모르고 부딪치고 행하는, 대담한 40세 초반의 함경도 또순이였다.

또 그녀는 한 캐나다 촬영 팀을 소개받아 자신의 탈북발자취를 다큐멘터리로 찍고 있다. 이 다큐 촬영 역시 목적이 있다. 캐나다 이민을 위한 전초작업이며, 비즈니스 (판권)를 염두에 두고 있다. 조만간 작품이 나온다며 기대를 걸고 있다.

나는 Y를 처음 만났을 때 대화가 쉽지 않았다. 그는 자신 관련한 지난 얘기를 진지하게 말하려 들지 않았다. 대충대충 건성으로 말했다. 그녀가 왜 내 인터뷰 요구에 응했는지 모를 지경이었다. 어쨌든 개성이 강한 똑똑한 여성임에는 틀림없으나 답답했다. 자신의 입장만 생각했다.

Y는 탈북자로 중국에서 아기를 낳은 수년 뒤 중국집 양해 아래 풀려났다. 그리고 구사일생 한국을 찾아 들어왔다. 그래선지 세상사에 대해 웬만한 두려움이 없어 보였다. 한창때인 청춘시절부터 온갖 세상 풍파를 겪은 탓이리라. 자그마한 키, 연약해 보이는 가냘픈 체구 어디서 그러한 배짱과 자신감이 배어 나오는지 알 수 없었다.

탈북여성 Y관련 얘기를 처음부터 시작한다. 그녀는 대부분의 탈북여성 경우처럼 1990년대 후반 몰래 두만강을 건넜다. 하지만 국경지대에 잠복, 대기 중인 인신매매단을 통해 수년간 중국에서 생활하게 된다. 당시는 거의 모든 탈북여성들이 비슷한 경로를 거쳤다.

Y는 20대 초반에 고향 청진을 등졌다. 그 무렵 탈북자들의 환경은 대동소이했다. 그녀는 흑룡강 지역 중국인에게 팔려간 후 수년간 하얼빈에서 생활해야 했다. Y는 22세 때 그곳에서 원치 않은 중국인 아들을 낳았다. 그 아들이 그 중국 집안의 4대 독자라고 했다.

Y는 폐결핵 환자로 고생이 많았다. 그 집 중국할머니가 1년 이상 정

성을 다해 약으로 치료해줘 병이 완치됐다고 한다. 사실 탈북자 중에는 결핵환자가 많다, 토론토 난민신청 탈북자들 중에도 폐결핵환자로 밝혀져 병원에 격리된 경우를 목격했다. 지난 1950~60년대는 한국에도 결핵환자가 많던 시대가 있었다. 후진국에 주로 유행하던 전염병이다.

이들 인신매매는 오래전 미 남북전쟁 시기나 노예제도가 성행할 때의 현대판 판박이 같았다. 사로잡힌 여성의 나이, 용모, 건강상태 등에 따라 사람가격이 정해져 은밀하게 거래된다고 한다. 탈북자들은 그러한 현실을 알게 모르게 인지했음에도 죽음을 무릅쓰고 두만강을 건넜다.

이 때문에 중국 북방지역에서는 한때 조선족을 통역으로 낀 인신매매단이 활개를 쳤다. 일부 중국공안은 자본금 일체 없는 빈손 투자의 탈북자 사냥사업으로 큰 재미를 본다고 알려졌다. 탈북자 경우는 중국말을 모르고 옷차림 또한 남루하니 금세 조선인 신분이 탄로가 난다는 것이다.

탈북자는 중국 공안이나 그 끄나풀에게 잡히면 골치 아프다. 거액의 몸값을 치러야 풀려나기 때문이다. 그들 조직세계에선 탈북자 환경을 고려해 해당하는 몸 가격이 정해져 있다. 당시는 에누리 일절 없는 한국 돈 7백만 원(미화 약 6천불)이라 했다. 한때 지난날의 비극적인 얘기지만 지금은 얼마나 어떻게 변했는지 알 수 없다.

Y 역시 여느 여성 탈북자와 같았다. 중국 도문과 접경한 두만강을 건너자 곧 팔려갔다. 이후 하얼빈과 칭다오(청도) 등지에서 살다가 후에 동남아를 거쳐 한국에 입국했다.

북한에선 상상도 못 하던 4년제 대학공부를 서울에서 마쳤다. 호주에도 워킹 홀리데이를 이용해 2년간 나가서 돈을 모았다고 한다. 이후 자신이 직접 농산물 유통회사를 만들어 억척같이 수십억 이상 돈을 벌었다는 것이다.

서울에서 대학 졸업 후 비지니스로 성공

그녀의 고향은 함경북도 청진이다. 청진은 이제 북한에서 손꼽힐 정도로 대도시가 됐다. 예전 북한 제2 도시였던 함흥이나 (진)남포를 능가할 정도다. 그녀는 청진에서 태어나 청진 밖을 떠난 적이 없다고 한다. 외조모가 사는 이원(함남)지역을 한번 다녀온 적밖에 없다.

청진에서 성장해 학교에 다녔고, 고교 후에는 청진 직장(우체국)에서 2년간 일했다. 청진우체국에서 모스 부호를 취급했다. 그녀는 3남매가족이다. 언니 또한 탈북 해 서울에서 산다. 남동생은 철저한 김일성 주의자다. 아무리 탈북을 권해도 "못 살아도 조상 산소가 있는 내 고향을 등질 수 없다"며 고집이 세다고 한다.

수 년 간의 중국생활 뒤 중국집에서는 "이제는 네가 원하면 언제든 떠나도 좋다"고 허락을 해줬다. 그 대신 Y가 집을 떠날 때는 반드시 아들은 두고 가야 한다는 절대조건이 붙었다. 탈북자 경우는 중국에서 애를 낳았다고 중국공민이 되는 게 아니다. 신분은 언제든 허공에 떠 있는 상태다.

결국 Y는 아들을 남겨두고 몽골 등을 통해 우여곡절 끝에 한국으로 왔다. 그간 아들은 중국에서 중학생으로 성장했다. 그러나 아들은 늘 엄마를 잊지 못하고 찾았다고 한다. 중국집에서도 도저히 어찌할 수가 없었다는 것이다.

Y는 "그래서 중국집과 굳게 약속을 했어요. 아들을 1년에 한 번은 꼭 중국에 보낸다는 조건 아래 한국으로 데려왔지요."라고 말했다. 그런데 알고 보니 한국에서는 아들이 미성년이라 법적으로 나이가 성년(18세)이 될 때까지 혼자서는 외국여행을 할 수 없었다.

또 아들을 한국학교에 보냈는데, 처음부터 문제가 생겼다. 아들이 한국말을 잘 모르고, 학교에서 '되 놈(중국 놈/비속어)'이라고 놀려대니,

아들은 스트레스가 생겨 마침내 우울증 증세가 온 것이다.

그녀는 "우리는 서울 고층아파트에 사는데, 겁이 덜컥 났어요, 우울증이 심해져 혹시 아들이 투신이나 하면 어쩌나 하고요."

Y는 어느 정도 재력이 있으니, 서방국가 어디든 이주해 살고 싶었다. 미국과 캐나다가 목표가 됐다. "아들도 외국으로 이주를 혼자서 알아봤나 봐요. 결국 아들이 결정한 도시가 토론토였어요, 토론토는 수십만 명 중국인들이 거주하고 차이나타운이 엄청나게 크잖아요. 그래서 캐나다로 오게 됐지요."라고 한다.

Y는 또 "이제 아들이 2003년생이라 만18세가 지났으니, 이젠 어디든 맘대로 갈 수 있는 나이지요. 중국에도 혼자 갈 수 있어 다행입니다"라고 말했다. 그녀는 지금 캐나다에서 영주권을 따는 일이 우선 급선무다.

대도시 토론토가 있는 온타리오 주는 일반적으로 이민이 힘들지만 그 외 지역인 앨버타 주의 캘거리나 에드먼턴 시는 비교적 이민이 수월하다. 타지에서 비즈니스를 하는 운영자와 고용계약을 맺으면, 1년 후 영주권이 나온다.

내가 아는 한 지인도 앨버타 주의 한 모텔 운영주와 1년 노동계약을 맺고, 기간이 끝나자 무난히 영주권을 따고 토론토로 돌아왔다.

토론토 중심가 차이나타운. 토론토시내는 전차가 운행된다. (토론토 엽서사진)

황장엽 망명 도운 전 켈로부대장 이연길

북한 황장엽 비서와 이연길 전 켈로(KLO)부대 대장 두 사람 얘기다. 황장엽(1923-2010) 비서는 잘 알아도, 이연길(1927-2009)부대장을 기억하는 사람은 드물 것이다. 다시 확실히 짚고 가자.

황장엽은 1960년대 김일성종합대학총장을 지낸 북한의 대표적 지식인이다. 1970년대 최고인민회의 의장을 10년 이상 지냈다. 오랜 기간 북한노동당비서요, 주체사상 창시자로 소문난 인물이다.

그는 북한이 한창 고난의 행군시기였던 1997년 2월 남쪽으로 극적 망명했다.

이연길 켈로부대장

이연길은 왕년의 켈로부대(KLO) 대장이다. 켈로(Korea Liaison Office)부대란 6.25 직전부터 1953년 전쟁휴전 시까지 극비리에 북한지역을 넘나들며 군사첩보전을 펴던 게릴라부대를 칭한다. 미국 극동사령부 산하에서 특수부대 임무를 맡은, 반공청년들로 구성된 특수부대였다.

특히 KLO(8240부대) 해상부대에는 반공대학생들이 많이 포함돼 있었다.

대원명단에는 이지영(고려대/27/대장), 이연길(성균관대/25), 이양재(서울대문리대/26), 박원(서울사대/27), 차병권(서울대상대/26), 박창권(국학대/25). 장범수(국학대/24), 하재룡(연희전문대/27) 등 25세 전후한 재학생이 명단에 밝혀져 있다.

이연길의 경우 친형이던 이지영(이연복)대장이 북 침투작전 중 압록강 하류에서 적의 총탄에 사망하자 그 후 대장직을 이어받아 부대를 통솔했다.

지난 1953년 7월 휴전협정은 켈로 부대원들에겐 갑작스러운 전쟁종식으로, 일부에겐 큰 비극을 안겨 줬다. 그즈음 평안도와 함경도에 침투해 있던 2개 부대의 25명 대원 탈출로가 영영 막혀버렸기 때문이다.

그들에겐 일체 예고조차 없었던 휴전종결로, 북에 남겨졌던 대원들의 생사자체가 불명해진 기막힌 실종사건이었다. 이 때문에 이연길 부대장은 내게 "부대원을 북으로 침투시킨 뒤 본의 아니게 퇴로가 막힌 옛 전우들에 대한 죄책감을 평생을 지니고 산다."고 털어놓았다.

지난 2002년 서울에서 열린 재외언론행사에 참가한 후 우연히 H라는 탈북자를 만났다. 나는 H를 처음 만나 몰랐지만, 그는 모스크바 UN난민기구(HCR)를 거쳐 입국한 의사출신 벌목공탈북자였다. H는 한때 러시아에 거주한 탓에 내가 모스크바 특파원당시 UN난민기구에 탈북자의 한국통로를 개설해 등록시킨 사실을 잘 안다고 말했다. 아마 동료 탈북자에게서 들은 모양이다.

H는 "우리는 송 선생 덕분에 한국에서 자유롭게 잘 지냅니다. 정말 그때 큰일을 했어요."라고 말했다. 그러면서 "혹시 시간여유가 되면 한군데 소개할 곳이 있으니 함께 가십시다."하고 안내받은 장소가 북민협(북한민주화 통일협의회) 사무실이었다.

그곳에서 70대의 이연길 대장(전 켈로부대장)과 첫 상면했다. 그때

그가 황장엽 비서를 귀순시킨 장본인임을 알게 됐다. 그는 북한민주화
협의회 회장, 이준 열사기념사업회 이사장, 켈로전우회장 등 직을 맡고
있었다.

이연길 대장과 인사를 나누다
보니 그의 고향이 북강원도 원
산이었다. 당시 나는 강원도민
일보에 북미주 강원인을 대상으
로 "지구촌 강원인"이라는 기획
기사를 연재 중에 있었다. 이연
길 대장(북강원 원산)의 특이한
이력이 돋보여 그도 신문연재에
포함시키기로 했다.

그는 겉보기에 평범한 노인네
처럼 보였다. 켈로(KLO)부대원
의 강인한 투사기질보다는 학자

켈로 부대 8240부대 이연길 대장

풍 인상의 서민적인 인간미가 느껴졌다. 하지만 치밀한 성격으로 예리
한 감각을 지닌 검도 2단의 노장이었다.

이연길은 원산에서 월남이후 1946년 서울에서 성균관대학교에 다니
다 6.25전쟁을 치른 철저한 반공주의자였다. 해방 후 고향에 진주한 소
련군과 공산당의 횡포에 반발해 반공에 앞장서게 됐다고 한다.

일제강점 시 원산은 함경남도에 속했다. 이 대장은 "북한정부가 옳게
한 일은 원산을 함경도에서 강원도로 편입시킨 것이요. 원산사람은 말
투나 성격이 사실 강원도 쪽에 가깝지, 함경도와는 맞지 않아요."라고
지적했다. 또 성균관대학을 나왔다고 할 때 "저도 졸업은 성대에서 했

어요."하니 대화 중에 어디선지 두툼한 성대 동문록을 꺼내왔다. "여기 동문 록에서 언제 졸업인지, 몇 학번인지 찾아보시오. 졸업생 이름이 다 들어있으니."하고 내밀었다.

속으로 놀랐다. 이런 학교관련 얘기는 보통은 그냥 지나칠 일이었다. 대학졸업이라는 게 무슨 큰 대수인가. 첫 대면이니 사소한 점이라도 확인하려는 것 같았다. 실상 그는 황장엽 망명이후 테러위협에 무척 시달렸다고 한다. 그만큼 신경이 예민해 진 듯싶었다.

66학번으로 1970년 졸업생명단을 찾아 보여줬다. 사실 나는 성균관 대학을 겨우 졸업했다. 학점관련 때문이다. 그때 일을 잠시 적는다.

나는 서강대학에서 2학년 때 편입한 학생이었다. 당시 서강 대는 1학년 교양과목이 영어, 독일어(불어 중 선택) 2개가 필수과정으로, 외국어 학점취득이 다른 대학보다 월등히 높았다. 그건 나로서는 선택의 여지가 없었다.

문제는 성균관대에서 편입된 학점을 속히 정리하지 않은 데 있었다. 그러잖아도 매학기 때마다 학생처를 찾아 편입시의 학점정리 독촉을 했다. 편입시험 때는 의미는 없지만 수석으로 합격했다고 들었다.

졸업 때가 다가오니 학교 측은 갑자기 내 학점이 부족하다고 통고해 왔다. 학생처를 찾으니 담당직원은 "졸업학점이 160학점에서 좀 모자라니 학기를 더 다녀야 한다."는 주장이다. 사무실직원과 대화로 해결이 될 문제가 아니었다. 옆방의 학생처장실로 뛰어 들어갔다. 마침 학생처장이 자리에 있었다.

"처장님. 저는 서강대에서 편입해 곧 졸업을 앞둔 학생입니다. 서강대는 외국어교육에 치중해 필수교양과목으로 영어 10학점, 독일어 8학점을 취득했어요. 성대 편입이후 매년 학생처에 제 학점이 정리되기를 원했어요. 그런데 졸업을 앞두고, 이제 학점이 부족해 졸업이 안 된다니 너무 억울합니다. 그나마 평소 학점을 더 따둔 탓에 단 몇 학점만이 부족하니 선처해 주십시오."하고 하소연했다.

처장은 듣기만 했다. 나를 데리고 학생처로 들어가더니 "이 학생 졸업학점을 유권해석해서 만들어줘요."라고 큰소리로 지시했다. 내게는 "며칠 후에 새 학점을 찾아가게."라고 말했다. 통쾌했다. 학생처에서 나올 때는 편입 시 국어시험에 출제됐던 청산별곡이 절로 흘러나왔다. "얄리 얄리 얄라성 얄라리 얄라."

북한 미그기 조종사 납치

이연길 켈로부대장이 6.25전쟁 중 이룬 큰 거사 중 하나가 미그기 조종사 문덕삼을 북에서 남으로 납치해 온 일이다. 그가 평북 철산에 있다는 첩보를 접하고 현지에 침투해 잡아왔다. 켈로부대의 활약상은 지면이 많아도 부족할 정도이다.

이 대장에 따르면 전쟁이 끝나자 이승만 대통령은 그를 불러 치안국장에 앉히려 했다한다. 그러나 그는 "내게 맞지 않는 고위급 공무원 자리를 고사하고, 동원기계 상사라는 개인회사를 운영했소. 아직도 강남에 20년 이상 된 사무실을 그대로 갖고 있소."라고 말했다. 전쟁시기가 지나자 이연길은 의사인 김정옥 씨와 중매결혼을 했다. 부인은 부산에 병원을 개업해 그의 뒷바라지를 늘 감당하고 있다고 한다.

1983년 이연길은 원산장학회(재단법인)를 설립해 이사장을 맡았다. 1992년까지는 원산명예시장으로서 실향민을 돕기도 했다.

그는 "실상 내 생은 전쟁 중에 숭고하게 산화한 전우들의 죽음을 회고하면, 덤으로 사는 것이나 다름없지요."라고 담담하게 말했다.

나는 방한 시 종종 서울역의 한 카페에서 이연길 대장을 만났다. 그는 수전증으로 한 손을 떨고 있었다. 그때 지난날의 황장엽 사건을 내게 소상히 밝혀줬다. 그는 혼자서 은밀히 진행 중이던 '황장엽 망명계획' 정보를 한 중앙언론의 신문기자에게 제공했다. 그때 그 기자에게 "이는 엄청난 사건이니 나중 기사화하려면 꼭 먼저 나와 상의한 후 밝혀야 한다."고 신신당부했다한다.

그러나 마지막순간 신문사측에서 그의 정보를 이용해 갑작스레 '특종보도'를 한 행위에 대해 극심한 배신감을 느끼고 있었다. 약속을 깨고 신문사 단독으로 대서특필해 세상에 터뜨렸기 때문이다.

이연길은 "그간 2년간을 혼자 뛰어다니고 고생하다가 신의 없는 신문사만 영웅 만들어 줬다는 생각에, 무척 섭섭한 생각이 들었소."라고 말했다. 너무 화가 나서 "그때 그 기자에게 '따로 혼내주겠다'고 심한 말까지 했소."라고 토로했다.

그러나 그는 "나중 그 기자가 내 딸 결혼식을 위해 부산까지 내려왔을 때 이미 흘러간 지난 일이기에, 쌓인 앙금을 깨끗이 씻기로 했소."라고 전했다.

'황장엽'의 드라마틱한 망명 스토리

이연길 대장이 황장엽을 귀순시킨 내용을 간략히 소개한다. 2005년 1월 다른 언론매체인 주간동아는 '황장엽 망명비화'라는 타이틀 아래, 황장엽과 이연길 두 사람의 표지사진과 함께 뒤늦게 내용을 전했다.

그때 나는 이연길 대장한테서 이미 황장엽 내막을 들어 사건경과를 상세히 알고 있었다. 또 당시 황장엽 비서 휴대전화(010)를 알려줘 직접 전화인터뷰를 한 적이 있다.

이연길이 황장엽을 알게 된 지난 얘기로 돌아간다. 이연길이 중국 베이징에서 대북 무역사업을 할 때다. 그는 1995년 북한 려광무역회사 김덕홍(당시 59세) 총사장을 처음 알게 됐다고 한다. 김덕홍이 총괄하는 려광회사는 북한 외화벌이와 노동당 국제부의 재원 마련을 위해 설립해 놓은 무역회사다.

이연길과 김덕홍 두 사람은 날이 갈수록 인격적으로 대화가 통하고 호형호제할 정도로 의기투합이 됐다. 김덕홍은 황장엽 비서의 심복이었다. 몇 달 후 김덕홍은 그에게 황장엽을 소개해 줬다.

황장엽 비서는 자신이 확립한 주체사상을 김정일이 독재 권력에 악용해 북한주민들이 비참하게 굶는 사실에 극심한 심적 갈등을 겪고 있었다고 한다. 이연길은 "그러할 즈음 황장엽은 나를 만나 비로소 망명의 꿈과 희망을 품게 됐다."고 강조했다.

1990년대 중반 황장엽은 해외에서 주체사상 강연세미나를 많이 가졌다. 그런데 북한의 고난의 행군시기인 1996년 때다. 모스크바에서 열린 주체사상 세미나 때 문제가 터진 것이다.

러시아 수도 모스크바는 황장엽이 1950년대 유학시절(모스크바 국립대 철학박사)부터 연고가 깊은 도시다. 주변에는 지인들이 많았다. 그런 그가 망명을 급히 서두르게 된 것은 당시 모스크바 세미나에서 주체사상 강의 후 가진 질의 응답과정에서 나왔다고한다.

그는 평소 소신대로 주체사상 관련해 "인간을 바탕으로 한 인본사상이다."라고만 설명했기 때문이다. 주체사상 근본이 김일성 사상이라고 말하지 않은 점이 문제가 된 것이다. 그때는 그대로 지나가는 듯이 보였다.

그러나 두세 달 후 북한 노동신문에서 '누군가 밖에서 주체사상을 김일성사상이 아니라고 떠들고 다니는 자가 있다'고 첫 공개 비판한 것이다. 인민군 국방일보 역시 같은 비판내용의 사설을 게재했다.

위험을 감지한 황장엽은 이 사실을 베이징에 있는 김덕홍에게 전했고, 이연길도 곧 급한 상황임을 연락받았다. 이연길은 그간 짜여있던 황장엽의 일본 도쿄 학술회의 일정 중 망명을 곧 단행키로 계획을 짰다.

그러나 일본은 엄중한 주변경호로 인해 거사가 여의치 않자 중국 베이징에서 평양귀환 길 직전에 망명을 시도하기로 계획을 바꾼 것이다.

황장엽은 도쿄에서 이연길을 만나자 악수를 할 때 무언가를 손바닥에 넣어줬다. 똘똘 말은 한 종이쪽지였다. 종이에는 〈베이징에서 차를 꼭 대기시키시오〉라고 적혀있었고, '꼭' 자에 동그라미가 그려져 있었다.

이연길은 급히 베이징으로 달려가 김덕홍에게 황장엽 메모를 전해주고 망명준비를 서둘렀다. 베이징에서도 거사 일이 쉽지 않았다. 우여곡절 끝에 마침내 이연길이 2년간 준비해 온 황장엽 등 두 사람의 극적인 탈출이 성공을 이루게 된 것이다.

황장엽 비서가 귀순한지 수 년 후다. 이연길 대장은 내게 한 가지 흥미로운 사실을 알려주었다. 황 비서가 망명 후 중년의 한 여성과 동거생활에 들어갔는데 그간 아들을 낳았다는 사실이다. 이 대장은 "벌써 그 아들이 5살이 됐소. 여자는 40대 중반인데 얼굴이 갸름한 미모여성이라오."라고 밝혔다.

황장엽과의 통화

토론토에서 황장엽 비서와 사전약속 없이 국제전화를 했다. 인터뷰를 위해서다.

"여기는 캐나다인데요. 강원도 신문사의 송광호 특파원입니다. 이연길 회장님 소개로 연락드렸어요. 갑자기 전화통화가 가능하세요?"하고 물었다.

"아, 좋아요. 캐나다라고요? 바로 옆에서 말하는 것처럼 소리가 잘 들리는구먼. 강원도는 내게 인연이 깊소. 나는 8.15해방을 삼척에서 맞았지."라고 답한다.

"아, 그렇습니까?" "나는 일제 당시 1942년 강제징용으로 삼척 시멘트공장에서 3년 6개월 일했소. 해방 때 풀려나 북으로 갔지요. 나에 관한 얘긴 이연길 회장에게 들으면 잘 알 수 있을 텐데." 하고 말했다.

"저는 강원도 출신인 이태준(철원) 작가와 최승희

북 강원도에서 온 편지

(홍천)무용가에 대해 무슨 내용을 아시나 해서요."하고 물었다. "그런가, 해방 후 이태준 장녀(이소명-1931년생)가 나와 같이 모스크바에 유학을 했지. 그때 함께 유학한 친구를 이소명에게 중매해 줘 둘이 결혼을 했소."라고 답했다.

그는 또 "그런데 그 친구(이소명 남편)가 귀국 후 김일성 종합대교수로 일하다 일찍 병으로 죽었소. 그때 친구 말이 이태준이 종파분자로 몰리고 있다고 고민하며 말하던 생각이 나네. 그 후에는 잘 모르겠소."라고 전했다.

황장엽은 1949년부터 1954년까지 5년간 모스크바 유학생활을 했다고 한다. 우리민족의 비극인 6.25전쟁을 피해 소련에 머물렀으니 운이 좋았던 셈이다. 모스크바에는 최승희 딸 안성희도 함께 있었고, 안성희 역시 예술부문의 유학생과 연애결혼을 했다고 전했다.

그는 "남한출신에 대한 숙청은 1955년부터 전국적으로 시행됐다"면서 "그러나 최승희는 내가 1966년 김일성대학총장으로 있을 때까지는 숙청당하지 않았다."고 말했다. 그는 또 "1969년경 숙청당했다가 훗날 명예 회복이 됐다."고 밝혀줬다. 황 비서와 30분 이상 대화를 나누었다.

황장엽 비서는 한국망명 후 당시 정권을 잡은 좌파성향 정부로 인해, 자유로운 활동에 제약을 받고 있다는 얘기도 들렸다. 북에서는 황 비서의 북한가족은 물론 사돈의 팔촌 등까지 샅샅이 뒤져, 엄청난 수의 일가친척들이 숙청당했다고 소문이 났다.

이연길 대장 경우는 "또 다른 거물급 북한 군 장성이 중국감옥에 잡혀 있어, 그를 구출해 내겠다."면서 동분서주했다. 그는 "현재 중국 연길에 잡혀 있는 북한군 장성 사진도 입수했고, 이제 그를 구출할 자금도 마련 됐으니 거래만 잘 이루어지면 될 것이네."라고 주장했다.

그 후 이 대장과는 소식이 끊겼다. 이념문제로 인해 우리네처럼 복잡하고 잔인한 경우가 다른 나라에도 있겠는지 가슴이 답답해진다.

어느 해인가 10월 하순 한국방문 때다. 다큐멘터리 (탈북민) 영화 '그림자 꽃' 시사회에 갈 기회를 가졌다. 그곳 극장 현지에서 다큐 주인공인 김련희 씨를 만났다. 그때 나는 다른 사람이 그녀 배역으로 출연한 줄로 착각했다. 김씨 모습이 영화 속 인물과 너무 달라져 보였기 때문이다.

영화와 달리 안경을 쓰고 있고, 몸도 꽤 수척해 보인

평양시민 김련희

탓이다. 김씨는 2011년 9월 한국에 들어왔다. 입국한 지 어느새 10년 이상이 지났다. 엄밀한 의미에서 그녀는 탈북자(북한이탈주민)가 아니었다. 한국입국이 잘못 됐다고 줄곧 고집하기 때문이다. 잠깐 그녀의 내용을 살핀다. 보다 이해를 쉽게 하기 위해서다.

1969년생 김련희, '나는 평양시민입니다'

1969년생 김련희. 그녀는 어릴 때부터 만성간염이란 지병이 있었다. 평양에서 태어나 성인이 됐어도 이 질병에서 벗어나질 못했다. 고교졸업 후에는 평양 양복공장에 근무했다. 직장에서도 발병으로 인해 6개월간 평양병원에 입원해 있었다고 한다. 간에 복수가 자주 찼기 때문이다.

그녀는 학창시절 머리가 뛰어난 학생이 아니었다. 원래 희망은 어머니처럼 의사가 되기를 원했으나 꿈을 접어야 했다. 고교 때 성적이 부족했기 때문이란다. 그래서 택한 것이 양복점 공장기술자다.

북한에선 공장노동자라 해서 의사보다 봉급이 적은 게 아니다. "남편이 의사인데, 제가 월급이 더 많아요. 북한에선 의사라고 돈을 더 버는 직업이 아니에요. 그냥 꼭 같은 공무원일 뿐입니다."라고 말했다.

그녀 말이 맞는다. 공산세계에는 직업구분에 국가봉급차이가 거의 없다. 이는 예전 내 모스크바 특파원시절 한때 내 통역도우미가 러시아 의사였기에 공산사회 구조를 어느 정도 파악한다.

나는 김련희를 서울에서 두 번 만났다. 극장시사회 조우까지 세 번째다. 그녀는 보기에 수더분한 평양아줌마에 불과했다. 한국정부는 이 지극히 평범한 직장(김책공업종합대학 양복점) 가정주부를 어떻게 간첩으로 단정했는지 이해가 되지 않았다. 이렇게 되면 오히려 그녀를 간첩으로 키우는 셈이 된다.

그녀는 처음부터 중국에서 중간브로커의 유혹에 잘못 들어온 경우였다. 그녀말대로 김련희 자신의 판단실수로 발생한 사고였다.

그녀는 한국에 입국 시부터 평양으로 돌아가겠다고 고집했다. 그녀의 끈질긴 북한송환 요구는 정치성을 띤 게 아니었다. 한국이 싫고, 북한이 좋아서가 아니다. 혈육이 살고 있는 평양가족과 떨어지지 않겠다는 게 오직 한 가지 이유였다. 평양에 생존해 있는 부모님과 남편, 외동딸이 사무치게 그리웠다. 가족과 함께 있겠다는 일편단심이 그녀에겐 전부였다.

한국기관에서는 그녀의 송환의사를 받아들이지 않았다. 국가규정은 일단 탈북자로 입국한 북한주민을 그대로 놓아줄 수가 없다는 것이다. 어쨌든 그러한 아줌마를 10년 이상 한국 좌파정부까지 붙잡고 있으니 한심스럽고 안타깝다. 그녀는 늘 해외출금조치상태다.

한국정부는 언제까지 그녀를 남한 땅에 억류시킬 것인가. 새나 짐승도 모성애는 뼈저리게 눈물겹다. 미물이라도 가족보호에 온 목숨을 건다.

그녀는 한국에 오자마자 평양으로 귀환을 위해 수단과 방법을 가리지 않았다. 혈육이 있는 고향으로 가고픈 처절한 몸부림이었다. 남에게 해악을 끼친 일도 없다. 그런데도 입국 후 5년간 김씨는 '신원 특이자'로서 한국여권 발급이 안 됐다.

그녀는 밀항을 꿈꾸고 위조여권을 알아보고, 자진 간첩(셀프간첩)신고까지 했다. 대한민국 정보기관은 간첩 관련해 기본적인 판별력도 없나. 어쨌든 김련희는 간첩으로 판정 나 감옥(교도소)생활을 했다.

국선 변호사를 쓰고 2심에서 징역 2년, 집행유예 3년으로 풀려나긴 했다. 하지만 이럴 경우 당국은 실상 그녀가 본의 아니게 정말 간첩이될 수도 있다는 사실을 인지해야한다.

그녀가 줄곧 되뇌는 말이 있다. "남쪽에서 억만금을 준다 해도 내 가족에게 달려갈 것이에요." 김씨에겐 혈육이 그녀 인생전부나 다름이 없다.

'탈북 브로커'에 넘어가 한국행

김련희를 한국으로 유혹한 브로커(조선족)에 대한 얘기이다. 탈북브로커는 북한의 고난의 행군 당시 중국에서 처음 생겼다. 조선족 브로커들은 1990년대 말까지 굶주림 때문에 중국 땅에 건너온 북한여성들을 '인신매매'하는 데 일조를 했다. 조선족은 통역역할로 중국 공안과 팀을 이루었다. 탈북여성은 나이, 신체조건에 따라 보통 중국 돈으로 1~2만 위안(당시 약 4백만 원)을 받았다. 중국의 조선족 일부에겐 이런 탈북자 관련 일이 그들의 전문직업처럼 됐다.

그 후 브로커들은 시간 흐름에 따라 양상이 달라졌다. 탈북자들의 한국행 안내에는 조선족만 아니라 한국여권을 지닌 탈북자까지 가담했다. 이들은 인도적 측면에서 탈북자를 한국으로 안내하는 것 보다는, 엄연한 자신의 '돈벌이' 직업으로 뛰어들었다. 그나마 한 번에 목돈을 챙길 수 있는 기회라고 보기 때문이다.

브로커는 당시 탈북자 한 명당 국가에서 제공하는 총 600만원 정착금 중 250만원을 받는다. 정부는 탈북자에게 처음 300만은 일시에 주고, 나머지 300은 3개월마다 100만원씩 통장에 넣어준다고 한다. 9개월이 되면 전액 600만원이 끝나는 셈이다. (탈북자는 첫 300만원 수령 시 250만을 브로커에게 떼어준다)

김련희는 "브로커는 중국 내에선 조선족이지만, 그들을 움직이는 큰 손은 한국 내의 기독교인과 탈북자"라고 주장한다. 또 탈북자 경우를 3가지로 분류했다. 생계곤란 해 북한을 이탈한 주민과 각종 북한 범죄자, 드문 경우지만 브로커 등에게 속임을 당해 남쪽에 온 경우를 들었다.

김련희는 자포자기 끝에 두 번 극단선택을 시도했다. 두 번 다 의식불명상태에서 발견돼 목숨을 구했다. 김련희 관련한 스토리는 입국 4년 뒤인 2015년부터 국내외 언론보도에 의해 비로소 세상에 밝혀졌다.

해외언론의 미 CNN, 뉴욕 타임스, 독일 등지에서도 김련희 사연을 보도했다. 그때 인권문제도 거론됐다. 그러나 한때 단순한 사회 환기에 그쳤을 뿐, 다른 해결책이 마련되지 않았다. 오늘에 마냥 이르고 있는 현실이다.

처음 얘기로 돌아간다. 김련희는 평양에서 병이 회복되자 북한당국의 허가를 받고, 중국 삼촌 집에 놀러갈 휴가를 계획했다. 2011년 5월이다. 그녀는 북한여권을 만들어 생애 처음 해외여행을 떠난다는 생각에 들뜬 마음이었다. 평양에서 기차로 신의주를 거쳐 중국 단동으로 갔다.

산동성에 사는 친척과는 여행출발 마지막 순간에 겨우 연락이 닿았다. (북한-중국 간 우편배달은 보통 20일부터 1달, 왕복우편은 보통 2달 걸린다고 한다.)

김씨에게 문제점은, 중국 친척집에서 체류 한 달 후부터 그녀 간이 다시 나빠진 것이다. 중국에선 북한공민이니까 외국인에 속해 병원비가 비싸다.

친척집을 나와 중국 심양식당에서 일하며 돈을 벌어 치료비를 마련하려고 했다. 그때 탈북브로커(조선족)를 만나 귀담아들은 것이 실수라면 실수였다.

브로커는 "한국에 가면 두 달이면 큰돈을 벌 수 있는데, 여기서 무슨 돈을 벌 수 있느냐. 한국에 가서 속히 돈을 만들어 북으로 되돌아가면 된다."는 말을 그대로 믿은 것이다.

그때 브로커에게 쉽게 자신의 북한여권을 내준 것이 결국 사달이 난 것이다. 자신의 실수를 깨닫고는 곧 여권회수를 요구했으나, 브로커는 "이미 여권은 내 손을 떠나 다른 데로 갔다"며 돌려주지 않았다.

그로부터 4개월 뒤인 그해 9월. 김씨는 다른 탈북자 7명과 함께 한국에 들어갔다. 입국 시 즉각 북한송환을 요구했다. 한국정부는 갓 입국한 탈북자를 그대로 놓아주지 않았다.

그녀는 당국의 심문을 거듭 당하며 고통의 시간이 쌓여갔다. '보호관찰 대상자'로 찍히고, 경북 경산에 거처가 마련됐다.

처음 경북의 한 플라스틱 공장에서 일을 했다. 그러나 직장근무가 순탄치 않았다. 작업도중 경찰 등 정보기관에서 김련희를 찾는 전화가 계속 오니 직장에서는 그녀를 못 마땅해 했다.

우여곡절을 겪으며 그런 가운데에서도 남쪽친구들이 생겼다. 실상 그녀의 흔들리는 마음을 지탱케 해 준 것은 따뜻한 남쪽사람들이었다. 또 언제부터인지 북한에 대해 궁금증을 지닌 시민단체와 아파트공동체에서 그녀에게 평양에 관련한 강연초청이 오기 시작했다.

그녀는 코로나19 발생 전까지 약 5년간을 전국에서 강연생활로 바쁜 나날을 보냈다. 강연료는 한 번에 20~30만원을 받았다. 김씨는 "초청강연은 보통 하루에 2번, 주문이 밀려들 때는 한 달에 연속으로 30번을 더할 때도 있었어요."라고 밝혔다.

어느 날 본의 아니게 남한 땅을 밟은 한 어수룩한 평양아줌마가 '대한민국 북한강연 전문가'로 변신한 것이다. 한국에는 3만여 명의 탈북자들이 있지만 거의 대부분이 함경도 등 지방 변두리에서 살던 주민들이다.

평양구경을 한 번도 못해 본 탈북자가 많다. 막혀있는 북한을 잘 모르니 평양시민인 김련희 강연에 관심을 가진 남쪽주민들이 적지 않았다. 나도 실상 많은 탈북자들을 접해봤지만 평양토박이 이탈주민은 드물었다.

나는 그녀를 인터뷰할 때 다른 얘기를 먼저 꺼냈다. 지난 1960년대 말 KAL기 납북사건이다. 그녀도 남북한의 지난 역사적인 팩트를 알고 있는 게 좋을 것 같았다.

그녀가 태어난 해인 1969년. 그해 12월 한국에서 암약하던 간첩 조모에 의해 감행되던 '강릉에서 김포행 항공기(KAL) 납북'사건이다. 당시 승객으로 가장한 간첩이 조종사를 위협해 KAL기를 북한 함경남도 선덕비행장에 강제 착륙시킨 사건이다.

그때 북한당국은 남쪽주민 50명 중 39명만을 겨우 풀어주고, 11명은 끝내 돌려보내지 않았다. 반세기도 더 지난 옛 사건이지만 당시 납북됐다 송환된 일부 승객이 가진 기자회견을 나는 지금도 생생히 기억하고 있다.

나는 북녘이 고향인 외조모와 함께 생활해 어느 정도 이산가족의 슬픔을 이해한다. 해방직후 38선을 넘어 온 외조모는 평생 북녘 고향을 그리며 살다가 돌아가셨기 때문이다. 그때 KAL기 납북 건 당시 항공기 납치로만 그쳤다면 얼마나 다행이었을까. 왜 북한 측은 죄 없는 남녘주민 11명을 생이별을 시키고 영영 돌려보내지 않았던가.

당시 혈육의 정이 강제로 끊긴 남쪽가족들은 오늘날까지 한을 안은 채 피눈물을 쏟고 있다. 너무 잔인한 북측의 행위였다. 이는 단순한 한 예에 지나지 않는다. 김련희는 그러한 사건자체를 전혀 모르고 있었다. 알 리가 없다. 내 말을 말없이 듣고만 있었다.

그녀와의 대화를 문답형식으로 간략히 전한다.

한국생활 11년, "나는 꼭 고향으로 돌아갈 거예요"

- 평양 어디에 사셨나요? 평양도 서울강남처럼 잘 산다는 동네가 따로 있나요?

"저는 평양 중구역에서 태어나, 나중 다른 동네(교구동 새 아파트)로 이사를 했지만, 특권층인 동네는 따로 없습니다. 다만 직업별 아파트 구분으로, 아파트 입주순위는 있어요. 순위 첫째는 항일유가족의 4대 자손까지, 둘째는 영예군인가족, 셋째가 해당 철거민들, 넷째는 건설참가자 노동자들과 일반 사람들입니다. (김련희 남편은 의사이며, 영예군인이다).

특권층을 말한다면 항일유가족이 되겠지요. 제가 살던 아파트는 20층짜리인데 몇 층에 누가 사는지 전부 알아요. 온 아파트가 한 집처럼, 친구처럼 지내지요. 또 아파트 배정은 주택배정과에서 하는데 입사증이 꼭 있어야 해요. 부동산업자는 없어요, 개인으로 집을 사고 팔 수는 없습니다."

- 한국에 온지 10년이 지났는데, 평양생활과 차이점은 어때요?

"한국은 막살기는 좋은 것 같아요. 생의 가치나 무게라 할까 그런 걸 생각하지 않고 그냥 살아요. 저는 정치를 모르고 관심도 없지만, 평양생활은 사는 느낌이 단단해요.

북 주민에게 가장 중요한 것은 자주권을 지키는 거예요. 자주권은 인생의 가치관이라고 볼 수 있지요. 한국은 다른 것 같아요. 북에서는 남쪽을 같은 동포로 영리한 민족이라고 평을 하지요. 그런데 한국은 북이 잘하는 점이 있어도 절대 인정 안 해요. 마치 악마처럼 생각해요."

- 김련희 씨는 (노동)당원입니까. 당원과 일반 주민은 많이 다릅니까?

"저는 당원이 아니에요. 당원이 되면 명예와 긍지를 갖습니다. 1995년부터 98년까지(고난의 행군시기) 많이 굶어 죽을 때 당원들이 가장 많이 죽었어요. 남부터 위하다가 먼저 죽었지요. 당원이 되려고 군대에 많이 갑니다. 제 남편도 군의관으로 지방에서 10년간을 근무했지요. 가족들과 함께. 나중 차량사고로 제대해 영예군인 칭호를 받고 평양에 돌아왔어요.

영예군인은 당의 배려와 국가적 혜택을 많이 받아요. 관광, 문화시설 등지엔 어디를 가나 '의사, 교원, 영예군인은 우선 봉사합니다.'라는 글이 붙어있지요. 영예군인을 우대하는 기풍이 서 있습니다."

- 과거 평양에는 늘 전기가 부족했던 걸로 알아요. 지금도 그렇습니까?

"예전엔 그랬지요. 전기는 지난 2008년부터 좋아지기 시작했어요. 아침저녁 1시간씩 절전되는 등 매년 나아지다가, 2012년부터 경제가 안정되면서 완전히 좋아졌다고 들었어요. 지금은 평양에 전기가 남아돌아 중국에 수출도 한다던데…."

- 남한과 북한이 특히 다른 점은 무엇인가요?

"한국은 어디에나 간판이 많고 도로가 아주 좋지요. 하지만 사회구조는 완전히 다르지요. 북에선 모든 공민(주민)이 한명도 빠짐없이 조직생활을 합니다. 대개 모든 조직에서 주 1회 생활총화라는 걸 해요.

총화방식은 보통 12명 남짓 모여 자아비판이나 상호비판을 하지요. 서로 부족한 점을 조언해 주지요. 비판은 직위 상관없이 하고, 실생활에 반영해요. 그래야 발전할 수 있지요. 자기가 무엇을 잘못했는지는 자신이 제일 모르잖아요.

제가 남쪽에 와서 다른 점이 일상생활에서 총화나 교육, 학습 등이 전혀 없는 게 달랐어요. 상대에게 잘못을 전달 안 해 주니, 남쪽 사람들 행동 요소요소에서 개인주의, 공명주의가 튀어나오는 것 같아요. 아마 생활 '총화'가 없으니 그런가보다 생각하고 있어요."

　그녀는 40년을 평양 공산국가에서 획일적으로 살아왔으니, 삶의 방식이나 세상시각이 자유로운 자본국가와는 많이 다를 수 있다. 어쩌면 북한주민들은 '우물 안 개구리'라는 소리를 들을 수도 있다.
　그동안 남쪽에서는 '평양주민 김련희 송환준비모임'이 생겼다. 2017년에는 『나는 대구에 사는 평양시민입니다』라는 책도 엮어 냈다.
　그녀가 진정 고향가족의 품에 안길 수 있는 날은 언제가 될까. 그런 날이 속히 다가오길 학수고대한다.

'그림자 꽃'시사회에서 만난 김련희 씨와 필자

"우리 엄마! 북한에 절대로 못가요"

이산가족들은 남이고 북이고 양쪽 당국으로부터 불이익을 당하는 경우가 많은 것으로 알고 있다. 혹시 그들이 국가에 반하는 무슨 행위가 있나하는 의구심 때문일 것이다. 이 때문에 예전에는 이산가족들은 감시의 대상이었고, 거주국에서 변변한 직장 하나 갖기 힘들었다.

70년대 캐나다로 이주한 내 경우도 반드시 경찰서의 신원조회를 거쳐야 출국이 가능했다. 그 시절은 어느 누구도 예외가 없었다.

평양 언니와의 만남, 딸 때문에 무산

평양에 거주하는 이산가족인 70대 '옥(玉)'씨 할머니는 죽기 전 꼭 여동생을 만나고 싶었다. 어쩌다 한 (조)총련 재일교포를 통해 내게 연락이 왔다. 막연히 옥 노인 여동생이 캐나다에 살 것이라는 소식만 알려주었다.

일단 캐나다 대도시의 한인주소록 등을 통해 뒤졌다. 솔직히 기대하지 않았다. 길에 떨어뜨린 바늘을 찾는 격이었다. 다만 '옥'씨는 희성이라 이름을 찾는 데 별로 시간이 걸리지 않았다. 며칠 째 고생하다 교회주소록에서 운 좋게 찾아냈다. 토론토에서 밴쿠버로 이사해 살고 있었다.

평양에서 캐나다의 여동생을 간절히 찾으며
사진을 보낸 옥정숙 노인.

동생인 옥씨 할머니는 내가 전화하자, 들뜬 목소리로 "세상에.. 어떻게 나를 찾아냈군요. 그간 나 역시 언니를 찾느라 꽤 노력했어요. 이제는 평양 갈 준비를 해야겠어요. 비용은 얼마나 듭니까?"하고 물었다.

"가족만남에 비용이 정해진 게 있나요? 항공료는 밴쿠버에서 여행사에 알아보세요. 베이징을 거치니 중국비자도 필요합니다. 혼자 여행이 힘드시면 식구랑 함께 다녀오세요. 방문날짜가 정해지면 알려주세요."라고 말했다.

그런데 다음날이다. 딸이라는 한 여성이 전화를 했다. 처음부터 흥분된 목소리였다. "여보세요! 댁은 누구세요? 왜 우리 엄마에게 북한에 가라고 해요? 북한에는 절대로 못 가요. 왜 갑자기 북한에 죽으려고 갑니까. 왜 댁은 남의 집안에 풍파를 일으키는 거예요? 다시는 연락하지 마세요!"하고 속사포처럼 쏘아댔다.

나중에는 할머니도 "애들이 반대해 어쩔 수 없네요. 못가겠어요."라며 "딸이 울고불고 난리라 안 되겠어요. 나야 당장 달려가고 싶지만 어쩝니까. 그냥 포기하겠어요."라고 체념한 말투였다.

정녕 반가워 할 노인자매의 해후가 무산되니, 뒷맛이 씁쓸했다. 남을 도우려다 낭패를 본 대표적 케이스였다. 일본 지인에겐 동생할머니를 찾긴 했으나, 지병 때문에 여행을 할 수 없는 상태라고 전했다.

　하지만 다른 두 이산가족 경우는 친척 찾기를 성사시켰다. 미주지역
과 한국이다. 그간 여러 차례 방북 중 우연히 내 외조모 친척도 찾았고,
남의 가족을 찾아 줄 기회를 가져 다행이었다.

　한번은 평양주민이 미주지인을 통해 찾고자하는 인적사항과 편지를
내게 전했다. 교포기자라 하니 가냘픈 기대를 건 것 같다. 그 과정은 생
략한다. 알아보니 샌프란시스코에 딸 등 친척이 있었다. 겨우 찾았다.
찾아진 인물이 서울의 한 은퇴변호사였다.

　전화하니 그는 반가워하지 않았다. 내 신분을 의심부터 했다. 짜증이
날 정도로 이것저것 물었다. 나는 그에게 "저쪽 내용은 자세히 모릅니
다. 간절히 혈육을 찾는다 해서 편지만 전해 받았을 뿐이에요. 자꾸 이
상스레 생각만 마세요."하고 말했다.

　이틀 후 그의 명동 사무실에서 잠깐 만나기로 했다. 그러나 그는 약속
을 지키지 않았고, 연락이 다시는 되지 않았다.

　나는 편지를 전달 못한 채 잠시 생각했다. 며칠 후면 출국을 하는데 다시
그를 볼 시간이 없었기 때문이다. 그보다는 그렇게 겁을 내는 변호사 노인
에게 과연 가족편지를 전해줄만한 가치가 있겠나하는 망설임이 컸다.

　하지만 출국직전 가까운 지인에게 그 북에서의 편지를 변호사사무실
에 전해주라고 부탁하고는 토론토로 돌아왔다. 나중 그 지인은 "사람은
못 만나고 사무실에 편지만 갖다 주고 왔다."고 한다. 그 이후 나는 그
일을 잊었다.

　그런데 1년여 쯤 지나서 처음 편지전달을 부탁했던 미주지인으로부
터 감사하다는 인사를 받았다. "정말 고마워요. 평양가족의 혈육연결이
이어져 너무 기뻐하고 있어요. 혹시 송 기자도 북에 누구 찾는 사람이

있으면 알려 달래요. 힘껏 찾아봐 주겠다고 하네요."라고 전했다.

"찾는 사람도 없지만, 평양의 일개 주민이 무슨 힘으로 북한 내 이산
가족을 찾는단 말이요? 하여튼 말이라도 고마워요."라고 답했다. 그는
"북한에도 그들끼리 연줄이 있고, 은근히 남쪽의 이산가족을 찾는 사람
들이 있대요. 북이라도 가족 찾는 일은 이해하고 소통하는 마음이 있는
것 같소."하고 자신 있게 말했다.

북한을 방문할 때 참고해야 할 사항이다. 한국은 방북 시 우선적 조건
이 신변 안전보장을 먼저 요구하는 듯싶다. 문서로도 이를 명기코자 한
다. 하지만 해외에서 방북하는 경우는 전혀 다르다. 신변 안전보장은 아
예 거론조차 안 한다.

북한정부에서는 조금이라도 미심쩍은 해외 방북신청자는 처음부터
비자(입국사증)발급을 거부하기 때문이다. 이미 언급했지만 북에선 입
국사증(비자)발급은 북한정부기관(외무성)의 한 군데에서만 검토하는
게 아니다. 해외동포원호위원회와 보위부 등 너댓 기관을 만장일치로
통과한 후라야 최종 발급된다.

이 때문에 해외 방북자경우는 누구든 방북신청서를 제출하고 그대로
승인돼 입국사증이 나오기만 기대한다. 아예 신변보장 얘기는 언급조
차 않는다, 또 비자가 발급된 뒤 방북 후에는 본인이 북한현지에서 엉뚱
한 일을 벌이지 않는 한 다른 염려는 없다.

북한 내에서 고의적인 장난 등은 절대 금물이다. '로마에 가면 로마식
을 따라야 한다.'는 속담 그대로다. 그러기 위해선 북한방문을 주선하는
어느 여행(관광)사든, 관광객을 모집하는 과정에서 그에 대한 사전교육
을 철저한 해 두어야 한다.

자본주의 국가에서 용인되는 사소한 장난행위가 북한에선 용납이 안

될 수 있다. 심지어 큰 위험에 처할 수 있다는 점을 관광주관사는 고객에게 주지시켜야 한다. 단체여행을 하다보면 가끔 일탈자가 나타난다.

남과 북의 다른 규정 이해해야

지난 2008년 금강산관광이 목적이던 한국 여성관광객 한 명이 새벽 해변가를 산책(조깅)하다가 피살당한 사건이 있었다. 이때 한국에선 순수관광객(민간인) 피살로 북측 사과를 엄중히 요구했지만, 북에선 들은 척도 안했다.

사과는커녕 오히려 총을 쏜 초급 병사(여군)에게 포상을 줬다는 소문이었다. 이를 비교하면 남과 북의 규정과 시각차가 얼마나 극명히 다른가를 새삼 인식할 수 있다.

나 역시 오래전 새벽 금강산의 가두검문에 걸려 혼이 난 적이 있다. 내 철없는 경솔함도 있다. 원산취재를 서너 차례 하다 보니 부근 금강산을 가끔 다녀오곤 했다. 한번은 원산취재 후 금강산에서 1박하고 호텔에서 아침식사 후 곧장 평양으로 떠나는 일정이 짜여 있었다.

그날 저녁 문득 머릿속에 한 엉뚱한 생각이 떠올랐다. 다음날 아침식사를 포기하고 새벽 4시경 일찍 금강산호텔에서 떠나 〈시중호〉에서 동해바다 해돋이 일출광경을 보려고 시도한 것이다. 예로부터 시중호의 해돋이 광경은 동해 정동진 일출처럼 유명했기 때문이다.

잠도 제대로 못자고 아침도 못 먹고, 새벽 일찍 떠나기를 꺼려하는 안내원과 운전기사에게 양해를 구하고, 금강산에 왔던 길 그대로 돌아가는 중이었다. 새벽 4시 반경이나 됐을까. 도로 길 전체가 삼엄한 검문소로 변해 있었다. 검문소 보초병이 다가와 우리 일행 3명의 증명서류를 요구했다.

　분위기가 무거웠고 아무도 한마디 말을 안 했다. 캐나다여권을 내줬다. 나는 보초병이 여권과 서류검사를 하고 쉽게 놓아줄 줄 알았다. 그러나 그는 차 옆에 붙어 선 채 우리 일행 3명의 서류 하나하나를 들추며 30분 이상 잡아놓았다.

　지루한 탓인지 앞자리의 운전기사가 보초에게 뭐라 말했다. 뒷좌석의 나는 무슨 소리인지 듣지 못했다. 그러자 보초병이 "뭐요?(뭐야?)"하는 반말 같은 큰소리가 고요한 새벽적막을 깼다. 일개 보초병이 평양에서 내려간 중앙 당원에게 큰소리치는 걸 직접 목격했다. 북한군인의 파워(힘)를 느낄 수 있는 대목이다.

　운전기사는 조그맣게 "손님이라고요."라고 대답했다. 보초병은 아마 한 건을 잡으려다 놓친 사람처럼 굳은 표정인 채 한참을 이것저것 들추다 마침내 보내줬다. 우리는 아무도 한마디 말을 하지 않았다. 그때는 이미 일출시각을 놓쳤고 해돋이 광경은 말짱 허사가 됐다.

　너무 이른 시간이라 시중호 상점이나 식당도 문을 열지 않았다. 모두 맥들이 빠진 채로 자동차는 그대로 원산을 통과해, 황해북도 신평 휴게소로 달려갔다.

캐나다 해밀턴에 거주하는 정해수 씨(89세)는 80년 가을 황해도의 고향집을 방문했다. 해외교포의 첫 북한 이산가족 만남이 시작되는 초창기였다. 그해 9월 캐나다의 최홍희 국제태권도연맹(ITF)총재가 태권도 시범단을 꾸려, 북한에 첫 태권도(국제연맹)를 소개할 당시, 그가 사진 기자로 동행한 때문이다.

정씨는 북한에서 약 2주간 태권도 시범단 일정이 끝난 후 곧 고향방문 길에 나섰다. 태권도시범경기를 원산에서 마지막으로 마치고 평양에 올라온 직후였다. 그때 허정숙 부수상은 '평양시민 환영군중대회'를 열어 태권도 시범단을 초청했다. 정해수 씨 경우는 군중대회에 참가하는 대신 북한당국이 마련해 준 차(벤츠)를 타고, 군 인민위원장(군수)의 안내로 고향인 황해도 연백군(배천)으로 향했다.

벤츠 타고 고향동네로

옛 눈에 익은 고향산천이 가까이 다가올수록 그는 화가 치밀어 올랐다. 오랜 세월 고향길이 막혀 있는 것은 옆자리의 안내원 같은 '공산당' 때문이라는 생각이 들었기 때문이다.

마침 한 농가를 지날 때였다. 동네에서 전두환 대통령을 비방하는 확

성기 소리가 크게 들리자 안내원도 동조해 한마디 거들었다.

그때 정씨는 참고 있던 화가 폭발했다. "아무리 전두환이 나쁘다 해도, 그래도 남쪽에는 '자유'가 있소. 그런데 여기에는 도대체 무엇이 있다는 말이요?"하고 소리쳤다. 안내원은 그의 돌발행동에 깜짝 놀라며 "당신은 내가 이제까지 만난 사람들 중 최고 악질분자"라며 펄펄 뛰었다.

40대 중반의 안내원은 "그동안 당신은 우리 조국에 무슨 봉사를 했소? 전쟁 후 모두들 고향에서 엄청나게 피땀흘려가며 새로 터전을 세울 때, 도대체 당신은 어디서 무엇을 했단 말이요?"하고 몰아세웠다.

정씨는 순간적으로 잘못됐음을 자각했다. 도중에 차를 세우게 하고, 논가에 소변을 누고 돌아와, "자, 나도 고향 땅에 비료를 줬소."라며, 자신의 경솔한 처신을 정중히 사과했다.

해외에서 근 30년 만에 어머니를 만나러 고향으로 가는 길인데, 그가 새삼 안내원(책임지도원)에게 화를 낼 일이 아니었다. 정씨 경우 그의 진심이 통해 화해가 이루어졌지만, 다른 해외이산가족도 방북 후 가끔 안내원과 옥신각신하는 경우가 있었다. 이유는 체류일정 순서 때문에 발생한 경우가 많다.

그것은 북한당국이 해외거주자가 첫 방북일 경우, 먼저 행사나 견학, 관광 등의 일정을 소화하고, 가족만남은 뒤에 진행하는 수가 있기 때문이다. 순전히 가족만남 만을 목적으로 입국하지 않는 한 혈육만남은 잠깐 나중 순서로 미루는 경우가 많다.

그 때문에 일부 성질 급한 이산가족은 "내 가족부터 속히 만나게 해달라"고 독촉해서 안내원과 옥신각신한다.

해외동포들의 북한방문이 본격화되기 시작한 1980년대는 직접 고향 땅으로 안내돼서 혈육을 만났다. 북한당국은 최소 방북 2주전의 시일을 두고 가족을 만나게 해 주었다. 이는 북한 내의 고향집과 주변 환경 등 필요한 보수작업을 하는 시간이 필요해서이다.

북한 측으로선 오랜 세월 고향을 벗어나 외지에 살던 해외동포에게 옛 고향에 대한 보다 좋은 인상을 보여주기 위한 성의로 생각하면 된다.

이산가족의 고향에서의 가족만남은 10년 전에 사라져 버렸다. 이젠 오래전 옛 얘기에 불과하다. 북한은 지난 2013년 6월부터 평양시 모란봉 구역에 이산가족만남을 위한 '전문 가족면회소'를 만든 것이다. 명칭이 '평양시 모란봉면회자숙소'다.

모란봉면회소 건물은 2층이고, 내부에는 식당과 상점, 침실, 면담실 등이 구비돼 있다. 1층 식당 홀에는 150명의 인원수용이 가능해 연회도 열고, 결혼식도 할 수 있다. 화면노래반주 음악실(노래방)도 2개 꾸며져 있다. 2층에는 침실 10개와 따로 면담실이 있다.

어머니! 나의 어머니!!

정해수 씨의 어머니 만남 얘기로 돌아간다. 자동차가 고향 동네어귀에 들어서자 환영인파가 보였다. 그런데 정작 어머니는 눈에 띠지 않았다. 모인 사람들은 30여명의 친척과 동네사람들이다. 당시 어머니는 병든 몸이라 바깥출입을 못 했다. 방으로 뛰어 들어가 어머니 얼굴을 봤으나 금세 알아채지 못했다.

"나는 노인 얼굴을 붙잡고 왼쪽 코 옆의 큰 점부터 확인했어요. 틀림없는 어머니예요. 너무 오랜만의 만남이라 가슴만 벅차지, 처음엔 눈물도 안 나왔다가, 점차 눈물이 쏟아졌지요."라고 말했다.

두 여동생은 47세의 정씨보다 나이가 어린 3살과 7살 차이였으나 더 늙어 있었다. "예전 헤어질 때는 한창 청춘시절이던 동생들인데 그간 고생이 너무 심했는지 많이 늙어버렸어요."라고 허탈하게 웃었다.

그때 정씨는 평양으로 올 때 며칠 체류했던 스톡홀름(스웨덴)에서 산 금반지를 어머니 손가락에 끼어 줬다. 기가 막히게 꼭 맞았다. 고향 집에서 오랜만에 회포를 풀었다. 성묘를 하고, 친척들과 군 직원, 동네사람에게 잔치를 베풀었다. 2박3일간의 꿈같은 시간이 흘러갔다. 내년에는 캐나다가족과 함께 다시 오리라 마음먹었다.

방북 후 온타리오 주의 해밀턴 집에 돌아와 예상치 못한 수난을 겪었다. 그 시절 캐나다는 북한 관련해서는 암울한 시대의 '어둠의 도시'였다. 한 예로 캐나다 초창기 최초 한인의사(Dr.)인 황대연 박사가 좋은 본보기다.

황 박사는 토론토 교포사회의 여러 단체장으로 봉사하고 있었다. 그러나 비공개리에 북녘 땅 고향을 다녀온 뒤 동포사회의 논란이 커졌다. 그는 자의든, 타의든 갖고 있던 토론토한인회이사장, 체육회이사장 등 모든 교포사회 공직을 다 내려놓아야 했다.

"나는 빨갱이가 아니다"성명서 강요

정해수 씨는 해밀턴 메디컬센터에 근무하는 캐나다 엑스레이 주임기사다. 그런데도 그를 향한 동포사회의 눈길이 달갑지 않았다. 정씨가 북한에서 가져와 병원 엑스레이 사무실에 걸어 놓은 북한수예품 액자가 화근이 됐다. 어느 한인이 엑스레이를 찍기 위해 사무실에 온 뒤 얘기가 잘못 전해진 탓이다.

사무실에 걸려있는 '백두산 풍경' 수예품액자가 하루아침 '김일성 초상화'로 둔갑돼 비난의 중심에 선 것이다. 정씨에 대한 악의에 찬 루머는 그치지 않았고, 결국 교회까지 그만두게 됐다.

정씨는 해밀턴 한인연합교회 창립회원(집사)이었다. 해밀턴한인회부회장을 지냈고, 한때는 한인회장 직무대리 일도 6개월간 했다. 1976년 해밀턴 국제여자농구대회 때는 한국 김택수 체육회장으로부터 감사패를 받았다.

하지만 북한고향을 다녀온 후 그는 교포사회에서 '김일성 숭배자'로 몰리면서 오해의 소용돌이 속에서 헤어나지 못했다.

평소 정씨를 아는 지인은 그에게 "나는 빨갱이가 아니다"라는 성명서를 교포신문에 내라고 강요했다. 대신 광고비는 내주겠다는 것이다. 이를 거부하자 한 과격한 교인은 그에게 "교회에 얼씬도 하지 말라. 교회에 나오면 다칠 것이다"라고 협박까지 당했다.

이모저모로 한인교포사회에 실망한 그는 오직 가정과 직장에만 전념하기로 했다. 내년 휴가 때는 가족을 동반해 고향의 어머니를 다시 만난다는 일념으로 위안을 삼고 생활했다.

다음해인 1981년 그는 직장휴가를 얻어 다시 북녘 고향을 찾았다. 두 번째 방문에는 부인과 10세 딸을 대동했다. 고향의 늙은 어머니는 무척 기뻐했고, 동네 사람들은 따뜻이 환대해 주었다.

정씨는 "내가 첫 번째 고향에 갔을 때는 어머니는 병 때문에 문밖으로 못 나왔는데, 두 번째는 환영인파 속에 끼어 있었어요."라고 웃으며 말했다. 북한당국은 캐나다에서 아들이 찾아온다고 의사를 파견하는 등 어머니 병 치료를 정성껏 돌봐줬다고 한다.

외아들 만남 후 어머니 건강 회복

외아들의 고향방문으로 어머니 건강이 회복되고 거동이 자유로워졌으니 천만다행이었다. 정씨에 따르면 주변의 관심과 북측의 도움이 컸다는 것이다.

"아무튼 어머니는 나를 만난 후 병이 거의 완쾌돼 그 후 7년을 더 사셨어요."라고 말했다. 어머니는 아들가족을 보자 "이제 며느리와 손녀도 만났으니 한을 풀었다."면서 무척 기뻐했다고 한다.

그는 캐나다로 돌아온 후 교포사회와는 별 접촉 없이 살았다. 다만 북한고향을 다녀온 소수의 교포들과는 교류를 계속했다. 어느 주말 정씨 집에 몇 명의 이산가족이 모였다. 저녁식사가 끝나고 북한관련 대화를 나누던 중 의견다툼이 발생했다.

"어느 한 사람이 자꾸 북한자랑을 늘어놓는 거예요. 그래 듣다못해 '이제 제발 좀 그만해둬요.'하고 목소리를 높였더니, 그게 말다툼이 되고 화기애애한 분위기가 깨져 버렸지요."라고 말했다. 그 교포와는 바로 화해가 안 되고 불편한 마음인 채로 헤어졌다고 한다.

서너 달이 흐른 뒤다. 정씨는 어느 날 고향 어머니로부터 질책의 편지를 받았다. "네가 어찌 조국의 막중한 은혜를 잊어버리고 그럴 수 있느냐?"고 꾸짖는 서한이었다. 지난번 집에서 일어난 다툼을 누가 북에 밀고한 게 틀림없었다. 안 그래도 그간의 어머니 편지에 좀 불만스러움이 있었다. 대부분이 '위대한 김일성 수령' 운운한 상투적인 정치 소개 내용이 많았기 때문이다.

그는 곧 어머니에게 "정치얘기보다 집안소식 위주로 고향내용을 알려 달라."하고 답장을 보내고는 당분간 고향방문은 중단하기로 했다. 더구나 당시는 북한의 혈육만남조차 부정적 시선이던 시대환경이었다. 동포사회에서 사면초가 입장이 된 정씨는 얼마간의 시간을 두고 고향 땅을 밟기로 마음먹었다.

그즈음 그는 고향에서 어머니를 만난 경험담을 토론토 친북주간지(뉴

코리아 타임스)에 기고했다. 그랬더니 생각지 못한 다른 지역에서 연락이 왔다. 독일(프랑크푸르트) 교포사회에서 그의 고향방문에 관심을 갖고 초청을 한 것이다. 정작 캐나다 현지에선 불순분자로 매도당하고 있는 판인데, 다른 해외에서는 그의 북한가족만남을 무척 부러워하고 있었다. 독일교포사회 초청 건은 그가 직장에 매여 있어 가지 못했다. 그는 오직 병원 엑스레이 기사근무에 열중하고, 틈이 나면 평소 익힌 서예 공부에 전념했다.

나는 1980년대 정씨를 만나 인터뷰한 적이 있다. 예나 지금이나 그는 '자유의식'이 몸에 밴 반공적인 이산가족이다. 실상 빨갱이 소리를 듣는 친북교포는 따로 있었다. 극소수이긴 했지만 한 토론토교포는 내 면전에서 노골적으로 "김일성 주석님"이라고 지칭해 놀란 적이 있다.

1970~80년대 토론토에는 전충림 (뉴 코리아타임스 발행인)씨와 강모 씨 등이 대표적인 친북인사였다. 전 사장 경우는 친북으로 불리기는 했지만 강씨와는 생각이 많이 달랐다.

전충림 사장을 잘 아는 한 지인은 "전씨 경우는 자신이 몸소 겪은 이산가족들의 한을 풀어주기 위해, 신문사(뉴 코라아타임스)와 이산가족찾기회를 세운 것."이라면서 "그건 당시 유일한 대북 창구역할을 하기 위한 일종의 고육지책이었다."고 분석했다.

70년대 후반부터 전충림이 만든 해외이산가족찾기회를 거쳐 토론토 창구에서만 2천여 명의 북한가족을 찾게 해 주었기 때문이다. 당시 북남미도시에는 '토론토에서 이산가족을 만나게 해 준다.'는 소문이 북미 전역에 퍼져있었다.

심지어 한국에서도 거주지 주소를 미주 주소로 바꾸어 신청해, 북한의 이산가족을 찾는 신청이 쇄도했던 지난일이 생각난다.

7년 후 어머니 사망 소식

정해수 노인이 두 번째 고향방문(81년) 이후 방북을 중단한지 7년이란 세월이 흘렀다. 방북이후 현지에서 궁지에 몰렸던 쓰라린 경험이 그의 마음을 위축시켰는지 모른다. 또 고향 황해도의 어머니와는 가끔 서신교환을 주고받았기에 재방북 기회를 절실히 생각 안했는지 모른다.

그러나 어머니는 매년 그의 고향방문을 손꼽아 기다렸을 것이다. 그건 내 친척만남 경험으로 안다. 비록 직계나 가까운 가족이 아니더라도 한번 북녘 땅에서 친척이라는 살붙이를 만나면 그들 삶에 상당한 영향을 주는 듯싶다.

노인네 일수록 더하다. 나머지 삶의 비중을 이산가족만남에 두는듯한 느낌을 절실히 받았다.

지난 1988년 노태우 대통령의 7.7선언(해외동포 방북허용)이 정식 공표되면서 정씨는 비로소 그해 가을 3차 고향방문을 부랴부랴 준비했다. 그러던 중 갑작스레 어머니의 부고를 받았다.

그는 땅을 치고 후회했다. "1년 전이라도 고향에 갔어야 했는데, 너무 안이하게 생각했어요. 후회 막급했지만 어쩝니까. 한쪽에선 빨갱이, 또 반동이란 소리에 눌려 방북기일을 좀 늦춘다는 것이 다시는 어머니를 못 보게 됐어요."

그 후 정씨는 다시 북한고향을 찾지 않았다. 북한당국에서 그간 어머니를 도운 협조에 3백 달러를 부쳤다. 자연히 친척들과도 연락이 끊겼다.

세월이 흐르면서 캐나다 한인교회 상황도 많이 달라졌다. 이젠 누구도 그를 친북인물로 생각지 않는다. 오래 전 이민 초창기시절 토론토 이산가족의 선두주자로 기억할 뿐이다. 많은 변화가 시간의 흐름 속에 달라져있었다.

89년 평양축전 당시 '통일의 꽃'이라 불리던 임수경 학생을 적극 동조하고, 한국인을 지극히 사랑한 독일 여류작가 루

정해수 부인 고향 성묘(황해남도 배천)

이제 린저의 시 소개로 글을 맺는다. 그녀가 오래전 한국 이화여대 강연 뒤 한국인에게 선사한 시였다.

한국, 천개의 산을 가진 나라여
인내와 정열로 이룩된 사람들의 나라여
그렇게 많은 원수들에 의해 상처 난 나라이건만
너 불사조처럼 잿더미 속에서
다시 소생하는 나라여
인내가 무엇인지 모르는 서양 사람의 머리로선
정말 이해되지 않는,
그러나 마음을 열고
저들과 사귀려하는 이에겐
참으로 오래도록 사랑하게 되는
힘을 가진 나라
너 코리아여!

북녘 땅의 대학생들을 가르치기 위해 자진해서 평양으로 들어간 한 한인과학자(박사)가 있다. 지난 2010년 10월, 그는 평양에 과학기술대학(일명 평양과기대)이 창설(2010년)되자 교수로 취임했다.

그리고 10년간을 성심껏 자원봉사 후 원래 주거지인 캐나다 온타리오 주로 복귀했다. 그간 그는 북한에서 선발한 영재들을 모아 놓고 차원 높은 학문을 가르쳤다고 한다. 캐나다 시민권자인 주병돈 박사얘기다.

북한의 최고 명문 '평양과기대' 강의, 반쪽 조국 살린다는 신념

평양과기대는 개교한 지 얼마 안 돼, 북한학생들이 모두 선망하는 사립명문대학으로 우뚝 섰다. 과기대 졸업생은 '군 복무 면제'로 인기가 높았다. 대학공용어는 영어로, 강의교재는 모두 영어원서를 사용한다. 강의는 물론 시험과 리포트 역시 영어를 쓴다. 교내식당을 비롯해 어디서든 영어로 소통한다.

이를 위해 대학생들은 입학 후 1년간은 영어몰입교육을 받는다고 한다. 북한정부는 평양과기대 경우 자유 시장경제를 바탕으로 하는 자본주의 교육을 승인했다. 이로써 북한교육성과 한국의 사단법인 동북아교육문화협력재단이 공동으로 설립한 북한 최초의 사립대학(이공계 특

수학교)이 출범케 된 것
이다.

주 박사에겐 확고한
자신만의 신념이 있었
다. 교육(강의)에 대한
뜨거운 열성과 의지로
서 반쪽 조국을 살린다
고 믿었다. 북한 젊은이

평양 과기대 전경

들에게 시장경제를 가르치면 통일이 더 빨리 오리라는 확신이다.

서방의 자본주의와 북한 주체사상의 간극을 좁혀 이념 차를 해소시킴
이 교육목적이었다. 북한학생을 가르치는 유일한 이유였다.

그는 긴 안목으로 한반도 미래를 내다봤다. 남북이 통일되면 그의 제
자들이 사회주의와 자본주의를 연결해주는 '교량 역할'을 해준다고 전
망했다. 이 수재 학생들이 졸업 후에는 북한기관 각처에서 교수, 금융,
행정가 등 관리직 리더
가 될 것이기 때문이다.

주 박사는 내게 "엘리
트 학생들이 시장경제와
인간존엄의 중요성을 습
득했으니, 북한사회에
교두보 역할을 기대할
수 있지요."라고 말했다.

주병돈 박사의 수업 장면

그는 또 "다른 외국교수들 역시 자원봉사 하는 이유가 모두 마찬가지
입니다"라고 전했다. 외국인 교수들은 미국, 영국, 독일, 스위스, 스웨
덴, 캐나다 등지에서 온 박사, 석사 급으로 모두 월급이 없다. 완전 봉사

자들이다.

교수들은 '양성된 북한학생들이 자본주의 시장경제와 기독교 사랑으로 정신무장이 될 것'이라고 자신했다. 지금은 코로나 19로 국경이 완전 봉쇄돼 외국인 출

평양과기대 학생들과 주병돈 박사

입은 불가능해 대학은 북한 교수진과 몇몇 외국 교수의 원격강의로 이어가고 있다고 한다.

주 박사는 평생을 자기 소신과 신념대로 살았다고 한다. 그의 일상을 보면 "행함이 없는 믿음은 쓸모가 없다.(Faith without deeds is useless)"라는 속담이 떠오른다. 그는 한때 캐나다 한국과학기술자협회장을 역임했다. 또 독실한 개신교 신자로 은퇴 장로다.

오랜 북미직장생활 퇴직 후에는 부인과 함께 선교사역할 겸 북한자원봉사에 뛰어들었다. 북한행 직전에는 중국 호북성 삼협대학(2년)과 연변대학에서 5년간 가르쳤다.

교수들 무보수 봉사, 수재 학생들 성적 최상

평양과기대 교수생활은 봉급 뿐 아니라 여행휴가나 왕복항공료 등 모든 경비 역시 본인이 100% 부담한다. 모든 그의 비용은 과거 미국회사

연금과 캐나다 국민연금 등으로 충당돼 별 어려움이 없었다고 한다.

주병돈 박사는 1939년생으로 경북 경주출생. 부산고와 서울 문리대 물리학과 졸업(학사). 미 터프츠(Tufts)대학석사(실험물리학), 보스턴(Boston)대학 물리학박사(이론물리학)다.

그는 보스턴대학에서 물리학 강사 후 세계적인 에트나(AETNA) 생명보험회사에 입사한다. 그때 물리학자에서 보험수학자로 변신했다. 그리고 개인-단체보험 통계책임자로 중역이 되고, CEO(한국지사장)가 됐다.

주 박사는 물리학 전공이나 수학, 문학 등 예술부문에도 조예가 깊다. 물리학 전공자였으나 직장으로 인해 물리학과는 자연히 멀어졌다. 그러나 수학이나 컴퓨터, 논리학 등의 구조를 깊이 습득하게 됐다.

평양과기대에서는 10년간 확률 미적분학 및 계량경제학, 통계학, 재무관리, 투자학, 화폐금융, 외환론 등을 강의했다.

처음 평양과기대의 교수숫자가 100여명에서 20명으로 줄어들면서 9년간 매년 학기를 4개월(학기마다 90분씩 3과목)씩 가르쳐야 했다.

학생들은 수재들이라 성적이 아주 우수했다. "내가 가르친 과목 중 하나가 확률 통계론인데 평균 97점이에요. 100점짜리 학생도 나왔지요. 이들은 시장경제를 배웠고, 강의를 통해 인간존엄 중요성을 머릿속에 자리 잡게 만들었어요."라고 말했다.

그에게 근 10년간의 평양생활은 무척 귀한 인생경험이었다. 그러나 늘 즐거움이나 보람만을 안겨주는 생활은 아니었다. 그럴 때마다 '나는 북한에 순수 자원 봉사하러 왔다'는 사실을 자각하면 불편한 마음이 사라졌다고 한다. 그는 "인생은 자신이 마음먹기에 달렸어요."라고 말했다. 틈이 나면 대동강 옆 외교관클럽 아틀리에에서 아크릴 페인팅(그림)을 그렸다.

주병돈 박사를 30여년 만에 토론토에서 다시 만났다. 늘 신념에 차 있는 활기찬 모습은 예전 그대로였다. 정말 나이는 그에겐 숫자에 불과해 보였다. 일단 자신의 북한사역이 마무리됐으니, 이제는 제2의 중남미사역을 위해 스페인어 공부준비에 열중하고 있다고 한다.

만남 후 주 박사는 수년 전에 썼다는 한편의 글을 보내왔다. 평양생활을 그린 수필내용을 소개한다.

<어쩌다 대동강에서>

「'쓰촨성(사천성)에 들어가기가 천당 가기보다 더 힘들다'는 중국 옛말이 있다. 중국 사천성은 사방이 험준한 산으로 싸여있고 옛적엔 내륙으로 통하는 길은 장강(長江)뿐이었다. 그 장강을 거슬러 삼협(三峽)협곡에 이르면 하늘처럼 솟은 두 암벽사이로 흐르는 급류가 엄청나다.

거기 암벽에 밧줄을 매어놓고 힘센 사공들이 밧줄을 당기며 물결을 거슬러 상류로 올라갔다. 평생 뱃사공을 하다 지쳐 죽으면, 암벽에다 구멍을 파고 그 안에서 편안히 쉬게 했다. 지금도 그 구멍들이 그대로 남아, 지난날의 슬픈 스토리를 전해준다.

오늘날 평양 들어가기는 사천성 가기보다 더 힘들다. 평양은 높은 산도 없다. 고구려 장수왕이 '집안(集安)'에서 '평양'으로 천도할 때 대성산으로 건너왔다. 고작 높이가 얼마 되지 않는 산이다. 그런데도 큰 산이라 하여 방어하기 좋다는 생각이었다.

그곳에 대성산성을 쌓고 백성이 모여 살았다. 안학궁을 축조하고, 세상을 떠나면 석실 위에 흙을 덮은 무덤을 만들어 안장했다. 오늘날에는 '안학 무덤 떼'라고 불린다.

나는 매 학기 평양으로 가는 입국사증(비자)얻기가 그 전날까지 알 수가 없었다. 학기 시작 날은 진작 정해졌음에도 그렇다. 중국 연길에서 대기하고 있다가 무작정 심양 행 야간열차를 타면 다음날 아침 도착한다. 심양에서 도우미가 나와 역에서 우리 여권들을 받아 급히 북한영사관으로 달려간다. 시간은 오직 한 시간밖에 남지 않았다.

다행히 사증(비자)을 금세 받게 되면, 도우미는 고려항공으로 뛰어가 항공표를 구입한 뒤 심양공항으로 달려온다. 우리는 공항에서 대기하고 있다가 오후 2시 반에 평양으로 떠난다. 그런데 이 '007 작전'이 오랜 세월 단 한 차례도 실패한 적이 없으니, 분명히 하나님의 은혜이다.

이 북한비자를 며칠 전에만 발급해 줘도 마음고생을 하지 않을 것이다. 동료로 MIT출신인 미국인 교수 R에게 내 희망사항을 전했더니, "그런 기대는 오직 정상적인 나라(normal country)에서만 이루어진다."며 웃으며 넘긴다.

평양의 봄은 대단하다. 사방에 벚꽃과 라일락이 가득하다. (묘)향산에 진달래가 온 산을 덮는다고 한다. 이번 봄에도 동료교수들은 묘향산을 다녀왔지만, 나는 바빠 놓쳐버렸다. 대동강 강변에 자리 잡은 모란봉에서 대동강에 이르는 비탈, 청류벽의 부벽루. 그리고 연광정 주변에는 꽃이 가득해진다.

명나라 주지번이 조선에 사신으로 와서 이 연광정에 올랐다가 이 풍광을 보고 감탄하여 '천하제일강산'이라 쓴 간판을 걸어 놓았다. 그런데 병자호란 때 청 태종이 들어와 '천하'란 말이 건방지다고 톱으로 잘라버렸다고 한다.

5월이 되면 독일 하이네(Heine)시처럼 "놀라우리만치 아름다운 5월에…"를 연상케 된다. 때가 되면 어김없이 대동강 강변길에는 하나님 섭리에 따라 아름답고 풍성한 봄이 찾아오는데, 그 길을 거니는 행인은 여

전혀 배가 고프기만 하다.

평양과기대 학생들은 숙사에서 강의실이나 식당을 갈 때는 꼭 열을 지어 큰소리를 지르며 속보한다.

"장군님 안 계시면 조국은 없고, 장군님 안 계시면 우리도 없다." 나는 분통이 터져 "장군님 안 계시면 조국은 없고, 장군님 안 계시면 주병돈이도 없다"라고 불렀다. 내가 광증이 들었나 보다. 장군님이 세상을 떠난 후엔 '척척척…'이라는 새로운 행진곡이 등장했다.

학생들은 무지하게 수재들이다. 내 강의과목 중 하나가 '확률과 통계학'인데 나는 높은 수준으로 가르친다. 작년에는 평균성적 94%가 나왔다. 보통 몇 개 중국대학에서 강의해 보면 평점 40%가 고작이다. 그것도 수준을 낮춰 강의했는데 그 정도다.

어느 날 평양 환경미화를 위해 사방에 잔디를 심는데, 학생들이 모두 동원됐다. 공부라면 억척같은 학생들도 노동일은 배겨나질 못한다.

주체사상의 중심부에서, 자유시장경제에 바탕을 둔 '자본주의'를 강의할 수 있게 허락해 준 것도 기적 중의 기적이다. 하나님의 역사라고 본다. 나는 씨를 뿌리기만 하면 되고, 수확은 하나님에게 맡길 뿐이다.

우리의 조상 아담, 이브가 에덴에서 쫓겨난 사실이 내 핏속에 흘러있다. 그 아름다운 곳을 찾아 헤매다 좌절하는 날, 하나님을 만나 에덴동산을 찾았다. 예수님을 따라가면 하늘나라에 옮겨 놓은 그곳으로 갈 수 있다는 확신을 가지게 됐다.

예수님은 오늘도 준엄하게 내게 말씀하신다. "하늘나라에 옮겨 놓은 에덴동산에 올 때, 혼자서 오지 마. 많이들 데리고 같이 와."라고 하신다.

루크(Luke)는 호주사람으로 미혼교수이다. 평양 과기대에 와서 북쪽

학생들을 섬기기 원한다고 했다. 이메일과 스카이핑 면접을 거쳐 그를 초청하자 그는 너무 기뻐했다. 나는 나대로 우리 동포도 아닌 백인이 북한학생들을 섬기겠다니 감격했다.

그런데 몇 주가 지나 연락이 왔다. 그는 "그간 선교 다니느라 오랫동안 어머니를 못 보았으니, 9월이 아닌 11월에 평양을 갈 수 있느냐?"고 문의했다. 나는 좀 언짢았지만 "10월 초까지는 꼭 오라."고 답했다. 그는 안심하고 좋아했다.

하지만 지난 5월 갑자기 그가 봉사하는 베트남 외국대학으로부터 이메일을 받았다. "죄송합니다. 루크 교수가 지난 토요일 하노이에서 암살당했습니다."라는 내용이다. 너무 황당했다. 나는 기뻐하던 그의 모습을 머릿속에서 한참을 지울 수가 없었다.

마음이 울적해 지면 '김일성 광장'에 나가길 좋아한다. 확 트인 광장과 앞에 놓인 대동강 때문이다. 모퉁이를 돌아가면 '충성의 다리' 가까운 곳에는 '쑥 섬'이 보인다. 쑥 섬 모래밭에서 참수당한 토마스 선교사를 기억한다.

오늘은 광장에 가벼운 비가 내리고 있다. 폴 베를렌느(Paul Verlaine) 시처럼. "거리에 비 오듯이 내 마음에 비가 내린다." 」

'우리의 소원은 통일' 작곡가 안병원 방북기

　토론토 내 집 부근의 한 고급콘도에 안병원('우리의 소원은 통일' 작곡가) 선생 부부가 산다. 그 부부가 그 콘도에 거주한지 어언 30년이 다 됐다. 수년전 안 선생이 89세의 일기로 세상을 떠났다. 내 집과는 지척 거리라 가끔 만날 기회가 있었다.

　오래전 장애인 피아니스트 (일명 네 손가락의 피아니스트) 이희아 양의 MBC 다큐멘터리 촬영을 내 집에서 시작했다. 그날이 마침 희아 어머니 생일이었다. 그때 안병원 선생도 내게 들러 MBC 팀과 이희아 모녀를 만난 적이 있다.

　작곡가인 안병원 선생과 피아니스트 이희아 양을 함께 언급하는 이유는 두 사람 모두 방북문제에 관심이 있고, 재일동포 2세인 리철우 작곡가(재일 조선예술연구소장)와 연관이 있기 때문이다.

　리철우 작곡가는 2000년대 초반 이희아 양의 첫 일본공연을 성사시킨 적이 있다. 당시는 내가 이희아 양의 해외연주를 위해 초청자(또는 기관)를 수소문하던 시기였다. 안병원 선생의 방북초청 건 역시 재일동포 리철우 작곡가의 역할로 가능했다고 들었다.

　그즈음 우연히 일본의 리철우 작곡가를 알게 됐다. 나는 그의 가족이 일본에서 잘 알려진 음악가 집안이라는 소문을 듣고 있었다. 리철우 선생을 직접 만나지는 못했지만 그에게 연락해 희아 양의 일본초청 공연을 의뢰했다. 그는 매년 이 장애인 피아니스트 소녀의 일본 순회공연을 성사시켰다.

이희아 양은 선천성 사지기형 1급 장애인이다. 두 무릎 아래가 없고 오직 네 손가락(10개 중) 뿐인 그녀의 피아노 연주는 청중들 가슴에 깊은 감동을 주었다. 매년 일본에서는 연주회를 지속적으로 갖게 되면서 대한민국의 국위선양도 함께 떨쳤다는 얘기도 들렸다.

조총련(재일본 조선인총연합회)에 속한 리철우는 지난 1978년 북한에서 공훈예술가 칭호를 받은 전문음악인이다. 그의 뿌리는 경상도 대구이지만 무국적(無國籍)자다. 일본 조총련 사람들은 상당수가 일본 내 무국적자로 분류돼 있다.

리철우 작곡가는 안병원 선생의 방북문제 뿐 아니라, 일찍이 가수 김연자의 평양공연도 성사시킨 인물이다. 일본 음악계의 최고 차세대 지휘자로 명성을 날리던 김홍재(1954년생)는 그의 외조카로, 나중 김홍재는 대한민국 국적이 됐다.

평양 봉수교회에서 '우리의 소원은 통일' 지휘

서울에서 음악교사 역임, 2001년 4월 방북

안병원 선생은 해방 후 동요작곡가로 시작해 서울의 용산, 경복고 등에서 음악교사를 지내 제자들이 많다. 남북한이 애창하는 '우리의 소원' 작곡가로 유명세를 지닌 그는 나이 80에도 해외곳곳에서 초청을 받고, 행사참여로 부부 여행이 잦다.

지난 2009년에는 미 LA에 소재한 '미주동포후원재단'에서 제4회 자랑스러운 한국인상 수상자로 선정됐다. 미주후원재단은 매년 한인지도자 육성과 한인사회 바로세우기를 목적으로 설립된 권위 있는 사회단체로 상금이 1만 달러다.

평소 안병원 선생은 방북을 통해 그가 작곡한 '우리의 소원은 통일' 노래를 지휘하고 싶은 욕망이 있었다. 그 기회가 생각보다 빨리 찾아왔다. 지난 2001년이다.

매년 4월 열리는 '평양 봄축전예술제'에 북한 문화성에서 안병원 선생 부부를 초청한 것이다.

바로 직전 해 일본 오사카의 남북한 음악회에서 안병원 작곡가에 대한 북한초청이 거론되고 있다는 얘길 들은 적이 있다. 그 초청 건이 순조롭게 풀려 그가 소망하던 북한방문이 마침내 실현케 된 것이다.

방북을 앞두고 그는 첫 소풍을 기다리는 소년처럼 무척 들떠 있었다. "내가 말이요. 북한 4월 봄 축전 공식행사에서 '우리의 소원은 통일' 노래를 지휘하게 됐어."하고 내게 밝혔다.

"와, 축하드립니다. 드디어 방북이 성사돼 뜻을 이루게 됐군요."하고 함께 기뻐했다. "그럼. 그래도 아직 북한에 갈 수 없는 이산가족들을 생각하면 가슴이 아파. 아마 평양에 가서도 제대로 관광도 할 수 없는 심정이 될 것 같아." 라고 전했다.

"아무튼 잘됐어요. 평양은 누구든 한 번은 다녀와야 소통과 이해가 쉬울 거예요."라고 말했다. 안 선생은 "나는 이번 방북기회에 무엇보다 북한 음악수준을 파악하려고 해."

"네. 좋지요. 그런데 초청경비는 어디서 대나요?"하고 물으니, "북한에서 항공료와 호텔 등 모든 경비일체를 부담한다고 들었는데."라고 답했다. 아마 이 말은 사실이 아닐 것이다.

북한에서는 어느 누구든 항공료를 대준 전례가 없다. 아마 초청주선을 한 일본(조)총련 측에서 후원했을지 모른다. 어쨌든 그 점은 중요치 않다.

안 선생 부부는 북한에서 1주일을 체류한 후 캐나다로 돌아왔다. 그를 만나 모처럼 북한 다녀온 내용얘기를 들었다.

결론부터 말하면 그는 북한 공식석상에서 지휘봉을 들지 못했다고 한다. 소개조차 안했다고 한다. 이유는 모르겠다. 하지만 안 선생은 별로 실망하는 눈치가 아니었다.

그곳에서 대우받고 실지 겪은 평양경험에 대체로 만족해하는 눈치였다. 그의 방북기를 정리해 간략히 전한다.

'우리의 소원은 통일' 작곡가의 방북기

이번 내 방북에서 인상적인 것은 '4월 봄 축전'이었다. 이 기간 중에는 주민들이 모두 꽃과 노래에 밀접해 있는 분위기의 생활이었다. 무슨 음악이든 김일성 부자에 대한 찬양으로 일관됐다. 첫째, 둘째가 모두 김일성 부자를 찬양하는 노래이고, 세 번째가 통일노래였다.

주민들의 통일 열기는 놀라울 정도로 뜨거웠다. 어디를 가나 김일성 부자와 통일주제만이 그들 일상의 전부라 해도 과언이 아니었다. 내 안내원은 작곡가 출신이라고 한다. 우리 부부를 '아버지, 어머니'라고 부르며 극진히 대해줬다.

숙소도 고려호텔의 큰 응접실이 달린 좋은 방을 배정해 주었다. 어디든지 사진을 맘대로 찍게 했으며, 행사일정에 맞추지 않고 내 개인적으로 원하는 대로 움직이게끔 배려를 해줬다.

안내원에 따르면 '김정일 위원장은 내가 평양에 온 것을 알고 있다'고 했다. 당시 김 위원장은 "함경도에 군인들을 위로하러 갔다"고 전했다. 내가 만난 고위인사는 홍성남 총리와 강능수 문화상(장관), 송석환 부부장(차관)등이다. 그들과는 순전히 음악과 예술에 관해 대화를 나누었다.

북한에서 장관 등 고위간부들은 예술가출신이 월등히 많다고 한다. 강 문화상은 문학평론가출신이며, 송 부부장도 피바다가극단 상임지휘자를 역임했다고 들었다.

어쩐 셈인지 나는 봄 축전 공식행사에서 지휘봉을 들지 못했다. 내 소개조차 하지 않았다. 좌석은 주석단이라는 상석을 만들어주고 (부인은 하단에 안내원과 함께 자리 잡음), 대우도 극진했으나 원래 목적인 지휘를 하지 못해 섭섭했다.

북한 측은 지휘봉을 못 잡게 한데 대해 미안하다며 내년행사에 다시 오라고 초청을 했다. 또 다른 새 통일노래 작곡을 요청하기도 했다.

안내원은 행사대신에, 행사장 밖의 평양소년궁전이나 주체사상탑 앞거리와 봉수교회 등 대중들이 있는 장소를 지날 때마다 나를 소개해 대단한 환영을 받았다. 주민들은 '우리의 소원' 노래를 부르고 즉석에서 나를 지휘하게 했다. 그들은 박수를 치고 환호성을 올리며 인사를 했다. "너무 좋은 노래를 만드셨습니다," "심금을 울린 노래입니다." "정말 고맙습니다." 등등 칭찬을 아끼지 않았다. 그들은 내가 작곡한 '우리의 소원' 노래를 '민족의 노래'라고 표현했다.

주민들은 통일노래를 작곡으로 대변해줘 고맙다고 계속 인사를 했다. 사람들은 합창이 끝나고도 흩어지지 않고, 내가 차를 타고 떠날 때까지 계속 박수를 치며 손을 흔들어 주었다.

지하철을 탔을 때도 마찬가지였다. 나를 반기는 시민에게 노래를 아느냐고 했더니 벌떡 일어나 노래를 불렀다. 이런 일들이 두세 번 되풀이됐다. 가끔 사인(sign)을 원하는 사람이 있어 물어보니, 조총련계 일본 교포였다.

주민들의 열광적인 환영으로 인해 축전행사장에서 지휘를 못한 섭섭함이 봄눈 녹듯이 사라져갔다. 나는 봄 축전에 참여한 다른 단체일행과는 달리 따로 움직였다. 짧은 체류기간이라 금강산, 백두산, 묘향산 등은 가지 못했다. 특히 금강산은 당시 정주영 씨가 기득권을 갖고 있어, "안 된다"고 말했다.

개성(판문점)에 갔을 때였다. 인민군이 나를 불러 섬뜩했다. 알고 보니 사진을 함께 찍자고 한다. 일요일에 나는 천주교신자라 평양 장충성당에 갔는데 신부가 없었다. 다시 봉수교회로 가서 예배를 보고, 거기서도 통일노래를 불렀다. 윤이상 음악당(연구소)도 참관했다.

북한에 1주일 머무는 동안은 축전특별기간이라 그런지 전력사정이 아주 좋았다. 일체 절전이 없었고, 기둥마다 네온과 거리에는 등이 환하게 밝혀져 있었다. 15일 태양절(김일성 생일)에는 불꽃놀이로 하늘을 화려하게 수놓았다. 어느 곳이든 평양전체가 들떠 있었다.

명절이라 그런지 여자들이 입은 한복도 유치하지 않고 좋았다. 주변과 길거리에는 '수 령 복'이라는 플래카드 간판이 눈에 띠었다. 내 아내가 "무슨 양복점이 그렇게 많으냐?"고 물으니, 안내원이 웃으며 "그건 옷감이 아니고 우리 인민들이 수령님 복을 많이 받고 있다."는 뜻이라고 설명해 줬다.

봄 축전이 끝나기 전에 우리는 먼저 평양을 떠났다. 평양체류 시 나는 원래 가리는 음식이 많아 처음에는 식사걱정을 했는데, 입맛에 모두 맞아 다행이었다. 토론토에 돌아와 몇몇 교포에게 무심히 이런 얘기를 전하니 "벌써 북한에 물드셨군요."하며 비웃는 사람도 있었다.

평양공항에 첫발을 디뎠을 때다. 나를 맞은 문화성소속 김영신 심의위원장의 첫 마디가 "남조선에서 오신 것 같군요."라고 말해, 긴장되고 경각심을 불러일으켰다.

누구를 만나든 말과 행동을 조심해야겠다고 다짐했다. 이 생각은 캐나다 귀국 후에도 마찬가지다. 이념으로 갈려 있는 남과 북의 깊은 골과 장벽을 느끼지 않을 수 없었다. 새삼 서글픈 생각이 든다.

평양 길거리에서 우리의 소원은 통일을 지휘하는 안병원 선생

붙임글

~~~~~~~~~~

나의 캐나다 이민생활 40년과
언론 취재 회고

토론토 생활 40년

1975년 12월의 칼바람은 무척 매서웠다. 나는 서울 한 변두리아파트에서 이민 짐을 싸고 있었다. 기술하나 없이 무모한 캐나다 이민 행이었다. 당시는 박정희 유신정권 시대다. 내겐 안정된 직장이 있었지만 답답한 환경아래 다른 바깥세계를 갈구하는 마음이 있었다.

서울 한복판(중구 예장동)에서 태어나 서울 밖을 벗어난 적이 없는 (6.25 때 부산피난 제외) 나는 이 메마른 고향도시에 미련을 두지 않았다.

캐나다 이민 길에 오르다

나는 20대 후반으로 한 국영기업체(한국전력)에 다니고 있었고, 외조모와 단 둘이 살았다. 어머니와 형제들은 70년대 초 진작 토론토에 이주해 있었다. 그 때문에 가족초청이민으로 캐나다 이주를 어렵지 않게 생각했다.

그러나 캐나다대사관은 호락호락하지 않았다. 캐나다영사는 이민면접 시 합격점수를 주지 않았기 때문이다. 전문기술이 없다는 게 가장 큰 이유였다. 통역여자는 절망적이라고 고개를 저었다.

캐나다영사에게 말했다. "나는 아버지가 일찍 돌아가셨어요. 지금 토론토에는 어머니와 형제 등 나머지 가족들이 살고 있습니다. 식구들이 모두 캐나다 땅에 모여살 수 있게 기회를 주십시오."라고 하소연했다.

영사는 한참이나 시간을 끌었다. 그러다 아무 말 없이 고개만 끄덕였다. 통역여자는 무표정하게 "아마 인도적 차원에서 받아준 것 같아요."라고 말했다. 가까스로 이민신청 면접이 통과되자 곧 직장을 그만두었다. 주변에선 놀라움과 갑작스런 내 이민 행에 염려의 눈길을 보냈다.

국회의원인 작은삼촌 집에 작별인사차 들르자 "넌 여기 좋은 직장이 있는데 도대체 왜 캐나다는 가는 거냐. 무슨 꿀단지라도 있냐?"고 못마땅해 하셨다. 내 막연한 이민 행을 무척 달갑지 않게 여기셨다.

당시 나는 캐나다는 수도 오타와만 알았지, 토론토 이름은 생소한 도시였다. 이민 목적지 토론토를 향할 때 경유지인 도쿄와 하와이, LA공항의 밤하늘아래 반짝이는 현란한 불빛을 보다가, 비행기에서 내려다본 토론토의 겨울 모습은 을씨년스럽고 한적하기만 했다.

캐나다에 도착하자 친척이 미리 준비해 준 아파트에서 긴 이민생활이 시작됐다. 토론토는 대도시인데도 한국식당이 단 한 개도 없었다.

온타리오 주정부의 이민자 정착과정으로 6개월간 영어학교에 다녔다. 그 교육기간 중 주정부는 매달 생활보조금 4백 달러(부부 8백 달러)를 지원했다. 한 달 아파트 임대비가 150달러 남짓 할 때다. 영어과정이 끝나면 정부보조금이 끊긴다. 그때부터는 무슨 직장이든, 자영업이든 스스로 이민자생활을 겪어야하는 것이다.

녹록치 않은 이민생활 정착

당시 일자리는 도처에 있었다. 토론토 외곽의 한 공장을 찾아 막노동일을 했다. 몬트리올에서 토론토로 이전한지 얼마 안 된 항공기부품 수리

공장이다. 노무자 근무시간은 오전 7시부터 오후 3시까지. 종료시간 벨이 울리면 누구든 중도에 일손을 놓고 기계처럼 딱 멈추는 게 신기했다.

한국에선 사무실에서 근무하다 종일 서서 일하니 고역이었다. 비행기라디에이터 부품을 닦고 수리하는 일로 늘 화학약품냄새를 맡았다. 6개월 시간이 빠르게 지나갔다. 이렇게 나날을 계속 보낼 순 없었다. 공장노동일을 통해 영어실력이 향상되는 것도 아니었다.

하루는 틈을 내 온타리오 주정부기관을 찾아갔다. 주정부에선 이민(영주권자)자 훈련을 위해 2년제 전문대학(테크니컬 College)학습기회를 무료 제공하는 제도가 있었다. 학업마칠 때까지 최소생활비도 보장해주는 정부프로그램이다. 이 혜택은 주로 장애인이나 극빈자 층 배려를 위한 사회복지정책이다. 지금은 이 무료교육프로그램이 사라진지 오래됐다고 들었다.

사실 전에 한번 주정부기관을 찾았다 실패한 적이 있었다. 담당 카운슬러는 내 사회보험카드(캐나다 주민등록)기록을 보더니 "당신은 예전 한번 찾아와 면담한 적이 있는데 왜 또 왔소?"하며 굳은 표정을 지었다. "정말 무슨 기술이든 배우고 싶습니다. 지금 공장 육체노동은 내게 힘들어요. 고심 끝에 다시 상담하러 왔어요."하고 더듬거렸다.

그는 "당신 영어실력으로 강의나 제대로 들을 수 있겠소?"하며 내 얼굴을 쳐다본다. 나는 "한국에선 영어를 'spoken English(회화)'보다 'written English(문법)'위주로 가르쳐요. 그럼 한번 영어시험을 볼 기회를 주십시오. 시험을 치르고 실력부족이면 즉시 포기하겠습니다."하고 고집했다.

내 이력서엔 국문학부전공과 경제학학위가 있었다. 그는 서류를 다시 훑어보더니 "그럼 기능직보다 어카운팅(회계)을 택한다면 시험을 치르게 해주겠소."라고 말했다. 나중 알았지만 어카운팅 시험점수는 다른 기능직보다 두 학년 정도 수준이 높았다.

3주 후 지정 받은 대학(카사로마 캠퍼스)에서 영어와 수학 두 시험을 치렀다. 시험 전 영어테스트 관련해 알아보니 스펠링, 문법, 작문, 독해력 등이었다. 무엇보다 작문시험이 자신 없어 막연히 한 제목을 정해놓고 준비했다. "교육이 얼마나 인생에 중요한가?"라는 책자를 읽고 단어, 문장 등을 외워두었다.

작문시험은 2개 영어제목 중 하나를 택해 20분내 쓰는 문제다. 시험 제목 중 하나가 〈TV가 실생활에 끼치는 영향〉이었다. '교육'대신 'TV'로 바꾸어 외운 문맥을 활용해 무난히 넘겼다. 후에 작문 채점결과가 'Satisfactory'(만족한)로 매겨져 있었다.

시험성적이 좋았는지 곧 본과대학(세인트 제임스 캠퍼스)에 등록하라는 연락을 받았다. 그날 약 100여 명 중 8명이 본과로 직행했다는데, 그 속에 끼게 됐다. 시험 운이 따라준 셈이다. 일단 탈락자들은 예과에서 6개월 집중적인 영어훈련을 받고 재시험을 통해 본과 행 여부를 가린다고 한다.

그러나 막상 회계공부는 할수록 따분하게만 생각됐다. 일생을 숫자 속에 묻혀 지내고 싶지 않았다. 공장에 다닐 때는 힘들어 무슨 다른 일이든 할 것 같았는데 마음이 달라진 것이다.

반에는 10여명 외국인학생들과 어울리는 분위기가 좋았다. 한국인은 나 혼자 뿐이나 교우들은 동유럽, 중국, 자메이카, 남미 등 세계 각처에서 온 영주권자들이다. 피부색, 나이, 성격 등 각양각색이다. 그러나 그들에게서 받은 인상은 세계 어느 인종이든 거의 동일한 사고방식과 인간미를 지녔다는 사실을 경험했다.

어느 날 저녁 갑자기 토론토경찰이 집으로 찾아왔다. 알고 보니 내 친척 중 한 명이 직장인 GM자동차 딜러에서 절도 사고를 내고 사라진 때문이다. 세일즈맨인 그는 무슨 연유인지 고객이 차 구입비로 맡겨놓은 현금 3천여 달러를 갖고 잠적한 것이다.

어처구니 없었다. 회사에선 그를 고발조치했고, 경찰은 그의 행방을 찾기 위해 내게까지 온 것이다. 회사 개인 참조(Reference)란에 내 연락처가 있었던 것 같다.

친척이니 일단 돈을 갚아줘야겠다는 생각이 들었다. 캐나다 선진 신용사회에서 절도, 사기 등 부정 행위는 상상하기 힘든 일이다. 당시 내 통장엔 얼마간의 예금이 있었고, 당장 써야 할 데도 없었다.

GM딜러를 찾아가 분실된 금액을 보증수표로 전달했다. 머리가 새하얀 밥 월쉬(Bob Walsh) 사장은 "내 오랜 차 딜러생활 중 이런 경우는 처음이오."라며 "대신 일을 해줄 수 있겠소?"하고 권했다. "아니오. 저는 이민 온지 얼마 안 돼 영어소통도 힘듭니다. 학교에 다녀 시간도 안 맞고, 더구나 자동차 관련해 아무 지식도 없어요."하고 고사했다.

사장은 "우리는 한국인 세일즈맨이 속히 필요하니, 그럼 시간 날 때만 일해 주면 어떻겠소?"하고 제안했다. 또 "당신은 세일즈맨 회의나 매장 근무도 필요 없어요. 차 한 대를 못 팔아도 매주 기본급 200달러와 세일즈맨 차를 제공하겠소."하고 끈질기게 설득했다.

더 이상 거절이 어려웠다. "그럼 제게 절대 큰 기대는 마세요. 평일 수업 후와 토요일에 최선을 다해 보겠어요."하고 약속을 했다. 이후 차 판매실적은 저조했지만 체면치레는 했다. 매주 기본급 이상 판매는 했기 때문이다.

8개월이 순식간에 지났다. GM 자동차세일즈맨 생활은 좀 익숙해졌으나 끝까지 붙들고 싶은 생각은 없었다. 학교는 1차 수업이 끝나 본격적인 2차 회계공부 시점에 왔다. 고심 끝에 학교와 자동차 딜러 모두를 정리했다. 그리고 한인교포사회에 곧 등장될 일간지 창간에 동참하기로 했다.

캐나다 일간 한국일보에 첫발

1981년 봄 교포사회에 첫 일간지 한국일보가 출범하자, 기자 겸 광고 및 사업국장을 겸직했다. 편집국장은 故 이석현 아동문학가가 맡았다. 한국으로부터는 윤전기기술자, 사진식자기사 등 경력자 서너 명이 고용이민으로 초청돼 신문사 멤버가 보강됐다.

어느 날 우연히 영어학교 이민자동기(같은 시기 캐나다입국 영주권자)들 소식을 접했다. 그들은 꽤 재산을 모으고 있었다. 내가 공장과 마트점원, 학교, 차 딜러 등 일로 전전할 때 그들은 잡화점(일명 구멍가게)이나 세탁소 등 자영업(스몰 비즈니스)운영으로 사업성장을 이루고 있었다.

한때 캐나다 연방 지역우체국 운영

불과 수년 사이 그들의 재정상황이 확 달라져 있었다. 자영업자들은 아침 7시부터 밤늦도록 1주일 내내 일한다. 그러한 바쁜 일상이니 돈을 많이 벌어도 쓸 시간이 없다는 게 불만이었다. 한인교포들은 예나 지금이나 스몰 비즈니스의 자영업 종사자가 많다.

훗날 시대적 평가지만 1970~80년대는 세계적 호황기로 캐나다 역시 경기가 무척 좋던 시절이다. 정부업체든, 개인비즈니스든 사람들은 그때가 '천국시절'이었다고 회상한다. 소규모 자영업자라도 "돈은 그때 긁어모았다."고 이구동성으로 말을 했다.

1980년대 중반 한때 나는 개인욕심으로 경제적 위기에 봉착한 적이 있다. 캐나다은행에서 대출받은 3만 달러로 인해서다. 그때 빌린 은행 돈을 1년 남짓 사이 몽땅 날린 것이다. 당시 청과업과 꽃집을 운영하던 가까운 지인이 있었는데, 그가 확장하는 업체에 투자하면 대박이 난다는 사업계획을 믿은 것이다.

그 업계에선 전문가로 인정받던 인물이다. 그에게 대출금 전부를 전달했는데 사업차질이 생긴 것이다.

그는 끝내 수습이 안 되자 사업체 문을 닫고 뉴욕으로 떠나갔다. "미안하네. 잠깐만 기다려 줘요"하는 말 한마디만 남겼다. 그리곤 얼마 안 가 불의의 사고로 세상을 등졌다는 소문을 들었다. 어이없고 황당하기만 했다.

결국 나는 은행 빚과 이자를 고스란히 껴안게 됐다. 그동안 주변 지인들이 돈 번 것을 보고, 옆으로 쉽게 다른 소득을 꿈꾸다 벌어진 결과였다. 내 과욕으로 빚은 실수이니 누구를 탓하겠는가. 잔뜩 빚을 진채 영세직장의 교포기자직을 계속할 수 없었다. 설상가상으로 신문사 사주와도 심한 갈등을 빚고 있었다. 신문사를 그만두게 됐다.

'브리태니커' 서적판매로 '캐나다 전국1위' 등극

그즈음 한국의 동아일보가 토론토 진출을 꿈꾸고 있었다. 일제강점기 동아일보를 창간한 김성수 씨 막내(8남)로 미 시민권자인 고(故) 김상석 사장이 캐나다지사를 개설 중에 있었다. 김 사장은 LA로 나를 불렀다.

그는 "일간지 동아일보와 동아문화센터를 오픈하는데 협조해 줬으면 하네."라며 도움을 청했다. 우선 동아일보 지원을 위해 대량의 한국전집류 서적들을 토론토로 선적했으니, 한인사회보급을 책임져 달라는 것이다.

같은 시기 브리태니커(영문백과사전) 회사 간부인 마이크 리 (Mike Lee)를 우연히 시내에서 마주쳤다. 내 또래의 마이크는 토론토대학 졸업 후 백과사전회사에 입사해 부사장으로 승진한 패기만만한 중국인이다. 내 팔을 잡더니 부근 커피숍에 데려갔다.

"지금 네가 쉬고 있다니, 웬만하면 나 좀 도와다오. 너는 한인사회를 잘 알고, 성격도 aggressive(공격적/진취적)하지."하고 말을 꺼냈다.

"기자로 근무하다 갑자기 책장사를 하라고?" "소득만 많으면 되지. 무슨 직업을 따지나."하는 그의 말을 단번에 거절 못했다.

"좀 생각은 해보자. 하지만 기대는 말아!"라고 답했다. "어쨌든 지역(district) 매니저에게 네 얘기는 해 놓을 테니 한번 만나봐."하고 헤어지며 덧붙였다. "너는 세일즈맨 훈련도 필요 없을 거야. 나중에 식사나 하자."

브리태니커 상 수상

한동안 궁리 끝에 일단 서적판매 시도로 마음을 굳혔다. 그때 나는 부동산 중개사 공부를 생각 중이었다. 그러나 부동산 중개업 면허는 최소 6개월 정도 시간이 걸린다. 그런데 마음이 급했다.

서적판매는 한국 책이든, 영문백과든 부딪쳐나가기로 작정했다. 온타리오 주내 한인교회와 단체주소록, 각종협회에 속한 교포명단을 수집해 특히 자녀를 둔 가정을 염두에 뒀다. 교포신문에 전면광고를 게재하고 책 판매선전에 적극 나섰다.

갑자기 책장사로 변신한 나를 두고 여러 뒷말들이 들렸다. 교포사회에서 외판 책장사는 존중받는 직업이 아니다. 한 선배는 면전에서 "뒷다마(당구용어)를 친다."며 씁쓸해했다. 이미 한인판매원 10여명이 있었기 때문이다. 그들은 부업으로 파트타임 판매원이 대부분이었다.

나는 아예 풀타임 본업으로 승부를 걸었다. 퀘벡·앨버타 주 등 다른 지역까지 판매구역을 넓혀 밤낮으로 뛰기 시작했다.

그해 나는 캐나다 전역 10개 주에서 최고판매실적1위를 차지했다. 캐나다 전국 1천여 명 세일즈맨 중 압도적 1위였다. 그해의 최고판매상, 신인상, 각종 여행 등 모든 상품을 휩쓸면서 독보적 인물로 부상됐다. 캐나다 브리태니커 역대 판매사상 전무후무한 일로 평가받았다.

어느 한 주에는 영문백과사전 22세트를 판매한 적도 있다. 그해 한 해 동안 번 돈이 한국서적을 포함해 20만 달러를 넘었다. 은행 빚과 이자 모두를 청산하고 새 집 마련에 보탰다. 어찌 보면 역경이 전화위복이 된 셈이다.

잠깐 내 가족을 언급하는 게 좋겠다. 실상 내가 맘 놓고 언론생활에 종사할 수 있던 것은 어머니 덕분이다. '신문' 일을 한다고 돈 못 버는 아들을 위해 어머니는 정부제공의 노인아파트를 마다하고, 노인연금까지 모두 내 집 생활에 보탰다. 내 두 자녀를 돌보면서 30여년의 이민생활을 별세 시까지 함께 살았다.

한국에서 은행원이던 아내도 토론토 이주 후 오랜 세월 외국은행(로열뱅크) 본점에 근무할 수 있던 것도 어머니로 인해 가능했다.

북 강원도 이천군이 고향인 어머니는 일제강점기 산골에서 가난한 외동딸로 태어났으나 문맹자인 외조모와는 달랐다.

어머니는 친척도움으로 서울에서 여고와 전문학교(대학)를 나온 인텔리에 속했다. 졸업 후엔 북한지역에 교사발령을 받고, 홀로된 외조모와 함께 모녀가 근무지로 옮겨 다녔다고한다.

부친역시 북강원도가 고향(회양군)이다. 지주의 장남으로 정부 고위 공무원이었으나 워낙 건강이 안 좋았다. 장기간 대학병원에 입원에 계시다 결국 돌아가셨다. 토론토 이민 당시 집안에는 2명의 국회의원(친삼촌과 고모부)을 비롯해 모두 고위층이었다.

어머니는 일찍 부친이 세상을 떠나자 다른 친척들과는 달리 재산이 없어 우리 형제들에게 늘 미안해했다. "내가 너희들에게 남겨줄 건 아무것도 없으니 나중 너희들 애들이나 열심히 돌봐주겠다."고 말씀하시곤 했다.

필자 집 거실에서 두 자녀 가족들과 함께 찍음

우리 형제들은 1970년대 초부터 캐나다로 한 명씩 이주했다. 어머니는 약속대로 우리 형제 자녀들을 잘 보살펴주셨다. 자녀들이 모두 캐나다대학을 졸업해 북미사회의 주요 일원이 된 것은 순전히 어머니 덕이라 해도 과언이 아니다.

미 시애틀에 사는 친손자는 8학년 졸업식 때 전교수석을 차지해 트럼프 대통령(성적)과 학교장(리더십과 특기)상 등을 수상했다. 3년 뒤 친손녀 또한 중학교를 수석졸업으로 대통령, 교장, 학교장학금을 받았다.

    1987년 봄 서적판매를 정리하고 기자생활로 돌아왔다. 약 1년8개월 만이다. 조선일보 본사에서 신문을 들여와 주간지 '캐나다조선'을 창간했다. 발행 겸 편집인으로 일하면서 한국 언론에도 관여했다. 국내 강원일보에는 '세계 속의 강원인'기사를 기획연재하고, 1991년 출범한 SBS 방송사(지구촌24시) 통신원이 됐다.

    그때 1980년대 후반에 맺은 강원일보와의 인연이 수년 뒤 모스크바 초대특파원으로 선발될 줄이야, 생각도 하지 못했다.

    1980년대 전두환 정권시기 언론통폐합정책으로 지방의 경우 일도일사(一道一社) 정책으로 도(道)에 한 개 신문사만이 존재했다. 각 도에서 홀로 생존한 5개 한국지방신문(강원, 광주, 대구매일, 대전, 부산일보)사가 1992년 '춘추사'라는 회사를 만들어 세계 5개 주요도시에 공동특파원을 파견했다.

    지방신문 중 규모가 큰 부산일보가 워싱턴DC를 맡고, 대구매일신문(베이징), 대전일보(도쿄), 광주일보(파리), 강원일보(모스크바)가 나머지 4개 도시에 배정됐다. 초대간사 신문사는 대구매일신문(2대 부산일보)으로 정했다.

모스크바 특파원이 되다

모스크바를 맡게 된 강
원일보는 사내선발이 여
의치 못했는지, 나를 특파
원으로 추천했다며 긴급
히 내 러시아 파견의향을
물었다. 당시 나는 교포신
문 일에 무척 지쳐있을 때
였다. 취재와 편집, 광고,

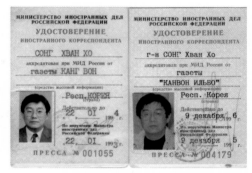

러시아 특파원증(유효기간 1년마다 갱신)

우체국발송 등 일이 늘 쌓여 있었고, 주말엔 신문배달도 했다.

1980년대 당시 한인교포들은 대부분 골프, 낚시 등을 즐겼다. 여자들
도 취미로 골프를 쳤다. 골프장마다 한인들이 몰려드니 인종을 빗대어
'황색바람이 분다.'는 말이 회자됐다. 골프는 한국과는 달리 별 비용이
들지 않으나, 내겐 시간상으로나, 심적으로 그런 여유가 없었다.

특히 교포신문 생활 중 실망되고 피곤케 된 건 잦은 동포사회 분열상
이었다. 한인단체는 건뜻 하면 감투싸움, 고소 건등이 터진다. 이런 사
태가 빈번하니 교포취재에 대한 자괴감과 회의감이 심화돼 갔다. 교포
언론 일에 보람은커녕 이러한 교포기자생활에 젖어있는 자신이 한심하
게 느껴질 정도였다.

토론토신문 일을 완전히 내려놓았다. 1992년 한국 5개 지방지로부터
정식 모스크바 공동특파원발령을 받았다. 소속은 강원일보 사회2부 차
장. 1981년 초 교포기자로 발을 디딘지 만11년 만에 한국기자가 돼 소
속과 신분이 달라진 것이다.

조선일보 본사는 1991년 『캐나다 이민 20년, 한국인은 뛰고 있다』는

제목으로 내 책을 발행해 줬다. 토론토에선 캐나다조선, 동아일보가 문을 닫고 대신 일간지 중앙일보가 새로 등장했다.

지난 1992년 홀로 러시아로 떠나며 마음이 착잡했다. 70년대 중반 한국에서 막연한 토론토 행처럼, 이번엔 갑작스레 어설픈 모스크바행이 된 것이다.

그날 이후 나는 다시는 토론토 교포사회로 되돌아가지 않았다. 1999년 2월 강원도민일보 북미특파원 발령으로 한국소속 기자생활이 이어진 탓도 있다.

소련붕괴 직후의 러시아

1991년 12월말 소련 붕괴직후 출범한 러시아는 당시 사회적 환경 등이 최악의 상태였다. 불안한 국내치안과 러시아마피아가 활개 치는 흉흉한 분위기 속에서 늘 전전긍긍했다. 언어소통조차 잘 안 되다보니 날로 스트레스가 쌓였다.

인터넷도 없던 시기다. 어느 기자든 기사송고는 팩스를 이용했다. 러시아전화는 국제회선이 엄청나게 부족해 누구든 원고송고에 무척 애를 먹던 시절이다.

애꿎은 담배만 늘었다. 어느새 하루1갑이 훌쩍 넘었다. 끽연이 계속되니 목안이 뜨끔거리고 쉬 낫지를 않았다. 러시아병원과 모스크바에 소재한 북한 한의사(2명)진료소를 찾기도 했다. 어느 국적 의사든 담배부터 당장 끊으라는 엄중경고다. 하지만 금연이 그리 쉬운 일인가. 피우고 끊기를 거듭하며 약 10개월 뒤에야 겨우 담배로부터 해방이 됐다.

금연도중 담배꽁초를 찾아 방 쓰레기통까지 뒤진 적도 있다. 끈질 긴 담배와의 싸움에서 가까스로 벗어났다. 주변에선 줄담배 피던 내 금연소식을 그대로 믿으려들지 않았다.

또 당시는 러시아 초창기라 러 은행시스템이 서방과는 달라 한국 에서 모스크바 송금이 거의 불가능했다. 특파원들은 인근 서방도시 인 헬싱키와 프랑크푸르트, 파리 등지에 계좌(미화)를 개설했다. 나 는 가족이 있는 캐나다에 미화계좌를 텄다.

그리고 두세 달에 한번 씩 토론토에서 돈을 가져다 썼다. 아내는 매달 상당액의 미화가 통장에 입금되자 "러시아에 오래있어도 좋으 니 돈만 계속 부쳐주면 된다."고 만족 해 했다.

모스크바 '유엔난민기구'에 탈북자 첫 등록

모스크바 신문일은 전임자 없는 초대특파원 발령이라 불편한 경우가 많았다. 한국특파원보다 외국특파원에게 도움을 구했다. 캐나다 글로 브 앤드 메일(Globe & Mail)과 월 스트리트 저널특파원과는 가끔 호텔 커피숍에서 만남을 가졌다. 나보다 연상인 그들은 늘 여유로운 모습인 것이 믿음직스러웠다.

나는 그들에게 "모스크바에 새로 온 한국 신문사 특파원이에요. 러시 아 말도 모르고, 전임자가 없어 막연한 처지입니다. 선임자로서 무엇 이든 참고 될 내용을 알려주면 고맙겠어요."하고 털어놓았다. 캐나다 John기자는 "나도 러시아말은 잘 모르오. 우선 돌아가는 러시아 상황 파악이 필요하니, 집에 CNN TV가설부터 하세요."라고 조언했다.

월스트리트 저널의 클라우디아 로젯 특파원은 특히 탈북자동향에 관심이 많았다. 시베리아 북한벌목공들이 밀집해 있는 하바롭스크 취재를 다녀와선 찍은 사진 일부를 제공하기도 했다.

하루는 로젯 특파원이 A탈북자 얘길 꺼내며 "탈북자는 러시아에서는 신분보장이 안 돼 안전치 못하니, 이곳 유엔 HCR(난민기구)에 등록시키는 게 좋겠다."하고 의견을 냈다. 나는 그때 모스크바에 UN난민기구가 존재하는지조차 몰랐다.

모스크바 북한대사관에선 시베리아벌목공 탈북사태가 지속적으로 이어지자, 그들 체포를 위해 눈에 불을 켜고 찾아다닐 때였다.

우리 3명(두 특파원과 A탈북자)은 유엔난민기구 방문날짜(D-day)를 정했다. 북한대사관 감시를 피해 아침 일찍 유엔사무실로 들이닥쳤다. 깜짝 놀란 UN에선 "기자의 불시출입은 허용 안 된다"며, 긴급사항으로 탈북자A와 통역자로서 나만 받아줬다.

유엔난민기구(HCR) 이사벨 담당자는 "북한인의 유엔난민신청은 이번이 처음."이라고 내게 밝혔다. A탈북자에겐 "북한출생지부터 이곳 모스크바 난민기구에 올 때까지 경과를 상세히 설명해 달라."고 요구했다. 내겐 "영어와 불어 중에 택해 통역하라."고 말했다.

2일간 A의 난민등록을 끝내니, 곧 다른 B탈북자로부터 연락이 왔다. 탈북자끼린 서로 은밀히 소통하는 듯싶었다. 두 번째 탈북자의 UN난민등록 때는 작업중간 마침 미국에서 파송된 한 한인목사에게 인계했다. 탈북자 일에만 계속 매달릴 수가 없었기 때문이다.

그때가 1994년 4월, 김영삼 정부시절이다. 그해 7월엔 김일성 주석이 김영삼 대통령과 정상회담을 약 2주 앞두고 갑자기 심장마비로 사망했다.

모스크바 유엔난민기구(HCR)에 등록된 탈북자 2명은 다음해 1월 드디어 대한민국 입성(入城)에 성공한다. 그들은 정식 유엔난민기구 창구를 통해 자유대한 품에 안긴 첫 탈북자가 됐다. 이 2명을 개시로 러시아 땅에서 유랑하던 탈북자들이 그 후 한두 명씩 차례로 한국행이 실현됐다고 들었다.

그로부터 근 20년 세월이 흐른 지난 2013년. 세계인권의 날(12월10일) 나는 국가인권위로부터 대한민국 인권상 표창을 받았다. 유엔에 등록된 B 탈북자(벌목공)가 뒤늦게 국가인권위에 "당시 모스

2013년 대한민국 인권상 수상

크바특파원이 은인"이라며, UN등록서류(1994년)를 증거물로 제출해 이뤄진 인권상이다.

그간 B는 한국에 나가 단란한 가정을 이루고, 한 대기업직장에서 26년간 근무하며 자유로운 삶을 만끽하다 얼마 전 은퇴했다.

해방 후 북한 군정책임자 '레베데프 비망록'으로 특종

한번은 모스크바 외국도서관에 책 분류도움을 준 적이 있다. 자주 외국도서관을 들락거리자, 내 얼굴을 익힌 여성도서관장(러시아도서관직원은 100% 여성)이 남북한 서적분류작업을 위해 협조를 구했기 때문이다. 매주 월요일 2시간 정도 도와줬다. 월요일은 현지 신문발간이 없는

날이라 조금 시간여유가 있었다.

외국도서관에는 1950~60년대 북한서적이 꽤 있었다. 6개월이 지나면서 도서관 봉사일에 시간내기가 힘들어 도움을 중단했다.

도서관장은 "그동안 고마웠어요. 혹시 오래된 책에 관심이 있으면 주소를 알려줄 테니 가 보세요. 거기는 폐기직전의 옛 외서(外書)들이 많아요. 원하면 그냥 가져가세요. 미리 연락을 해 놓을 테니. 단 독일서적만은 안 됩니다. 독일에 돌려줘야하니까요."하며 장소를 알려줬다.

찾아간 건물지하 도서실에서 1950년대 북한연감과 일부 일본고서 등을 발견했다. 1920~40년대 발간된 외국서적들도 상당수 있었다. 일반에 공개 안 된 특수공간에서 횡재를 만난 기분이었다. 가져온 일부서적들은 후에 한국 박물관에 기증했다.

모스크바에서 내 특파원 일과 중 하나는 외국기자들과의 소통이다. 현지 러시아기자들과 교류를 지속했다. 특히 평양특파원을 역임한 러시아국제방송국 끄리프브 부장과는 자주 만나 보드카(러시아 독주)를 즐겼다. 보드카는 어느 술잔 크기든 첫잔은 단숨에 들이켜야 하는 러시아인 습성이 있다. 한번 마음이 통하니 쉽게 친구가 됐다.

하루는 그에게 해방 후 평양에 진주했던 소련군사령관 근황을 물었다. 며칠 후 끄리프브는 "해방당시 3년간 평양에서 북한 군정책임자였던 레베데프

한국신문상 수상 당시 조순 부총리와 함께

정치사령관 집 연락처"라며 알려줬다.

　전화를 하니 레베데프 차남(장남은 사망)이 "부친은 수년 전 사망했소."라며 "내 집에서 오후에 만납시다. 올 때 꼭 스카치위스키를 갖고와요."하고 외쳤다. 아들 알렉산더 레베데프를 만나자 그는 오랜 세월 집에 보관해 두었던 부친 故레베데프의 육필 비망록 4권(1945-1948)과 옛 김일성 관련사진 등을 건네줬다.

한국신문상 수상

　러시아 외무성에서 장기간 근무하다 은퇴했다는 차남은 호방한 성격으로 영어가 유창했다. 해방 후 부모와 함께 3년간 체류했던 옛 평양얘길 시간가는 줄 모르고 쏟아냈다. 그는 김정일보다 3살이 많았다. 기분 좋게 대화를 나누다보니 둘이 위스키 2병을 비웠다.

　이 레베데프 비망록 4권과 당시 사진자료들을 곧장 지방5개 신문에 연재했다. 첫 특종 발굴보도였다. 이로 인해 그 해의 한국신문상을 수상했다. 상당액의 상금이 함께 주어졌다.

모스크바에서 '관동군 조선인 명단'발굴 특종

　어느 날 역시 평양특파원을 역임한 프라우다紙 기자를 만났다. 그는 대화 중 "해방 후 북한군 창설모체는 관동군에서 석방된 일부 조선포로

병들이오."라고 주장했다. 관동군출신의 북한고위 장성이름도 알려주었다.

문득 머릿속에 '아, 모스크바 어딘가에는 일제 시 강제징병, 징용된 우리 조선인들의 관련서류가 있겠구나.'하는 생각이 스쳤다. 은밀히 수소문한 끝에 러시아 국립군사문서보관소를 찾았다.

김일성 부자 사진 스티코브 소련 군정사령관부관 제공

러 국립군사문서보관소는 일반도서실 같은 구조였다. 잔뜩 먼지가 쌓인 선반엔 두터운 서류철들이 놓여 있었다. 한 선반에서 무작위로 꺼낸 서류묶음가운데 조선인포로병이름을 발견했다. 그때의 기쁨이란 말할 수 없을 정도였다.

이 관동군에 속해 있는 조선인 명단은 '일본과 러시아' 두 나라에만 보관돼 있는 서류다. 한국에는 아예 없는 아주 귀중한 자료였기 때문이다.

이 관동군 포로증명을 위해 한국 내 해당가족들은 한국정부를 통해 일본에 조회하는데 장기간 시일이 걸렸다고 한다. 1990년 이전에는 구 소련과 국교가 없어 오직 일본을 통해서만 확인절차를 밟고 있었기 때문이다.

타타르스탄 출신의 국립군사문서보관소장은 "전쟁포로서류는 보통 정부 간의 협의사항인데 어떻게 당신네 신문사에서 먼저 나섰소?"라며 의아해 했다. "지난번 독일정부에도 2차 대전 포로병 자료를 협조해 준 적이 있소."라고 말했다.

그리고는 "관동군 명단은 한국, 일본군이 한데 뒤섞여있어 분류작업이 아주 힘들어요. 따로 조선인명단을 수작업으로 일일이 가려내야 하니 3개월 이상 시일이 요구됩니다."하고 난색을 표명했다.

그는 또 "작업자체도 근무시간외 일이니 비용을 미화로 지불해야 합니다."라고 말했다. 국립소장의 요구사항을 본사에 전하니 "관동군 조선인 명단은 아주 귀중한 자료이니 요구금액을 조정해 속히 명단을 뽑게 하라."는 지시를 받았다. 국립소장과는 타협이 잘 돼 일이 순조롭게 진행됐다.

드디어 반세기 이상 묻혀있던 조선인(한인)포로병 분류작업이 끝났다는 소식이 왔다. 그들이 가려낸 총 6,334명 조선인 징병포로명단이 처음 세상 밖으로 드러나는 순간이었다.

그해 8.15 광복절 날. 내가 속한 지방 5개 신문사는 관동군 조선인명단을 1면 톱기사로 대서특필했다. 중앙지에선 전혀 예상치 못했던 특종보도였다. 특히 부산일보와 대구매일신문, 대전일보 등 3개신문은 6,334명 포로병 전체명단과 관련내용을 대대적인 특집으로 보도해 세인의 시선을 끌었다.

오랫동안 명단확인을 못해 고심하던 국내 관동군 포로 가족들은 환호했고, 전국에 산재해 있던 관동군 출신(삭풍회)멤버는 재결집의 계기가 됐다. 이 명단 발굴로 관훈클럽 국제보도상

관훈클럽 관훈언론상 시상식

을 수상했다. 상금액의 절반은 강원일보 노조에 전달했다.

평소 특파원단에서 지방지라고 괄시 당하다가 비중 있는 언론상을 연거푸 수상하니 다소 위신이 섰다. 그러나 알고 보면 외국기자들과의 활

발한 교류로 인한 요행수 아니던가. 모스크바특파원(초대, 2대)임무는 1997년 가을 북한취재를 마지막으로 끝났다.

방북취재로 '꽃제비, 고난의 행군' 이름, 국내언론에 처음 알려

북한의 1996~97년은 배급도 끊기고 아사자가 속출하던 시기다. 그때 대동강호텔에 묵고 있었다. 새벽 6시경 호텔 옆 대동강 가 벤치에 홀로 앉은 김일성종합대 1기생이라는 한 노인을 만났다.

그는 내게 "우리나라(북한)가 아주 망태기(망했다는 뜻)가 됐어."하며 탄식했다. "공장에선 기계부속도 막 뜯어가고 전선줄도 잘라가고 큰일이야"라고 말했다.

그날 낮에 평양에 등장한 '꽃제비'를 처음 봤다. 중구 빙상관 앞에서다. 그는 계속 나를 따라다니며 구걸을 했다. 안내원은 그를 떨쳐내며 "꽃제비들 때문에 무척 골치요."라며 얼굴을 찡그렸다.

나는 "나이가 대여섯 살 밖에 안 돼 보이네요."라고 하니, "아니오, 10살은 됐을 겁니다."라는 것이다. 꽃제비는 제대로 못 먹어 성장이 늦은 탓인지, 신체가 아주 왜소했다.

이 '꽃제비', '고난의 행군' 등의 명칭은 1997년 내 방북취재를 통해 처음으로 대한민국 언론에 소개했다. 부산일보 등 5개 지방신문에서는 꽃제비 기사와 곤경에 빠진 고난의 행군 당시 북한실정을 1면 머리기사로 장식했다. 그해 2월엔 북한 황장엽비서가 한국에 망명했다.

한국역시 1997년 늦가을 IMF사태로 온 국민이 경제난으로 난리를 겪던 시기였다. 그로 인해 5개 지방신문 공동특파원제도는 무산되고, 해외 파견이 중단됐다.

다음해 1998년 가을. 故 안형순 강원도민일보 회장이 내게 미주특파원 일을 원했다. 도민일보는 강원도 재벌(삼척)동부그룹이 1992년 강원일보를 재인수하면서 생겨난 또 하나의 강원도 일간지다. 당시 해직된 강원일보 일부 임원과 기자들이 새로 창간했다.

1999년 2월 강원도민일보로부터 해외특파원(부장) 사령장을 받았다. 그러나 모스크바특파원 때와는 사뭇 일의 양상이 달랐다. 주로 강원도와 관련된 취재로 북미지역을 뛰어 다녔다.

2006년에는 뉴욕북부 산중턱의 한 개인별장에 초대돼 힐러리 클린턴과 만난 일, 강원도 시, 군(삼척, 동해, 양양)과 북미 3지역 자매결연을 성사시킨 일등이 뇌리에 남는다.

명성황후 초상화 발굴, 베트남 '첫 파병날짜' 확인 필요

해외현장을 30여 년간 누비다보니 굵직한 사건들도 접했다. 토론토에서 명성황후 초상화 발굴 건, 미 뉴저지에서 입수한 김형욱 전 중앙정보부장 실종(파리 세느강 선적으로 납치)정보, 구소련(러시

명성황후, 고종, 대원군 3인 석판화(일본 자료)
1894년 생전 초상화를 일본 신양당에서 석판화로 찍어냄

아) 보프코브 전 KGB 수석부의장(대장)과의 특별인터뷰를 통해 그가 주장하는 1983년 발생한 KAL 007격추사건 전모내용 등을 접했다.

특히 명성황후 초상화는 2006년 토론토 경매장에서 발굴됐다. 살아 생전(1894년) 오리지널 명성황후 초상화다. 아직도 명성황후 초상화가 존재치 않는 것으로 아는 국민들이 적지 않다.

그 초상화는 명성황후가 살해당하기 직전(1895년 을미사변)해인 1894년 일본 황실화가 오카무라 마사코(岡村政子-1858-1936)가 자신의 인쇄소(신양당)에서 찍어낸 석판화다.

마사코는 메이지천황 부처(소헌 황태후)석판화를 먼저 만들고, 6개월 후 3인 초상화로 왕비 민씨(王妃閔氏-閔妃/왼쪽)와 조선국왕(朝鮮國王-高宗/중앙), 대원군(大院君/오른쪽)순으로 사진한 장 속에 찍어냈다.

이 3인 초상화의 바깥무늬는 일본천황과 비슷한 테두리를 했다. 일본은 훗날 마사코 자서전을 출간할 정도로, 그녀는 당대 유일한 일본 황실 초상화가였고, 유명 인쇄소 신양당 주인(발행인)이었다.

대한민국 베트남참전기록 또한 재확인이 필요하다. 첫 파병날짜다. 한국의 베트남참전 역사는 최초 정부파병이 1964년 9월로 공표돼 있다. 그러나 1963년 5월에 113명의 해병특공대(대장 허 모 중령)가 첫 파병이라고 밝힌 첫 베트남 참전자(이정남)가 나타났다.

그는 1963년 해병대에 입대하자마자 극비리에 베트남 중부 '퀴논'지역으로 첫 파병(미 해병대 산하)됐다 극적으로 살아남은 생존인물이라고 주장한다.

63년 첫 파병된 해병특공대원 113명은 1년여 만에 현지전투에서 모두 전사하고, 오직 부상자 6명만 살아남아, 현재는 2명만 생존해 있다는 것이다. 이 엄연한 사실이 역사 속에 묻혀 있고 은폐됐다는 주장이다.

당시 6명의 해병대 생존자들은 현지에서 미 존슨 대통령으로부터 은성무공훈장을 수여받았다. 훈장수여 사진 사본은 이정남이 펼쳐낸 전쟁수기에 밝혀져 있다.

평생 수집 역사자료 4,200여점 '양구 근현대사박물관 기증'

지난 2014년 9월, 강원도 양구에 근현대사박물관이 개관됐다. 그때 오랜 세월 수집했던 역사자료 4,200여 점을 박물관에 무상 기증했다. 고려청자 등 도자기, 고화, 대한제국 최초여권(고종), 해방 전 최초 한글사전, 세계최초우표를 비롯한 각국 초창기 우표와 러시아 및 일본강점기에 발행된 조선엽서 수 백 점 등이다.

특히 북한자료들이 많다. 해방 후 중심으로 북한연대별우표와 모든 북한지폐종류, 1950-60년대 북한서적 등을 제공했다. 지난 세월 러시아와 북한, 일본 등지에서 모았던 자료들이다. 그해 양구박물관 준공식 때 참석하니 박물관 옆 잔디밭에는 내 자료기증비가 호젓이 세워져 있었다.

양구 근현대사박물관 뜨락에 세워진 자료기증 기념비

뉴욕 개인별장에 초대된 힐러리 클린턴과 필자 (2006년)

어언 반세기의 세월이 강물처럼 흘러갔다. 지금 나이아가라 지역의 외곽도시 세인트 캐서린(st. Catherine)시내에는 내 조그만 2층 건물이 있다. 아주 오래된 상가건물이다. 거기 월세수입과 연금으로 생활한다.

돌아보면 내 기자 첫걸음이 자유당 고(故) 피에르 트뤼도 캐나다연방수상 시기에 비롯됐다. 현재 그의 장남 저스틴 트뤼도가 수상을 맡고 있으니 한 제너레이션(세대)이 순간에 지난 셈이다.

故 피에르 트뤼도수상
(현재 저스틴 트뤼도수상 부친) 간담회

능력이 부족함에도 힘든 고비마다 늘 행운이 따라줬다. '하늘은 스스로 돕는 자를 돕는다.'는 속담을 좋아했다. 영어명언에도 'Where there is a will, There is a way.'란 말이 있다. '뜻이 있는 곳에 길이 있다'고 하지 않는가.

5월 중순인데도 아직 날이 차다. 코로나19로 캐나다정부 비상사태 아래 봄이 시나브로 지나고 있었다. (2019년 봄날, 토론토에서)

이 책은 관훈클럽정신영기금의
도움을 받아 저술 출판되었습니다.

느릿느릿 사소한 통일

1판 1쇄 발행 2023년 9월 7일

지은이 송광호

편집 이새희
마케팅·지원 김혜지

펴낸곳 (주)하움출판사   펴낸이 문현광

이메일 haum1000@naver.com   홈페이지 haum.kr
블로그 blog.naver.com/haum1000   인스타 @haum1007

ISBN 979-11-6440-380-6